U0136099

寶卷論集

蘭臺出版社

前　言

　　在鄭振鐸先生的《中國俗文學史》出版以前，研究寶卷的人不少，他們多是研究某些問題涉及到寶卷或是發現一種寶卷，就做起文章來。等到《中國俗文學史》出版以後，把寶卷歸入俗文學範圍內，似乎把寶卷做了總結集，許多人都遵循他的道路進行研究。其實鄭先生的認識只是對了一半，寶卷應該從白蓮教研究開始，因為寶卷的前期都是白蓮教的經卷。

　　為了糾正鄭先生的片面認識，我在 1957 年發表了一篇《寶卷新研──兼與鄭振鐸先生商榷》。我把文章寄給他，可能他已經是文化部長了，沒給我回信。倒是前蘇聯科學院院士（當時是北大留學生）李福清首先引用了其中的資料。1959 年我又發表了《江浙諸省的宣卷》，對於鄭先生所談的後期寶卷作了較全面的論述。又於 1961 年出版了《寶卷綜錄》，此書引起了震動。首先是日本學者早稻田大學教授澤田瑞穗先生發表了一篇書評，登在日本《大安》雜誌。還是那位李福清與另一位科學院研究人員司徒洛娃也寫了一篇書評，登在前蘇聯《亞非人民》上。

　　我和他們交成朋友，不斷有書信往來。澤田瑞穗曾提出他想把《破邪詳辯》進行校注，該書有六卷，他只有四卷，我為他補足了缺少的兩卷（當時沒有影印機，我是用手抄的）。於是他出版了他的《校注[破邪詳辯]》。以後他又出版了《增訂寶卷之研究》，將他歷年所寫的關於寶卷的論文和他所收藏的寶卷目錄，

結集在一起。

前蘇聯的司徒洛娃也出版了一本巨著《普明寶卷》，是把蘇聯科學院珍藏本《普明如來無為了義寶卷》作了詳細注解。她還想繼續出版俄國科學院所藏孤本《崇禎爺賓天十忠臣盡孝寶卷》也進行同樣的注解。司徒洛娃多次來信向我請教一些問題，我去前蘇聯講學時，我們曾作過長時間的談話。可惜她沒有完成他的計畫就故去了。

我寫過一篇《順天保明寺考》，是為了解決為什麼許多寶卷都由保明寺刊印的問題。美國普林斯頓大學韓書瑞教授（Susan Naquin）覺得此文很有分量，叫我把它翻成英文，然後由她加工，又加上她所掌握的一些資料，聯名發表在《哈佛亞洲研究學報》。還有加拿大比西大學歐大年教授（Daniel Overmyer）我們一直就寶卷問題進行切磋，在一起工作的時間最長的達五個月，我們曾就最早的寶卷問題聯名在《中國宗教學報》（英文）發表過文章。2000 年他又出版了他的巨著《寶卷》，裏面有很多真知灼見，我自愧不如。

我主編過一部《寶卷輯本》，其中集合了 200 餘種前後期的寶卷。我從來有一個志願，就是和佛教的《大藏經》，道教的《道藏》一樣，也編成一部《白蓮藏》，《寶卷輯本》就是它的雛型，只可惜我的運籌不當，未能按原計劃出版，只有它的一篇《導論》，現收入本書。在國內還有許多研究寶卷的作出了可喜的成績。如方步和、譚蟬雪、車錫倫、陳峻峰、喻松青都出版了重要的專著發表了很有價值的文章。方、譚的文章已收入本書。車錫倫編了一部《中國寶卷總目》，此書內容很豐富，他把《寶卷綜錄》所未收的中外前後期寶卷都囊括在內。我把我所知道的前後期的中外寶卷書目數百種都給了他，大為豐富了他的著錄。

在臺灣方面，先後有鄭志明的《無生老母信仰溯源》、宋光宇的《龍華寶經》，特別是王見川的《明清民間宗教經卷文獻》正續編，它較我上面說的《白蓮藏》又進了一步。

寶卷學方興未艾，我今後的打算首先是就我手邊有的抄本前期寶卷進行研究，它們是《定劫寶卷》、《白花玉篆》、《普明禪師牧牛圖》、《東明曆》、《推背圖》。再以《湧幢小品》所載 88 種不叫寶卷的寶卷為線索，按圖索驥，繼續搜尋，我想是會有結果的。

2007.9.28

目 次

第三部分

第一部分
論述

寶 卷 新 研
——兼與鄭振鐸先生商榷

　　早在 1928 年，鄭振鐸先生就發表了《佛曲敘錄》[1]，把寶卷作為宣揚佛教的經典介紹給我們，1938 年，《中國俗文學史》出版，第十一章對於寶卷問題更似乎是作了總結集，二十多年來從事俗文學研究的無不奉為圭臬。從鄭先生對寶卷訪集的完備、研求的深邃來看，這一點是完全可以理解的。

　　但是正如鄭先生自己說的：「許多的記述，往往都為第一次所觸手的，可依據的材料太少」[2]，所以在寶卷一章裏，有些說法還是值得商榷的。十幾年來，我對這方面的材料恰巧遇到一些，現在整理一下，算是對寶卷問題的一個新研究。自惟譾陋，敢請鄭先生和讀者指教！

---

[1] 1928 年鄭振鐸先生在《小說月報》17 期號外：《中國文學研究》上發表了《佛曲敘錄》，後來收在《中國文學論集》（開明書店 1947 年版）。

[2] 見《中國俗文學史》第一章、五。

一

唐、五代俗講「講唱經文」及演佛經故事的「變文」到了宋代成為「說經」，雜糅以宋、金、元、明各代的鼓子詞、諸宮調、散曲以及其他戲曲等等的形式，明正德年間出現了寶卷。寶卷是一種獨立的民間作品，是變文、說經的子孫，不是他們的「別稱」。

明正德以後直迄民初是寶卷活著的年代。但清末民初的寶卷已全非明清間寶卷的正規形式。明清間的寶卷現在除了有些圖書館珍藏或私家秘藏的以外，坊市已絕難覓得完整的版本。但是斷簡殘篇或轉見於某些典籍著錄的還是有的。下面列出一個目錄，這個目錄是補充《中國俗文學史》第十一章（以下簡稱「鄭著」）的目錄的[3]。

混元紅陽如來無極飄高祖臨凡寶卷

混元紅陽大法祖明經

混元紅陽悟道明心經

混元紅陽明心寶懺

混元紅陽血湖寶懺

混元紅陽救苦昇天寶懺

混元紅陽拔罪地獄寶懺

混元無上大道元妙真經

混元無上普化慈悲真經

混元無上拔罪救苦真經

混元布袋真經

---

[3] 這個目錄主要根據清黃育楩《破邪詳辯》（正、續、又續、三續，計六卷，道光甲午北京五雲堂書坊刻），另外參考傅惜華《寶卷總錄》（巴黎大學北京漢學研究所 1951 年版），還有其他官書的記載和我個人的收藏。

弘陽顯性結果深根寶卷

弘陽秘妙顯性結果經

弘陽寶懺中華序

弘陽苦功悟道經

佛說離山老母寶卷

佛說明宗顯性科儀

佛說通元收元寶卷

佛說皇極收元寶卷

佛說大方廣圓覺修多羅了義寶卷

佛說無為金丹揀要科儀寶卷

佛說三迴九轉下生漕溪寶卷

佛說梁皇寶卷

佛說如如老祖寶卷

佛說嘆世修因正信歸家寶卷

佛說黃氏女看經寶卷

銷釋接續蓮宗寶卷

銷釋同悟濟本還源寶卷

銷釋科意正宗寶卷

銷釋白衣觀音送嬰兒下生寶卷

銷釋收圓行覺寶卷

銷釋大宏覺通寶卷

銷釋授記無相寶卷

銷釋闡通救苦寶卷

銷釋孟姜忠烈貞節賢良寶卷

銷釋真空掃心寶卷

銷釋地獄寶卷

銷釋歸家報恩寶卷

苦功悟道卷

破邪顯正鑰匙卷

古佛天真考證龍華寶經

普靜如來鑰匙寶卷

太陽開天立極億化諸佛歸一寶卷

觀音釋宗日北斗南經

下生嘆世寶卷

救劫指迷寶卷

佛祖傳燈心印寶卷

家譜寶卷

悟道心宗覺性寶卷

東嶽天齊仁聖大帝寶卷

東岳泰山十王寶卷

普渡新聲救苦寶卷

護國威靈西王母寶卷

姚秦三藏西天取清解論

金闕化身元天上帝寶卷

勅封劉守真君寶卷

承天效法后土皇帝道源度生寶卷

目犍連尊者救母脫離地獄升天寶卷

地藏菩薩執掌幽冥寶卷

千手千眼菩薩報恩寶卷

三義護國佑民伏魔公案寶卷

皇極金丹九蓮正信歸真還鄉寶卷

靈應泰山娘娘寶卷

福國鎮宅靈應灶王寶卷

治國興家增福財福寶卷

木人開山顯教明宗寶卷

大乘因果九環出塵寶卷

大聖彌勒化度寶卷

皇極開玄出谷西林寶卷

太上老君清淨科儀

圓通白衣集福寶懺

以上明清間的寶卷 72 種，連同鄭著中所著錄的 23 種，都計 95 種，這僅是個不完整的書目。從這個事實我們可以推見明代寶卷流行時期的盛況。

由這些寶卷中，不但可以概見其體制、內容，有的還可以看出它是屬於那些宗教的經典，從而推知其起源、變遷以及其在當時的被利用情況和社會意義。

二

寶卷的體制一般包括下列幾種形式：

一、寶卷一般分 24 品，也有分得較少的，較多的，個別的不分品。

二、開經偈、焚香贊、收經偈——在全卷開頭和結尾。有的寶卷沒有。其體例同於一般佛道教經典的偈贊。是吟誦的部分。

三、白文——說白部分。在每品中起韻文之前，或在變換形式之間。其體例同於一般說唱形式作品的說白部分。

四、七言韻文——吟誦部分。四句或八句為一組，位置不固定，極少數的寶卷以七言韻文形式為主體。

五、十言韻文——吟誦部分。句法為：三、三、四。一般寶卷都以這種形式為主體，每品之中別的形式都可以沒有，但不能沒有十言韻文。

六、詞調（曲牌）——歌唱部分。即如：傍妝台、耍孩兒、雁兒落、畫眉序、刮地風、山坡羊等等。多數在每品之末，一般為兩闋或四闋，個別的翻至十數闋。

從上面的體制看，可以知道寶卷與變文的關係：開經偈、焚香讚、收經偈大約相當押座文、開題、表白；白文、七言韻文則是直接承襲了說解、吟詞，但益以十言韻文；詞調是唱經的變體。至於稱做開經偈等及分成 24 品則是雜糅的佛道教經典的體制；益以十言韻文和詞調等則是雜糅的各種詞、曲和戲文的形式。

雖然從形式上看它與變文的關係如此密切，但內容卻全然不同。變文是為佛經服務的，而寶卷則是為流傳於民間的各種秘密宗教服務的。鄭著中說：

> 最奇怪的是，「混元教弘陽中華寶經」和「混元門元沌教弘陽法」二種，（恐怕還不止這二種）他們是宣傳一種特種的宗教，即所謂混元教的，這教門，後來成了徐鴻儒們的白蓮教，曾掀起了好幾次很大的教獄和風波[4]。

鄭先生認為「最奇怪的」，其實正是寶卷的唯一職任——鄭先生未盡被寶卷的佛道教的外衣所蒙蔽，這還是非常可貴的。

因此寶卷的分類問題我們也應當重新考慮了。寶卷不能像鄭著中按「佛教的」和「非佛教的」分成兩大類，應當分為：

一、演述秘密宗教道理的；

---

[4] 見鄭著第 317 頁。

二、襲取佛道教經文或故事以宣傳秘密宗教的；

三、雜取民間故事、傳說或戲文等的。

前兩類的性質基本相同，是寶卷的正規形式，本文的研究以這兩類為主。後一類實際是前兩類的流亞，它的數量較多，上節的目錄並未包括這一類，下節談寶卷的源流演變時還要提到它。

三

什麼時候、怎樣有的寶卷呢？

這應該從秘密宗教談起。從東漢五斗米道以後，如隋唐迄明所流行的彌勒教，宋元明清各代流行的白蓮教，宋代的食菜事魔，清代的天理教（八卦教）、義和門（拳）等，都是秘密宗教。這些秘密宗教的名字大家很熟悉，因為它們在歷史上都曾鬧出過重大事件，沒鬧過什麼事的，名目還很多，特別是明清兩代，簡直多得數不過來，由於記載太少，大家就知道得較少了。這種宗教都是流傳在社會下層的，佈道時多半是口傳心授，即便用些經卷，也多是襲自佛道教或其他宗教（如摩尼教）的。到了明正德年間，大約是受到過去講唱經文、說經以及詞曲興起和民間說唱形式的技藝的影響吧，秘密宗教的傳教祖師們看到這些方式是群眾喜聞樂見的，宣傳效果是十分良好的，竟也仿照這些寫起經文來；又因明正德以後的秘密宗教曾經打進了朝廷，一些太監（如紅陽教就曾以魏忠賢、陳矩、張忠、石亨為「護法神」）、妃子甚至太后（神宗的母親就號稱「九蓮聖母」）也都信奉起來，因此這些經卷又得到資助而刊印的機會，這就是第一次的秘密宗教自己的經卷——寶卷。

要考證寶卷的年代，還有必要弄清秘密宗教的一套教義。這

套教義也可以從這95種寶卷中歸納出來：

造世界和人類的是無生老母，她住在真空家鄉。最初的世界是人畜不分的，後來她又造出 96 億特殊的人叫「原子」的來整頓這個世界。不想原子被物欲迷了本性，作惡萬端，老母一怒之下要降下災劫打算消滅這個世界。經過諸天仙佛的哀求，老母終於答應在降劫以收殺惡孽的同時也降道挽救賢良。道計分三期降世，即青陽、紅陽、白陽三期。每期各派一位祖師掌道，即燃燈佛、釋迦佛、彌勒佛。前兩期渡回的原子不過 4 億，下餘的 92 億就要在白陽期一次渡完，為此只好大開普渡。大開普渡的措施首先是「三教歸一」，即儒、佛、道都不再有渡人的作用而全要歸於這次降下的統一的道（哪個道傳這套教義，自然這個統一的道就是它了）；其次是傳下「三寶」，得到三寶的就可以回到真空家鄉永脫輪迴之苦。所謂「三寶」就是一些口訣、手訣以及「點道」時的一些手勢[5]。

我們既知道寶卷所宣傳的內容是屬於秘密宗教的，而秘密宗教的中心崇拜是無生老母，我們就不妨以此為線索來考究它的年代。

關於無生老母開始被崇拜的年代，黃育楩《破邪詳辯》卷四裏有一段話解釋得最清楚：

邪教一流，始自後漢妖人張角、張梁、張寶，下迨唐宋元明，歷代皆有邪教；從未聞有供奉無生老母者。至明末萬曆以後，有飄高、淨空、無為、四維、普明、普靜、悟

[5] 參閱李世瑜《現在華北秘密宗教》（成都華西大學中國文化研究所 1948年版）第一章第五、六節，第二章第三節，第三章第三節。

明、悲相、頓悟、金禪、還源、石佛、普善、收源、呂菩
薩、米菩薩、孫祖師、南陽母等，一時並出，始奉無生老
母為教主，可見無生出自明末，原無疑義。再查直隸滄州
城內，有無生廟碑記，文系明朝進士官至尚書之戴明說所
作，內言無生著於明世，至萬曆時，靈異尤甚。……至飄
高傳教……又捏出未有天地先有無生之說，而還源、弓
長、淨空、普明等，皆從飄高之言供奉無生以煽惑愚民，
被所惑者遂誤信無生為天上神仙。滄州尚書戴明說正與飄
高等同時，亦誤信飄高等之言以為靈異尤甚。……余任滄
州時始將無生碑與兩邪廟並各邪經盡行毀絕[6]。

這一段記載絕大部分是很可靠的，他所提到的一些教名，許
多都曾見於其他典籍；戴明說則更是清代知名的人物，他是明崇
禎甲戌進士，在清代做到尚書的。至於「秘密」宗教也能有廟、
有碑，這也是可能的，因為在某些特殊情況下（如太監、太后、
妃子也都相信時），秘密的傳習方式就會轉為公開了。

無生老母的崇拜是起於明末的，無生老母是秘密宗教的中心
崇拜，寶卷是秘密宗教的經典，所以寶卷也是起於明末的。

但是今天我們還能見到的寶卷中最早的為明正德年間刻
本，如《苦功悟道卷》、《歎世無為卷》、《破邪顯證鑰匙卷》、《正
信除疑無修證自在寶卷》、《巍巍不動太山深根結果寶卷》（皆題
為「羅祖」所著）就是，還有稍後一些的嘉靖年間的刻本，如《藥
師如來本願寶卷》就是，而從這些寶卷的內容及其所運用的一些
術語來看，也都有著無生老母的消息（鄭著及傅惜華「寶卷總錄」

---

[6]　見《破邪詳辯》卷4第4-5頁。

皆有上述各卷片斷的原文，請參閱），這是否就能說明黃氏的論斷——無生老母的崇拜起於萬曆以後是錯誤的呢？原來黃氏還有這樣一段考證：

> 此言羅祖係明朝正德時人，所著五部經皆系邪經。……羅祖既生在正德年，比無生早五十餘年，何以所著五部經皆有無生老母？……可知羅祖為眾所素信之人，故飄高捏稱旃檀佛轉世，又捏稱留五部真經，始得遇混元門弘陽法，不過假飾其詞，以尊大其教[7]。

這段考證是有道理的，因為托古、作偽是秘密宗教的慣技。但是，這只是一個孤證，我們並不能以此就說今天還能見到的，明明是印著「正德××歲刊刻」的版本是假的。我們只得對這段考證暫且存疑，否定他起於萬曆的說法，而說：寶卷是起於正德年間的。

至於鄭著中根據一段關於《香山寶卷》的傳說和《銷釋真空寶卷》、《目連寶卷》兩種抄本的寫繪形式就斷定了寶卷可能起於「宋崇寧二年」，不然就是「宋或元」，再不然就是「元末明初」[8]，這樣的說法是不可信的。篇幅所限，這裏不去一一辯證了。

從 95 種寶卷的年代也可以說明另一問題，就是寶卷的極盛時代是從明正德到清初。清初以後的秘密宗教中就不再有寶卷的印本，再有利用的則都是直接沿用以前的舊物或當時的抄本了，這種情形延續很久，直到民國以後的很長時期。有一些材料可以證明。

---

[7] 見《破邪詳辯》卷 6 第 1-2 頁。
[8] 見鄭著第 308 及 318 頁。

　　首先，還從《破邪詳辯》來看。該書作者黃育楩是清道光時人，曾做過滄州知州和清河、巨鹿兩縣的知縣，任內他曾查禁過當時的秘密宗教，抄出過許多寶卷。他說：

> 旋於民間抄出邪教經卷，並前任所貯庫者，共二十種。……查其年限係在萬曆、崇禎等年；閱其文詞，則妖妄悖謬，煩冗雜錯，總不離乎真空家鄉，無生父母之語[9]。

　　他寫《破邪詳辯》就是為了辟辯這些「妖妄悖謬」的。《破邪詳辯》刊於道光甲午年，光緒癸未又重刻一次，從這個事實可知寶卷在清末的流行情況。

　　其次，在清代的一些「查辦」、「密拿」各種秘密宗教的檔案中也常可以見到抄出「邪經」、「逆書」、「妖書」等等的記載，這些「邪經」等有的也記出名字，如「嘉慶十二年那文毅公疏奏」中說：

> 王秉衡即王景曾，其族分住直隸、灤州及盧龍縣等處，以大乘教清茶門分往外省傳徒斂錢。……並向各該犯家中嚴密搜查，將所藏《九蓮如意皇極寶卷真經》、《元亨利貞鑰匙經》及一切邪悖經卷全行起出，封送軍機處呈覽。

又說：

> 交河縣傳習一炷香離卦教之齊聞章等，搜出《違背十王經卷》一案。……束鹿縣馬楊氏傳習紅陽教，搜獲《飄高

---

[9] 見《破邪詳辯》「序」。

老祖經》一案。亦經奏明，從嚴究辦[10]。

從這類文字中也可看出清代秘密宗教使用寶卷的情況。

復次，1947 年，我曾到萬全縣做過一次民俗調查，發現當地流行著一種秘密宗教「黃天道」，這種宗教正是與明末流傳的「黃天教」一脈相傳的。他們的祖師也是「普明」、「普靜」等，他們利用的經典中還有明版和鈔本的《普明如來無為了義寶卷》、《普靜如來鑰匙通天寶卷》以及《目連寶卷》等等。又 1948 年我在北京發現一種叫「混元門」的秘密宗教也在使用著一種清末過錄的明抄本《家譜寶卷》[11]。這些當然更能說明寶卷與秘密宗教的關係，也能說明從明末到民國以後很久的寶卷的被利用情況。

但在清末民初，在南方，寶卷又以一種新的姿態出現過，那就是本文所說的第三類寶卷，也就是鄭振鐸先生曾在上海購自善書鋪，在《佛曲敘錄》裏做過提要的那種寶卷。這類寶卷在上海、蘇州、杭州、鎮江、常州等地的善書鋪裏公開售賣，看不出什麼秘密性質，它的流傳也就是在這一帶地區（按利用第一、二類寶卷的秘密宗教多是流行在華北的）。這種寶卷的內容與第一、二類寶卷也大有區別，它只是把一些民間故事或一些戲文、小說之類改造一下，如梁山伯與祝英台、十五貫、白蛇傳、琵琶記、白兔記、竇娥冤、珍珠塔、李翠蓮、殺子報、雌雄杯、蝴蝶杯、董永賣身、遊龍戲鳳、三笑姻緣等等都寫成寶卷了。鄭著中說：

> 這一類的故事，有的還帶些「勸化」的色彩，有的簡直

---

[10] 見清勞乃宣《義和團教門源流考》引。

[11] 參閱《現在華北秘密宗教》第一章第四、五節及《緒論》。

是完全在說故事，離開了寶卷的勸善的本旨很遠[12]。

這是不錯的。民國八年上海廣文書局出版了一部《男女遊戲大觀》，曾把寶卷與京戲、秦腔、昆曲、蘇灘、時調、開篇並列起來，歸入「曲調遊戲」類，更可見它不但離開了勸善，而且走入了遊戲。所以我說這一類寶卷不能算正規的寶卷。但是從俗文學的角度去看的話，它卻是比前兩類寶卷高得多的。這種寶卷的數量較多，僅《佛曲敘錄》、《寶卷總錄》和我個人的收藏總數就有 150 多種。

民初以迄解放前，寶卷又有一種變體叫做「壇訓」，也是被一些秘密宗教利用的。「壇訓」還是從第一、二類寶卷變來與第三類無甚關聯。它只是保留了寶卷的十言韻文部分（間亦有七言韻文），「開經偈」等改成「定壇詩」，其他全沒有了，長篇也就改為短篇；不過內容還是明清兩代秘密宗教所傳的那一套。因為民初以後的秘密宗教加進了「扶乩」的把戲，所以壇訓都是假託神佛所作。由於秘密宗教的「佛堂」裏經常「開壇」，每次開壇必要產生一篇壇訓，所以壇訓的產量是大得不可思議的。但是民初以後的秘密宗教都成為反動的東西，壇訓也就根本不能和寶卷相提並論，沒有絲毫的文學價值可言了。

四

這裏我還要解釋兩個問題：第一，利用第一類寶卷來宣講秘密宗教的道理這是無待說明的了，但利用第二類寶卷，即襲取佛

---

[12]　見鄭著第 344 頁。

道教經文或故事的寶卷怎樣能宣講秘密宗教的道理呢？第二，有的記載，如《金瓶梅詞話》說到「姑子」在「宣卷」，這怎麼能說是在宣講秘密宗教的道理，而說寶卷不是佛教的呢？

關於第一個問題，還應當先從秘密宗教的教義來看。秘密宗教是主張「三教歸一」的，即他們對儒、佛、道的道理是相容並蓄的。我們可以拿近代流行的各種秘密宗教做個證明。例如近代最典型的民間秘密宗教一貫道吧，在它的經典裏就同時有《大學》、《中庸》、《論語》、《孟子》、《金剛經》、《六祖大師法寶壇經》、《太上感應篇》……[13]因此寶卷的內容能有佛、道教的經文或故事就沒有什麼不能理解的了。

再從第二類寶卷的本身去看，他們所襲取的經文或故事往往不是成本大套的而是斷章取義或是弄上個名字（不是他的故事）搬上幾句術語，但卻來上個「銷釋」、「佛說」等等帶有佛、道教色彩的題目，而實際上講的還是他自己那一套。拿幾種大家能見到的寶卷為例吧：如鄭著中所引的《藥師如來本願寶卷》，本來它很像在宣揚佛教，但一細看內容——藥師佛什麼時候立過十二道大願姑且不論，全文雜以秘密宗教的術語非常之多，如：

> 至如今嬰兒見娘，證無生再不輪轉。……忽然得遇無生母，脫苦嬰兒入蓮池[14]。

又如鄭著中所引的《目連救母出離地獄升天寶卷》，看來也完全是佛教的故事，但文中卻也有這樣的話：

---

[13] 參閱《現在華北秘密宗教》第二章第五節。
[14] 見鄭著第 314 頁。

提起無生語，思想早還鄉[15]。

試問如果它們是宣揚佛教的，宣到這裏時要怎樣解釋呢？

再如《金瓶梅詞話》第 51 回所錄的《金剛科儀》，看來也是宣揚佛教的，但是裏面也有這樣的話：

登無生，漂舟到岸，小孩兒，得見親娘。入母胎，三災不怕，八十部，永返安康[16]。

不但這樣，《金剛科儀》這種寶卷（還有第 74 回的《黃氏女寶卷》）還同時見於黃育楩的《破邪詳辯》中，它的全名叫《銷釋金剛科儀》（《黃氏女寶卷》全名叫《佛說黃氏女看經寶卷》）。黃氏因為這種寶卷太像佛經了，但又有許多「無生」字樣，於是寫了下面一段文：

此卷多半與佛經相似，亦系僧人習教，遂以「無生」謬語參入佛經。或謂佛經亦有「無生」字樣。不知佛經所言「無生無滅」，相連成文，並無單言「無生」者；單言無生而信以為神，即無生老母之謂，實為佛經所未有也。混邪教於佛教中以煽惑愚民，謬妄極矣。「金剛科儀」不可信也[17]。

這段論述不但說明了《銷釋金剛科儀》確是秘密宗教的經典，也說明了許多寶卷中為什麼有那麼多佛經成分。第二類寶卷如何能宣揚秘密宗教的道理問題至此我想已經明徹了。

---

[15] 見鄭著第 325 頁。

[16] 見《全圖金瓶梅詞話》，上海中央書店 1936 年版，第 947 頁。

[17] 見《破邪詳辯》卷 4 第 19 頁。

關於第二個問題，姑子宣卷問題，應該從明代對佛、道教的崇拜情況來分析。明代自開國以來，對佛、道教本來是一道崇奉的，後來由於政治關係，各朝崇奉的情形大有分歧。天順、成化間喇嘛教頗佔優勢，佛教徒假藉余光，其地位在道教之上。到了嘉靖朝，道士陶仲文、邵元節、王金等得勢，世宗天天在西苑玄修作醮，佛教則大受摧殘。到隆慶、萬曆時，道教又失勢，道士們或貶或逐，佛教徒又承渥寵。明沈德符《野獲編》有一段話說：

> 武宗極喜佛教，自列西番僧，唄唱無異。至託名大慶法王，鑄印賜誥命。世宗留心齋醮，置竺乾氏不談。初年用工部侍郎趙璜言，刮正德所鑄佛鍍金一千三百兩。晚年用真人陶仲文等議，至焚佛骨萬二千斤。逮至今上（按指萬曆），與兩宮聖母首建慈壽、萬壽諸寺，俱在京師，穹麗冠海內。至度僧為替身出家，大開經廠，頒賜天下名剎殆遍。去焚佛骨時未二十年也[18]。

在這樣劇烈變動的情形下，很自然的，所謂宋明理學，即程朱陸王一派的調和論的、改良主義的三教歸一思想，這時就大行其道了。但這是一些空洞的哲理，把它具體化了還是要通過宗教形式。什麼宗教呢？不能設想的叫佛、道教都改成三教歸一派，於是秘密宗教應運承擔了這個任務。自然秘密宗教之有三教歸一思想並非一朝一夕的事，而是長期衍化的結果。

秘密宗教三教歸一的教義，深入人心，上至太監、太后、妃子，下至販夫走卒，莫不崇尚。特別是萬曆朝的太監們，柄國作威，權勢之盛甲於有明一代，他們拿出錢來印製寶卷，這就更促

---

[18] 見《野獲編》卷27，《釋教盛衰》條。

進了秘密宗教的風行。在這種情況下，雖然和尚、道士們不能完全放棄他們自己的宗教，但是個別的「僧人習教」，並且「以無生謬語參入佛經」，並非是不可能的；那麼，姑子們宣一宣與她們的教義並不完全違背的寶卷又有什麼奇怪呢？

五

寶卷——通過秘密宗教——在明末社會中所起的作用主要是幫助統治者愚化了人民。但是同時也有它積極的一面，就是與以前各代不斷發生的情形一樣，在農民起義中起了號召和組織的作用，萬曆年間王森、徐鴻儒、于弘志等人的起義就是明顯的例子。清代以還，秘密宗教退出了朝廷，完全成了民間的宗教，它的積極作用因此更加大了。概括地說，清代——無論鴉片戰爭以前或以後的大大小小的農民起義中，與秘密宗教無關的倒是很少的。寶卷，無疑的在這當中起了作用。我略微撿出一兩段來說明這一點。我所收藏的《家譜寶卷》「時年印號有准第八品」：

> 老母傳留寶卷時年有准。皇胎兒女，提防牛八（按「牛八」是「朱」的隱語）天盡。五百年間，古月（按隱「胡」）又纂了一位，暗換朝綱，天下大亂。下甲子遼陽先動一次，河南又動，山西再動，山東、兩直隸都動。潼關、山西、陝西紫微顯名，再打西來。……
>
> 牛八王，江山位，甲申乙酉，有王位，先受驚，隱姓埋名；牛八王，過甲申，難過乙酉，可惜那，君王位不得超生。幽州城，皇城內，刀槍亂響，殺皇娘，共國母，哭痛傷情。二十八，保真主，十八一了（按隱「李」），呂純陽，

當頭將，抖起威風。

這種寶卷裏不但這樣露骨地說出了李自成起義軍的動向，而且還介紹了在龍天教號召下的起義軍的組織、紀律、當時的社會情況和人民的痛苦生活。又如我所收藏的《救劫指迷寶卷》（殘卷、抄本，下文在某詞調中）：

> 人有罪，神知道，人人頭上插旗號；不認人，認旗號，照著旗號著實報。插青旗，使跑叫，插著紅旗用火燒，插黑旗，水淹竅，插白旗，濟鋼刀；惟有積德行善好，插根黃旗神靈保。

分明這又是「黃巾為號」一類的隱語了。

但寶卷在農民起義中的作用，須是另文研究的問題；這裏要說明的是：明清間的寶卷的史料價值——農民起義史和宗教思想史方面的價值，是要高於其文學價值的。

1956 年 3 月初稿　11 月改訂。

（原載《文學遺產》增刊第四輯，作家出版社 *1957* 年版）

江浙諸省的宣卷

一

唐、五代時期的變文到明代演變為寶卷，首先是在華北特別是河北一帶流行的。那時只是被一些秘密宗教如白蓮教、紅陽教及其支派利用為宣教的經典，某些曾釀成農民起義的秘密宗教也曾用它作為號召群眾的工具，然亦間有被佛教徒襲用的情形，但這不是主要的。

這種寶卷濫觴於明成化間，正式有「寶卷」的名稱始於正德年間，大盛於萬曆、崇禎等年。清康熙以後漸行式微，但是並未中斷，道光時仍有新出版本。此後一些年代裏，若干秘密宗教還在利用它。從流行的時間以及其內容、性質來看，這種寶卷可以稱做前期的寶卷。

從清同治、光緒年間開始，以上海、杭州、蘇州、紹興、寧波等城市為中心，寶卷又以一種新的面貌出現，它是前期寶卷的變體，可以稱做後期寶卷。即寶卷已由佈道發展為民間說唱技藝的一種，名字就叫「宣卷」（「宣卷」這個詞在寶卷一發生時就有，當時只是用為「宣講寶卷」一語的簡稱），寶卷也就成為宣卷藝

人的腳本。這種寶卷的內容以演唱故事為主，多數已是純粹的文學作品，少數還有宗教氣息，其專門用為諷頌的宗教經典式的寶卷則是個別的。光、宣年間以至民初為其極盛時期，直到今天江浙諸省的某些城市和鄉間仍然殘留著。本文就是要談這後期寶卷的一些問題，也就是對我過去寫的《寶卷新研》（《文學遺產增刊》四輯）第三節中談寶卷從第一二類發展到第三類一段的擴充。

二

江浙諸省的佛、道教歷來是比較盛行的，因此民間的設齋、打醮和經常的聚眾頌經以及開壇說法的風氣是很普遍的。在這些場合裏，如果總是以宣講佛道教經典的章句文義或是諷頌一些不知所云的經咒，那就太感到枯燥乏味了，尤其是在那些時間較長的集會中，如辦喜事、辦壽事中的「佛事」，常常是要整天整夜的搞，倘使沒有什麼足以消遣的內容的話，這種佛事就很不易堅持了。於是和唐、五代的變文由「經變」演為「俗變」的過程一樣，在這些場合中也就由單純的講經、諷經而變為講故事、說書、由佛道教的故事而變為民間故事和戲曲了。後期寶卷就是這樣產生的。

根據後期寶卷產生的經過和各種寶卷的性質，它也可以分為若干類。宣卷這種形式沒正式產生以前，所宣的內容除了佛道教經典之外，還有許多宗教經典式或偈贊、咒語式的東西，它們多數還都不叫「寶卷」，而叫「科儀」、「科」，或即叫做「偈」、「頌」等。如《齋天科儀》、《大梵玄真科》、《登錄偈》、《道課頌》、《結緣寶卷》等。等到宣卷的內容加進故事之後，後期寶卷就算正式出現了。最原始的故事的寶卷還是宣講佛道教故事的。如：《香

山寶卷》、《劉香女寶卷》、《魚籃觀音寶卷》、《悉達太子寶卷》、《目連寶卷》、《彌勒佛出西寶卷》、《韓湘寶卷》、《何仙姑寶卷》等。這類寶卷的著作年代一般較早，版本最多、流行最廣。與這類寶卷同時產生的還有一類以勸懲性質的傳說故事或是勸化文字為內容的（後者是與所謂「善書」的合流）。如：《黃氏女寶卷》、《姑嫂雙修寶卷》、《報恩因果寶卷》、《昧心惡報寶卷》、《潘公免災救難寶卷》、《歎世寶卷》、《節孝寶卷》等。從上述兩類寶卷進一步發展，就是純粹的故事、戲曲性的寶卷了。這類寶卷是後期寶卷的主體，數量很多，現在能找到的大約在三百種上下。按照其不同內容；這類寶卷還可再分成幾個細類。一類是根據傳統劇碼或其他曲種（如彈詞）改編的，如《白蛇寶卷》、《琵琶記寶卷》、《梁山伯寶卷》、《珍珠塔寶卷》、《董永賣身寶卷》、《大紅袍寶卷》、《落金扇寶卷》等。一類是根據傳統的民間故事改編的，如《正德游龍寶卷》、《時運寶卷》、《長生寶卷》、《螳螂做親寶卷》等。第三類是根據時事故事改編的，如《花甲寶卷》（敘述配合太平天國革命運動的農民起義軍領袖周立春抗清故事）、《妻党同惡報寶卷》（敘述光緒三年福州陳氏遭雷擊故事）、《秀英寶卷》（敘述民初上海閣瑞生圖財害命的故事）等。第四類是創作，這類寶卷以「小卷」（類似其他曲種的「開篇」、「書帽」、「岔曲」、「墊話」一類的小段）占多數，也有較短篇幅的文字遊戲一類。如《造仙橋寶卷》、《三等先生寶卷》、《王阿六寶卷》、《百花名寶卷》、《百鳥名寶卷》等。

依上所述，後期寶卷的分類可列為下表：

一、經咒式的。

二、佛道教故事的。

三、勸懲故事和勸化文字的。

四、戲曲和民間故事的:(一)改編傳統劇碼或其他曲種;(二)改編傳統民間故事;(三)時事故事;(四)「小卷」或文字遊戲。

後期寶卷由於內容有了新的變革,體制也與前期寶卷不同:

一、不再分「品」(或「參」、「際」),一般只分上下集、前後本,或是通體一貫;

二、沒有開經偈、焚香贊、收經偈等的形式,而卷卷冠以「××寶卷始展開,諸佛菩薩降臨來。善男信女虔心聽,增福延壽永無災」一類的「定壇詩」,最後也必然以「××寶卷宣完成,諸佛神聖上天庭。堂上父母增福壽,過去父母早超生。在壇大眾消災劫,一年四季永長春」一類的韻文做結;

三、在開書以後和情節變換以及需要承上啟下或演唱者需要休息的地方夾有白文,這是保留了前期寶卷的舊形式,也是與其他說唱形式的曲藝作品一致的;

四、以七言韻文為主,間或夾以三、三、四句法的十言韻文,這與前期寶卷的體制恰恰相反;

五、七言韻文一般都在兩千句上下,多數都押「中東轍」,也有押「言前轍」的,由於江浙一帶的語音關係,「中東」又常與「人辰」通押,「言前」又常與「江洋」通押,大部都是一轍到底,少數也有用「花轍」的;

六、前期寶卷的「詞調」(「曲牌」)也被取消,只保存了「哭五更」一種,許多寶卷裏都用這個牌子。

很顯然的,這種體制已經將繁瑣的偈贊(諷頌時還一定要伴以相當的儀節)以及帶有複雜格律的詞調和十言韻文取消了,這是適合於後期寶卷的新的內容和演出形式的,也是受到彈詞、道情等說唱形式的曲藝的影響所致。由於這樣,有人就曾將其他種說唱腳本誤為寶卷。例如鄭振鐸先生就曾將《後梁山伯團圓還魂

記》一種誤為寶卷，傅惜華先生的《寶卷總錄》和胡士瑩先生的《彈詞寶卷書目》也重複了這個錯誤；杜穎陶先生編輯的《董永沉香合集》也將《寶蓮燈救母全傳》及《沉香太子全傳》誤為寶卷，《彈詞寶卷書目》中同樣未予更正。

三

在設齋、打醮、聚眾諷經和開壇說法的場合，增加了故事、戲曲等，這是宣卷內容的一大變革。由是宣卷頓時成為風尚，從同、光年間至於民初，在滬杭甬鐵路沿線及其附近各大中城市及鄉間，到處是一片宣卷聲。不但一些廟宇、宗祠是宣卷的壇場，廟會及群眾娛樂場所、人家乃至街頭也時常可以看到宣卷的，甚至個別的「宣卷先生」（宣卷藝人稱「先生」）還有到茶肆、飯莊、旅店去營業的。從上述地區開始，這種風尚還流行於京滬鐵路沿線，再西至於江西、湖南、四川某些地方，一度還流行到河南、山西、河北某些地方。但這些地方的流行遠不如滬、杭、蘇、紹、甬等地之盛。例如在上海，直到解放初期還有一個叫施炳初的宣卷先生在一家私營電臺每天播送《四明宣卷》（「四明」是「寧波」的別稱），後來才取消。現在上海、蘇州還可找到許多宣卷先生。

宣卷的對象以婦女為主，尤其以老年人居多。她們（他們）在一些宗教性的聚會裏和辦喜事、辦喪事及其他喜慶的日子裏，常常要請上一位宣卷先生來整日整夜地宣卷。宣卷多是一些長篇說唱，動輒五七個小時才能宣完一齣，聽眾願意聽就聽聽，有事就走動一下，不願聽也可以似聽非聽、似睡非睡地待在人群裏。宣卷就是迎合這種需要而存在的。至於在其他較公開的場合裏宣卷，則是宣卷向一般說唱技藝的一種發展，但是這種發展並沒有

達到成熟的地步。

宣卷的時候,照例先由宣卷先生焚香請佛,然後唱那四句定場詩,下面再開書。不管是什麼樣的內容,儘管與宗教毫無關係,也不打破這個形式。在宣正文時,有說有唱,說的地方較少,唱得較多,但這種「唱」的音樂性很不強,有時只用一個簡單的調子,有時就近於戲曲裏的「念」和「數」。唱的時候只用一些打擊樂器來伴奏,有的用鼓、板,有的用漁鼓、簡板,有的用木魚、鐘磬,個別也還有加胡琴、琵琶的。宣卷的唱腔和所用伴奏樂器的不同是由於宣卷藝人派系的不同。

宣卷藝人有的是以為人超度亡靈一類的佛事為主要業務,他們並不大宣講故事和戲曲性的寶卷。有的恰恰相反,而以宣講故事和戲曲性寶卷為主。又有各人對某些段子專擅或是各有師承地擁有若干「秘本」的情形。這是宣卷藝人派系不同的另一方面的表現。

1961 年作者訪問蘇州宣卷藝人王蘭生(左二)時所贈

這種派系之分是與流行的地區及宣卷藝人本來的宗教職分有關的。如上海的宣卷與南京、寧波的就不同，兼有道士身份的宣卷先生與佛門弟子的宣卷先生，所宣也有所不同。這種現象是流行地區較廣泛、時間較久遠的一些技藝所必然存在的現象。

解放後，由於宣卷沒落了，宣卷藝人們紛紛轉業，把他們的腳本賣出。我先後購到兩批，96 種，南開大學也購到 89 種，中國戲曲研究院購到 70 種，天津戲曲學校購到 19 種，共計 274 種。這些寶卷都是「毛頭紙」或「高麗紙」的抄本，也就是所謂「秘本」。從這些寶卷中可以約略分出江浙宣卷藝人的家數或派系來。我根據這 274 種寶卷歸納為下列的結果（以所見抄本多少序列）：

一、延陵吳氏：吳鳳鳴、吳鳳翔、吳梓皋、吳祖蔭、吳保生、吳軒達、吳介人、吳雲青等人；

二、沈氏：沈國興、沈逸山等人；

三、周氏：周俊德、周九思、周煥之等人；

四、浦氏：浦怡雲、浦怡穎、浦鶴鳴、浦鶴雲、哺鳴仞、浦穎川（逸莊）、浦霄虯（雲龍）等人；

五、張氏：張濤耕；

六、華氏：華炳坤、華燮坤、華眉軒、華雲祥、華世卿等人；

七、長郡朱氏：朱惠風、朱學亮、朱廷標、朱柏龍等人；

八、許氏：許少卿；

九、謝氏：謝文興、謝俞、謝聿蘭、謝鳳倡等人；

十、王氏：王春發、王月立、王耀逞等人；

十一、鄒氏：鄒慕霞、鄒玉書等人；

十二、顧氏：顧元熙；

十三、陳氏：陳天德；

十四、雁門薄氏：薄少卿。

此外尚有 29 家，因所見次數不多，故未列入。這個統計只是根據各本保有者或抄寫者的姓氏及部分內容做出的，它只能說明江浙諸省宣卷藝人的家數或派系的概況。至於各家之間的彼此關係以及從而尋出其真正的宗派系統等等，則需要繼續深入調查。

四

由於宣卷的風氣盛行時，「演出」的方式已不能滿足社會的需求，因此一些較好的腳本便由一些「善書局」刊印出來作為讀物發售。這種刊印本的銷路很好，常常一種寶卷三番五次地再版，因而刊印寶卷曾經是許多善書局的主要業務。

我曾根據五百五十餘種印本做過統計，其中最多的是上海惜陰書局、文益書局、文元書局的石印本（三家出版都在二百種上下），內容絕大多數屬於第四類，少數屬於第三類。其次是蘇州及杭州的瑪瑙經房及杭州慧空經房的刊本，內容絕大多數屬於第二類，少數屬於第一類。此外寧波朱彬記書局、學林堂書局的石印本及三寶經房、崇壽經房的刊本為數也不少。

將各地出版寶卷的書肆家數作一統計，則：上海有惜陰書局等 20 家，杭州有瑪瑙經房等 8 家，紹興有尚德齋等 2 家，余姚有聚文炳書局 1 家，永嘉（東甌）有郭文元堂 1 家，嵊縣（剡北）有某書局 1 家，寧波有三寶經房等 11 家，蘇州有瑪瑙經房等 3 家，常州有培本堂書局等 3 家，鎮江有寶善堂等 2 家，南京有榮盛堂等 2 家；江西、湖南、四川的南昌、長沙、沙市、全州、成都、重慶、江北、周口等地有 8 家；河南、山西、河北、吉林的

開封、太原、壽陽、張家口、磁縣、德縣、天津、北京、吉林等地有 16 家；尚有未注明何地的書局 11 家，私人刊印的 14 家。

後期寶卷的刊印家數之多既如上述，而其實際種數又還不及四百種（包括抄本），則其版本的複雜就可想而知了。特別是那些流傳較廣的寶卷，常是各書肆竟相刊印，個別的甚至彼此借版，因此有的寶卷版本竟多至 20 種上下，如《香山寶卷》、《劉香女寶卷》。又因寶卷的口頭傳唱性質和上節所述宣卷藝人派系不同的關係，同一種寶卷常是在文詞上有很大區別，如果把這種寶卷也都各當做一種獨立的寶卷而不作為一種寶卷的不同版本統計在內的話，則後期寶卷的種數又將增加一二百種。這實在是做寶卷研究和編寫寶卷目錄的人一個很難處理的問題。

茲將《寶卷總錄》、《彈詞寶卷書目》、《中國俗文學史》、《佛曲敘錄》等所著錄的寶卷以及其未著錄的北京圖書館、北京中國戲曲研究院、天津戲曲學校、南開大學、天津師範大學和我個人的收藏，簡單統計如下：（其僅在文詞上有些出入而故事及結構大體相同的寶卷，暫按一種寶卷的不同版本統計。）

前期寶卷 113 種（少數幾種為存目）；版本 161 種，其中刊本為 140 種、抄本 21 種。

後期寶卷 394 種；版本 925 種，其中刊印本為 557 種、抄本兩 368 種。

前後期寶卷總共為 507 種，版本 1086 種。

寶卷的作者多是民間的知識份子和一些宣卷藝人。但同樣由於宣卷是口頭傳唱性質，一種寶卷完全出自一人一手的，只是其中的一部分，而集體創作或根據一種腳本進行校訂、改編的則很多。因此大部分寶卷並不署明某某人「著」，而只寫某某人「校正」、「重訂」、「編輯」等字樣，有些即便寫出名字也多用別號或

齋名而不露真實姓字。這種現象還不只是由於上述一個原因，某些民間文人雖然編寫寶卷但又輕視寶卷，認為是不登大雅之堂的伎倆，因而隱姓埋名的事也是有的。不及四百種後期寶卷中自然也有幾位是常見的名字，如：南昌謝少卿、吳江陳潤身、蕭山楊菊生、上元李節齋、吳下吳芝軒、平江于少山、武進史長嘯等人。

<h1 style="text-align:center">五</h1>

宣卷所以能在江浙諸省暢行了幾十年，除了它的社會因素——隨著佛教道教的盛傳而有的一些條件——之外，還應當是宣卷這種技藝的本身所決定的。

首先，寶卷所據以改編的故事都是些久經流傳、最為群眾所喜聞樂見的，即便是採自佛教道教經典或傳說中的，也多是非常生動、曲折而感人至深的。一些膾炙人口的傳統劇碼或是民間故事就更受聽眾歡迎了，例如《梁山伯與祝英台》、《琵琶記》、《竇娥冤》、《白蛇傳》、《十五貫》、《玉蜻蜓》、《董永賣身》等等，都是宣卷中常見的，民間故事的《螳螂做親》等等，更是趣味橫生，這就無怪乎一些婦女們在宣卷的場合裏諦聽忘倦了。

第二，宣卷承繼了韻白相間有說有唱的傳統形式，宣卷者也具有一定的表演水準。說唱的形式最宜於演唱長篇的故事，這是歷來曲藝表演的基本形式之一，即內行人所稱的「蔓子活」。這就使得宣卷跳出了佈道的圈子而接近一種曲藝形式，聽宣卷的人也就有了「聽書」的感覺。宣卷藝人大多是從講經、唱經的壇場中蛻變出來的，因此他們都能唱得清和圓轉、中節合度，能說得語言辨利、字真句明。另外在宣卷時還要求根據劇中人的身份而分出生、旦、淨、末、丑的語氣和適當的表情，許多寶卷中也在

每個劇中人的話白或唱詞之前注出他們的角色，而許多宣卷藝人在這方面也是做得恰如其分的。這是宣卷能夠暢行的另一方面的原因。

第三，後期寶卷在寫作技巧上一般是成功的。寶卷既是以敘述較長篇的故事為主，在寫作時的剪裁和詳略方面就應當運用得恰當，如果一味是簡單的陳述則顯得乾癟，細節描寫過多則顯得冗長。在這方面有不少寶卷是運用得體的。我只舉《紅樓鏡寶卷》（又名《金枝寶卷》，1916 年文益書局石印一種，民國文元書局石印一種）來做個說明：

寶卷的前一半說，宋仁宗時鎮江府丹徒縣陳文琳，所生金枝、玉葉兩女，金枝許周鳳祥，玉葉許王啟周，都未婚配。一天他五十整壽，兩位新親也來拜賀。周鳳祥生得一表人才，知書達禮；王啟周生得醜陋不堪，品質惡劣。陳文琳為了考驗他們的才學，將二人留住家中。鳳祥宿東廂，啟周宿西廂。一日二人偶於花園邂逅金枝、玉葉，玉葉見啟周相貌奇醜，歸後自傷。丫環秋菊探知玉葉心事，遂獻一計，令玉葉於夜間冒金枝之名以繡枕送至東廂，倘能與鳳祥相合，將來即與金枝同歸鳳祥。玉葉從計，然遭到鳳祥的嚴詞斥責。事為啟周窺見，遂於玉葉去後，闖至金枝房中意圖強姦，金枝憤極，以紅樓鏡將啟周擊斃。事發後，陳文琳將啟周之父王正賢找來，正賢見狀，誣以父女同謀，賴婚害命，訴之官，官判金枝為無罪。

這是寶卷上集的情節，總共用了七言韻文六百餘句，夾以等量的白文。為了突出王啟周的醜惡，作者在這半本中將他寫成了主角。啟周的在家情況、準備拜壽的過程以及壽堂、書房（兩次）、花園等場面都寫得非常活現，而對其他諸人多是略筆，例如壽堂一場就是這樣寫的：

雜：啟老爺，王姑爺前來拜壽，有名帖呈上。

老生：什麼，他也來了？

雜：唔，十勿全個二姑爺來了。

老生：命他進來！

雜：曉得。王姑爺，老爺請你相見！

丑：那舍，我新姑爺到哉，勿來迎接我，真真氣有之歪擺。

雜：嚇，隨我進來。喂喂喂，跌者跌者！牢門倒小，門檻介高！

丑：（嫩聲）噲，老丈人阿伯，做城隍爺爺坐來葛裏，仰我來道禮介道禮，噲，丈人阿伯在上，做女婿個拜揖者。

老生：喂喂喂，裝牢裝牢，看仔細！

丑：勿番淘個，一向個老手勢！喂，丈人阿伯，吾今朝五十歲陰壽——

老生：大壽！

丑：勿錯，大壽。做女婿備了奠儀——

老生：嚇，壽禮！

丑：前來拜吊孝個呢——

老生：前來拜祝的！

丑：勿錯、勿錯，前來拜祝的。

老生：何勞光降。

丑：丈人阿伯請上坐，做女婿個要拜壽者。願丈人福如蝙蝠，壽比烏龜！

老生：唞唞唞，豈有之理，乃裏看得。（和佛）

丑：（唱）王啟周拜倒地埃塵，四腳向天付不由得身。

雜：喂跌者，喂跌者！……

這樣寫來既有風趣，也很自然地展開了故事的矛盾，而顯得後來的秋菊獻計和玉葉從計的情節，雖然是在那樣的社會裏，也是合情合理的。再如寫玉葉自傷一場，也是非常細緻的：

二旦：（引）錯配姻緣，薄命紅顏愁萬千！

（白）奴家玉葉是也。今日心中煩悶，同姐姐遊玩花園，不料遇著冤家。看他容貌如同鬼胎一般，而且形容怪異，思想奴的終身，真真不能了局也。（和佛）

（唱）玉葉小姐淚汪汪，思想奴命苦悲傷。不見冤家平平過，忍心耐意過時光。今日冤家來見面，猶如亂箭刺胸膛。姐姐有福才郎配，姐夫品高貌堂堂。奴家生來多做孽，薄命紅妝配醜郎。若還與他成連理，辱了姣容面無光。奴若不願為夫婦，如何違逆兩爹娘！左思右想心悲切，秋菊丫嬛進繡房。

以下用了三段白文和三段韻文敘述秋菊獻計，接著就是送枕的場面：

二旦：（引）意馬心猿，欲思想巧合奇緣！

（白）奴家陳氏玉葉。日間秋菊想成妙計，因此備了香枕，去到東書院裏調嬉周郎，若得天從人願，奴心安矣。

香枕香枕，此番巧合奇緣全仗於你的了。（和佛）

（唱）今夜煩你做冰人，天賜奇緣巧合成。但願周郎合奴意，移花接木聯婚姻。思思想想心切切，淡淡明月鼓三更，輕移蓮步香閨出，下了高樓往外行。耳聽四面人寂靜，眼看內外無人行。悄悄暗地來行走，走到東院會知心。不覺行到了書房門口。

小生：（夾白）關關雎鳩，在河之洲，窈窕淑女，君子好逑。

旦：（接唱）只聽朗朗讀書聲。（和佛）欲想舉手把門扣，羞人答答怎樣行，奴顧不得千金體，管什麼羞恥就敲門。輕輕低聲把門叫，驚動裏邊小書生。

下面的玉葉鳳祥相會，啟周房外竊聽和闖閨逼奸等也都刻畫得很能入微。但是在另外一些情節上如請來王正賢，到二人翻臉訴官，卻又寫得非常緊湊、簡練。

以下的敘述更略，公堂、驗屍、判決、上訴，穿插著周鳳祥的寫休書、出走以及玉葉的畏禍等場面，只是用了一頁多的篇幅就都做了交代。

後期寶卷的寫作技巧觀此可見一斑。宣卷能為群眾歡迎的理由，於此也可再一次得到解釋。

第四，後期寶卷帶有濃厚的地方色彩，這表現在方言的運用和部分寶卷內容上。大部分的寶卷都或多或少地使用了方言，它的規例是丑、雜、副、末和老旦等角色用蘇白，正生、正旦等用「官話」，這可能是受了某些戲劇如昆曲等的影響（上引《紅樓鏡寶卷》的幾段對話可證）。有些甚至通體都用方言，這以抄本居多，印本較少。鄭振鐸先生在《佛曲敘錄》裏介紹的《正德遊龍寶卷》就是一個通體都用方言的印本。當然不論腳本是用什麼語言寫的，宣卷時還是用方言的。

地方色彩表現在部分寶卷內容上的是它在採擇當代題材時，多半是與地方事件有關的。本文第二節所說的《花甲寶卷》、《妻黨同惡報寶卷》、《蓮英寶卷》就是這樣的例子。此外在一些寶卷中還可見到許多描寫地方事物的內容，這以「小卷」和插入

部分（戲中套戲式的）以及打諢式的對話中為多。如天津戲曲學校所藏的《絲絛寶卷》就插入了 30 多頁描寫蘇州「三百六十行」的情況。

當地人聽用當地方言敘述當地故事或事件的表演，自然感到親切有味。宣卷在江浙諸省的盛行與這大有關係。

六

儘管宣卷有著上面所述那些足以稱道之處，但是它畢竟衰微了。衰微的原因當然是由於它的內容和形式已經跟不上時代的要求。

民國以來，江浙諸省佛教道教以及其他迷信的流傳，已不如前此之盛了。而宣卷雖然客觀上是作為一種曲藝形式存在的，但卻沒有完全擺脫開宗教迷信的窠臼，因此它也跟著走向沒落之途。宣卷的宗教迷信色彩表現在以下諸方面：

首先，宣者與一般聽者在主觀上都還牢牢地被宗教迷信觀念束縛著。宣卷藝人都是同時有著宗教職分的人，能宣卷的一定能通佛事，能在壇場宣一般寶卷以供眾消遣的，也同時能念那些超拔亡魂等的經咒。一般聽宣卷的人同樣不以聽宣卷是一種單純的娛樂，而都懷著一種祈福消災的目的，認為聽宣卷是他們敬神禮佛的善功的一部分。因此宣卷不能更好地發展成為一種曲藝。

其次，許多寶卷常常帶有多餘的迷信性質的情節，什麼過陰還魂、神使鬼差的故事是很不少的。有時一個故事本來很健康、很完整，但就是其中多了個令人費解的「太白金星」或是「土地爺」等等。本來是鐵面無私的包文正，他滿可以根據現實材料合情合理地斷案，但卻偏要常常睡那個「陰陽枕」。這些地方在當

時雖然是迎合了觀眾的心理，但卻越來越成為宣卷走向衰微的一個因素了。

還有，印售寶卷的一律在「善書局」，善書局是專賣所謂三教經典和勸善書籍的，它們的銷路受到很大局限，寶卷既然統歸他們印售，也就影響了它成為普遍的觀眾讀物，最後只好隨著善書局的滅跡而同歸於盡了。

在宣卷的內容和表演方面也還存在著其他問題。

第一，寶卷的故事固然都較為曲折動人，但很多情節又多是成套的，聽得少了還可以，經常聽就會有著「千篇一律」的感覺。例如有一種套子就是這樣的：某官宦人家之子，身入黌門，自幼訂某女為妻，尚未婚配。父死後與寡母度日，不幸家中遭了天火，財產蕩然。只好出外投親，路遇搶劫，流為乞丐。岳父嫌貧愛富，設計賴婚，買動官府，誣良為盜，下入獄中（在獄中還必然要「哭五更」）。但其未婚妻則矢志不二。後來遇救，考中狀元。岳父受懲，夫妻團圓。後生若干子女皆顯貴，二人壽九十而善終。還有一種套子就是某人東遇一個女子，西遇一個女子，在大團圓時有的竟多至七、八個夫人。根據這類套子稍微變換些穿插就是一種寶卷。這說的是民間故事的寶卷，至於根據其他戲曲等改編的，有些雖然不致落於俗套，但又嫌與其他戲曲有所重複，聽得多了照樣會感到厭煩。

第二，寶卷的篇幅基本上應該屬於「蔓子活」一類，但又不像一般蔓子活的連本演出，中間做出許多「扣子」，每段演出又都有其獨立性；它也不像「零段」那樣的能在半小時上下演完。而是不長不短，非要五、七個小時一氣聽完不可。因此這種演出形式，在演出場地和觀眾對像方面，就都受到很多限制。

第三，宣卷的音樂性不強。這也是為它的較長篇幅所決定

的。如果宣卷時多是婉轉的長腔，再配上複雜的音樂，那就不能在五、七個小時宣完一本了。因此只好像照本宣讀似的用些簡單的曲律來宣。藝人們縱使有著較高的表演才能，也是不會發揮盡致的，而聽者的經常入於似睡非睡、似聽非聽的狀態也就是很自然的事了。這是宣卷不如其他曲種經久流傳的又一原因。

七

在「百花齊放、推陳出新」的文藝政策下，有許多過去受人輕視的民間文學已被提到應有的地位加以研究和發揚了，有許多已經死亡或是瀕於死亡的劇碼、曲目也重新復活了。至於宣卷，近年來雖然也有人已將它作為一般文學遺產來處理，但是它究竟還沒有得到足夠的重視。

宣卷是從「變文」直線傳到現在的，而且是保存得相當完整的一種古老的民間藝術。從這一點看，就未便對它粗暴地一筆抹殺。宣卷的後期能夠從同光年間以來，幾十年中在比較廣泛的地區內家喻戶曉地流傳著，它的社會基礎和其本身的優點也是值得我們加以重視的。我們今天研究宣卷，不僅是要以它作為研究民間說唱文學發展史的一宗珍貴資料，還要從「古為今用」的目的出發，研究寶卷作品和宣卷的表演藝術中，哪些是精華，哪些是糟粕，哪些可以保留和改革，哪些應該揚棄和突破。具體些說，我認為我們今天研究宣卷的任務可以是：整理它那還有生命力的傳統腳本；創作新腳本；挖掘它那些健康的曲調；改進它的表演形式等等。

寶卷中擁有不少還有生命力的腳本，如《花甲寶卷》、《土地寶卷》（這是一種可用的前期寶卷）、《烏金記寶卷》等等。這些

都是其他劇種和曲種所沒有或少有的。我們如果對這些東西加以整理，叫它們在建設新文化中起些積極作用，也是一樁好事！同時也可以創造新的寶卷來歌頌和反映現代生活。因為敘述時事故事本來就是寶卷的固有傳統，在後期寶卷中不是還有一類「時事故事」的嗎？

　　宣卷在音樂方面雖然不很考究，但也並非全不足道的。宣卷由於有派系之分，他們所使用的唱腔和音樂並不一致，有的腔調比較好，也有絃樂器伴奏，有的就比較簡單或帶有宗教氣息，只用打擊樂器伴奏。我們如果能發掘其較好的腔調或是適當創造和移植其他曲調，也是完全可以使宣卷成為一種具有健康而音樂性強的曲種的。

　　至於宣卷在表演形式方面也是最需要改革的。宗教迷信的儀節一定要不得，這是它的致命傷。五七個小時的演出時間也一定要打破，它可以像「西河大鼓」「京東大鼓」等曲種一樣，同時具有「蔓子活」與「零段」兩種形式。較長的本子可以分回分段連本演出，發展為「蔓子活」，「小卷」的形式可以保留下來作為「零段」。這樣就可改變照本宣讀的弊端，藝人在動作表情方面的才能也就能夠盡情發揮了。

（原載《文學遺產》增刊第七輯，中華書局 1959 年版）

《寶卷輯本》導論[*]

　　寶卷是開始於南宋，歷經元、明、清等代的白蓮教及其各種支派所編制和使用的經卷。由於明代之前並無刊本行世，亦不稱為「寶卷」，故流傳不廣，鮮為人知。入明以後才漸有刊印者。明清時代白蓮教各種支派屢釀巨案，官方始注意及之，這就是見於檔案記載中的所謂「邪悖經卷」、「妖書圖本」。有時官方還把這類「邪經」、「妖書」予以著錄或敘錄，自然執筆者都是些封建衛道士，是不可能正確對待這宗寶貴的文化典籍——寶卷的。

　　正確對待寶卷的學者首推鄭振鐸先生，他從二十年代末期開始就對寶卷進行過搜集和研究，遺憾的是他只把寶卷當做「佛曲」或「俗文學」，而忽視了它們在民間宗教史上的價值。全面正確認識寶卷還是五十年代的事。四十多年來海內外已經有不少學者致力於此學，以至成立了專門的學會。然而就一般學術研究領域來說，它還是屬於冷門。有些人還因襲鄭振鐸的看法，對於寶卷

---

[*]　我原編有《寶卷輯本》一書，後因故未能按原計劃出版。本文係因該書的編輯而寫。——作者

的理解仍是不全面的；有些人知道它是白蓮教的經卷，但對白蓮教的知識又不甚了了；甚至有些人仍然不識寶卷為何物。

一

白蓮教是南宋時出現的民間秘密宗教名稱。這種宗教是由民間固有的宗教和哲學思想，如早期道教、儒家等雜糅以外來的佛教、摩尼教等教的教義而成。因此它既是土生土長的秘密宗教，又與某些外國流傳的民間秘密宗教有著許多共性。

白蓮教的歷史可以上推到古代的宗教性活動，如巫覡之類。它們與先秦的老莊哲學體系合流，又經過秦漢方士之流的利用發展，東漢末期出現了最早的秘密宗教——天師道、太平道。它們的一支後來吸收佛教的一些成分發展為道教，另一些支派則依舊在民間秘密流傳。自然，道教還會反過來影響到秘密宗教。佛教的宗派很多，其中有些是容易被群眾接受的簡單易行的教義和修持法則，後來也被秘密宗教吸收，如彌勒教的彌勒下生說，大乘教的一切眾生皆可成佛說，三階教的末法時大開普渡說以及淨土宗、白蓮宗的專念佛號、修持五戒、不茹葷酒即能往生淨土說等等。特別是唐武后時傳入的摩尼教，對於秘密宗教的發展關係更大。摩尼教本身就是綜合火祆教、基督教、佛教和諾斯替教派的一些教義和宗教哲學思想而成，它們與我國固有的民間秘密宗教的內容有些是很接近或容易被接納的，如創世說、十二辰說、千年王國說、二宗三際說、明王降世說和對造物主的崇拜等，所以在會昌三年（843）摩尼教遭禁之後，一部分攀附於佛道教，大部則合於秘密宗教，最後定型為具有一套新型宗教教義和組織系統的秘密宗教，這就是白蓮教。

　　「白蓮教」這個名稱是怎樣來的？有下列一段史實。《佛祖統紀》卷 54：「白蓮菜者，高宗紹興初吳郡延祥院僧茅子元依仿天臺宗圓融四土圖、晨朝禮懺文、偈歌四句、念佛五聲，勸男女修淨業，戒護生為尤謹，稱為白蓮導師。有以事魔論於有司者，流亡江州（今江西九江），其徒輾轉相教，至今為盛。」下文還引用釋宗鑒的評論：「良渚曰：此三者皆假名佛教以誑愚俗，猶五行之有沴氣也。今摩尼尚扇於三山（按指福州一帶），而白蓮、白雲處處有習之者。大抵不事葷酒，故易於裕足，而不殺物命，故近於為善。愚民無知，皆樂趨之，故其黨不勸而自盛。」茅子元本是學天臺宗的，因受了當時避繁難趨簡易，避空虛務實際的學佛風氣的影響，也仿照淨土宗制定了那些省便的修持法則，並尊東晉時廬山東林寺僧人創立白蓮社的慧遠為初祖。又據記載，茅子元當時還曾在吳郡淀山湖組成一個念佛的結社名為白蓮懺堂。他所創的宗教後來也就被認為是淨土宗的一派，稱為白蓮宗。

　　按南宋時期查禁秘密宗教是十分嚴厲的，不管什麼樣的宗教結社，只要有「以事魔論於有司者」，立即就會遭到剿辦。茅子元假託七百五十多年前的慧遠為祖師，並借用「白蓮」的名字，儘管他被誣為事魔流放江州，事實還是「白蓮、白雲之徒，處處有習之者」。當然《佛祖統紀》所記，未始不是志磐的張惶其詞，所謂習之者也未必盡是茅子元白蓮懺堂的信徒，但是由於茅子元的假託、官府的剿辦和志磐的記載，「白蓮」一詞從而益發彰明，以至成為當時和爾後指稱秘密宗教的代詞。至於白蓮教這個名稱，大約只是在元代個別的文獻中見過，如《元典章》卷 33。而南宋及元代所習見的稱謂則是白蓮社、白蓮宗、白蓮堂、白蓮經堂、白蓮懺堂、白蓮佛堂、白蓮教堂、白蓮教會以及白蓮都掌教堂、蓮堂等字樣。明清兩代也只是在官書、奏摺以及某些著述中

作為民間秘密宗教的代稱，而各教本身則沒有自稱為白蓮教的。

　　元代的政治黑暗，社會混亂，民不堪命，正是在這樣的條件下，白蓮教得到很大發展。元代統治者對於白蓮教的性質起初並不十分暸解，一度在有力的信徒賄通下，元仁宗皇慶二年（1313）竟然下詔保護，允許其公開傳教，建立佛堂，蠲免稅糧，而不久又開始取締，並且多次殘酷鎮壓。然而正如記載上說的，對於秘密宗教的「法禁愈嚴」，「愈不可勝禁」。最後則掀起了由白蓮教（明教）首先發動的元末農民起義推翻了元朝。

　　明代從開國之初即嚴厲禁斷白蓮教，這些措施促使一些白蓮教支派趨附上層社會取得合法或半合法地位，而多數支派仍舊留在民間與廣大農民群眾結合一起，繼續作為策動農民起義的組織力量和指導思想，它們的名稱五花八門，宗支派系錯綜複雜，由他們策動起來的農民起義僅是見於記載的即有數十起，這是白蓮教歷史上的一個高潮。

　　清代對於白蓮教也是一直採取鎮壓政策，但與前代一樣，它的傳播一直沒有停止，反而愈演愈烈。可以說有清之世，無時無地不有白蓮教蹤跡，尤其是農民起義，包括近代史上的太平天國、義和團等，都無不與白蓮教有關。

　　民國以來殘留的白蓮教仍有活動，有時十分倡狂，僅是以「真龍天子出現」相號召的事件，見於記載的，幾十年中全國各地即發生過十餘起之多。抗日戰爭期間一貫道的盛傳，更形成秘密宗教史上的最後一次高潮。直迄解放之後一段時間，名目繁多的白蓮教遺緒才漸趨收斂，然而並未絕跡，有的派系活動如初。

二

白蓮教具有如此頑強的生命力，主要原因就是它的一套教義不像一般宗教教義那樣深奧、神秘、虛幻，而是十分淺顯、具體、現實，並且很容易與農民反封建、反壓迫的思想和要求結合起來。特別是在天災人禍頻仍，階級鬥爭熾烈的時候，白蓮教派各種秘密宗教的教義常會被解釋為解救災難，推翻統治政權而進行鬥爭的理論。

白蓮教的教義概括起來略如下述：最初的宇宙混然一團，什麼也分不出來，稱做混沌，也叫鴻濛、威音。在宇宙之上還有一個地方叫做雲城，也叫安養極樂國、都斗太皇宮、紅羅天、無極理天，也就是天堂。那裏住著一個無生無滅、不增不減、不垢不淨、至仁極慈的，能夠創造一切也能毀滅一切的神，稱為無生老母，也叫瑤池金母、玄娘聖母、老娘、老祖，也就是上帝。他開始使混沌分出天地日月，兩儀四相、五行八卦，創造了萬物和人類，宇宙成了一個花花世界，而人類則是這個世界的主宰。同時世界上還有一種對立的力量，就是魔鬼。魔鬼使人丟失本來靈性，生出奸歹險詐之心，成了壞人，世界因此弄得不成樣子。無生老母於是又造了九十六億好人，叫做原子，也叫原佛子、當人、皇胎兒女、皇極子、龍華子、賢良子，希望他們降到世上重新整頓這個世界。但是很使她傷心，這九十六億原子同樣受了魔鬼的迷惑，玉石不分了。無生老母在一怒之下決定派遣燃燈佛、釋迦佛、彌勒佛三位佛祖分別到世上把原人渡回雲城。她把宇宙從時間上分成若干「元會」，一元有十二會，一會一萬零八百年，一元十二萬九千六百年，一元又分三期，即青陽時期、紅陽時期、白陽時期，三期之後又將開始另外一元。青陽時期由燃燈佛掌

教，紅陽時期由釋迦佛掌教，白陽時期由彌勒佛掌教。每期之末將要道劫並降，降道渡回原人，降劫收殺惡孽。開闢以來已經過去兩個時期，降過兩次道、兩次劫，即青陽劫、紅陽劫，現在已是白陽時期之末，又將降下大道和白陽劫。由於燃燈、釋迦兩佛辦理不力，青陽時期只是道降君相，紅陽時期只是道降師儒，他們只渡回四億原人，即還剩九十二億原人留在世上，許多惡人也沒消滅，這些任務就都交給彌勒佛要他在白陽末期一次完成，這叫「末後一著」。這次渡回的九十二億原人並不是都要回到無生老母住的雲城，而是雲城要降到世上，彌勒佛將要在雲城降下時召開一個「龍華大會」，這是九十六億原人與無生老母團聚的大會，所以稱為「歸根認母」。在雲城降下之前還要降下大劫，即水、火、風三災齊降，又叫「罡風掃世」，所有惡人全部要消滅。在大劫過去，龍華大會召開之後就到了另一元，那將是一個黃金鋪地的極樂世界。

這個任務很大，彌勒佛將要怎樣完成呢？首先他要親自下凡，化為人身，還要許多天上的星宿神佛一齊下凡，其中包括觀音、濟公、達摩、地藏、老君、呂祖、關公、太白金星、孔子、孟子、唐僧以及五百羅漢、二十八宿等等，化為人身之後稱為「知識」，都來幫助彌勒佛辦理末後一著。化為人身的彌勒佛要開創一個教派，他就是祖師，那些知識擔任傳道師，到各地建立佛堂，大開普渡。他還宣稱，他的道是唯一的無生老母降下的最後一次的真正大道，所有其他教派都是邪門歪道，已經加入了其他教派的，這次也都要重新加入他的道。所以他們常以「三教歸一」和「平收萬教」相標榜。

這些教義只是白蓮教的最基本的內容，具體到某一教派某一個祖師所傳，又會有很多差異。譬如對佛經懂得多些，就多講些

斷除煩惱之類：對道教懂得多些，就多講些丹藥服食之類；懂些四書五經就多講些忠恕仁愛；懂些理學就多講些性理天命。有的還側重三綱五常、孝悌禮義、酒色財氣等倫理道德觀念。總之是因時因地因人而制宜。正因如此，所以當遇到天災人禍、政治壓迫、民族矛盾嚴重的時候，這些教義立刻就會與現實結合起來，容納進新的內容，或是把原來的教義重新加以解釋賦予符合當時需要的意義。這套教義大約自正德以後就逐漸完備起來，定型於萬曆以後，凡是萬曆以後刊本或抄本的寶卷，一律是闡發這套教義的，直到近代現代眾多的白蓮教支派所編各種形式的經卷。

三

民間秘密宗教從一開始就有經卷，但早期都是借用別家的，如太平道就是借用了《太平清領書》，天師道就借用《老子》。後來則凡是由佛教的某些宗派轉為秘密宗教的自然主要是念佛經，摩尼教轉為秘密宗教的自然主要是念摩尼教經。白蓮教於南宋間定型之後，隨著就有了自己的經卷，元代是白蓮教的發展時期，到了明初已經相當成熟，這個階段白蓮教經卷的產生當不在少數。如朱國禎在《湧幢小品》卷 23《妖人物》條曾載成化中山西崞縣（今原平）王良及沂州（今沂縣）封越利用秘密宗教起義，為官軍所獲，追出其「妖書圖本」榜示天下事，其中附錄一個目錄，共計八十八部，這大約是白蓮教最早的一批見於著錄的經卷，可能由於它們都是抄本，而且當時一定是銷毀了，所以大部分沒有留傳下來。從這些經卷的名稱來看，完全可以證明他們已經在使用那一套定型了的教義。如《金鎮洪陽大策》（按「洪陽」即「紅陽」）、《玄娘聖母經》（按「玄娘聖母」即「無生老母」）、

《鎮國定世三陽曆》(按「三陽」即青陽、紅陽、白陽三個時期)、
《彌勒頌》、《應劫經》等。

　　秘密宗教的經卷是抄本，這是當然的，因為它們的內容是不
被封建統治階級歡迎的，歷代的政府莫不對他們採取查剿、禁毀
的政策，他們不能公開佈道，沒有資金，書坊也不會承攬他們的
印刷業務。但這種抄本經卷卻應視爲秘密宗教的正統，它代表了
秘密宗教的原型，廣大農民歡迎它，舉行起義的農民把它奉為至
寶，因為其中蘊藏著深刻的戰鬥哲學，是他們進行戰鬥的指導思
想和行動方針。正是由於這樣，這種寶卷很難流傳和保留，目前
發現的只有很少幾種，也許這幾種正是當年禁毀的劫餘，也許是
改頭換面的新著。在這種寶卷裏，可以看到他們會把起義當時嚴
重的天災人禍說成是「三期末劫」水、火、風三災來臨，把他們
的領袖指為無生老母選派的她自己的代表或是彌勒佛，把起義的
將領們指為諸天星宿和佛祖，把「當今皇帝」指為妖魔、邪精靈，
把一般戰士指為「九二原子」，把奪取政權說成是皇帝的天數已
盡、新的真主當來，把革命的前景說成是「雲城」將要降世，他
們還會把教內的規誡當做軍事紀律，還會以神的名義提出戰鬥口
號、部署作戰計畫。秘密宗教成為農民革命的組織者。

　　成化、正德時代，白蓮教的一支羅祖教攀附在朝廷的事，在
秘密宗教的歷史上是一件大事，一定意義上說，這是一種背叛。
但是從此秘密宗教卻有了印本經卷，而且許多教派竟相踵效，趨
附上層編印經卷，蔚為風氣，萬曆前後直到康熙年間是其極盛時
代。當時刊印的數量很大，印製精美，較之佛、道教經卷尤有過
之，至今海內外公私收藏尚有一百幾十種，最早的版本是正德四
年（1509）的「羅祖五部經」。由於這五部經的經文中所引用的
經卷名稱多見「寶卷」字樣，其第四、五兩部的名稱就叫某某「寶

卷」，後來各教所編也就以「寶卷」命名，這一名詞遂成為白蓮教、羅祖教及其各支派經卷的專用稱謂。

這種寶卷自然與抄本寶卷的內容不同，不能有任何違礙字句，還要儘量拉上一些佛、道、儒的東西來裝飾，才能兜售他們自己的教義。這從他們的寶卷名稱就可以看得出來，因為它們與真正的佛經、道經幾乎難以區別了。如：《佛說大方廣圓覺修多羅了義寶卷》、《銷釋南無一乘彌陀授記歸家寶卷》、《救苦救難靈感觀世音寶卷》等。

從道光年間開始，寶卷又以一種更簡單的形式出現，這是因為許多民間秘密宗教中都增添了扶乩以交通人神的資訊，神佛通過乩壇向信徒垂訓，記錄下來，印刷出來就成了他們的經卷，名稱不再叫寶卷，而叫壇訓，壇訓也是韻白相間的體制，各教都在編造，印刷也較方便，實際上它已經成為一種傳單式的勸道宣傳品。

四

上述兩類寶卷：原始的蘊含著豐富的戰鬥哲學思想作為策動農民起義宣傳品的寶卷，和白蓮教一些派系攀附於上層社會之後專以佈道為職任的寶卷（大部已是刊本），流傳的時限大約自元代至清中葉以前，流傳於北方各省，以河北省為最。這兩類寶卷的內容除不同性質的白蓮教教理之外，間也有襲取佛、道教經文或故事以及民間傳說的，統稱之為前期寶卷。

清中葉以後，同光年間寶卷又以一種新的形式出現，這是由於上述兩類寶卷的內容，特別是那些佈道內容的寶卷，對於一般非知識階層的群眾來說，接受起來還是有困難的。於是也像由佛

教大師登壇說法演變為「變文」、「說經」一樣，宣講寶卷也一改講述乏味的白蓮教教理而為宣講故事的「宣卷」，其腳本仍稱寶卷。初期這種寶卷尚有些勸懲意義，後來則多以同名劇本、小說改編為寶卷。如《白蛇傳寶卷》、《梁山伯寶卷》、《十五貫寶卷》等等。這種寶卷（宣卷）已由佈道勸善發展為民間說唱技藝之一了，多數已是純粹的文學作品，少數尚留有宗教氣息。流傳地區主要為江、浙一帶，北方則流行於甘肅、山西、河北等地。這種寶卷稱之為後期寶卷。

以下對於前期寶卷的體制做些介紹。從它們的體制完全可以看得出來，它是唐、五代時俗講中「講唱經文」及演佛經故事的變文，中經宋代的「說經」，雜糅以摩尼教經典，並受到而後各代鼓子詞、諸宮調、散曲、戲文、雜劇等形式的影響而成。

（一）前期寶卷的名稱在題目前有的也仿佛經冠以「佛說」二字，有的冠以「銷釋」二字，「銷釋」是寶卷特有的用語，性質與「佛說」相當，字義可解釋為「解脫」、「消災」，是一種吉祥語，用這樣晦澀的詞是增加其神聖或神秘色彩。還有的冠以其教名，如紅陽教（又稱混元門）的寶卷大多冠以「混元紅陽」。題目之末多數稱「寶卷」，也有的稱「卷」、「經」、「寶經」、「寶傳」、「寶懺」、「科儀」、「科」、「燈科」、「寶燈」等。

（二）前期寶卷有不分卷本，有上下二卷本，上中下三卷本，元亨利貞四卷本。章節稱「品」或「品選」、「參」、「分」、「際」。品數不等，有十多品的，有二十多品的（二十四品為多），還有三十多、四十多品的。

（三）前期刊本寶卷大多為摺裝，每摺四行，行十五字左右，空白處常加尾花點綴。其字體風格獨特，楷體或方宋體，但筆劃粗重，初期（明正德年間）尚接近於刊本佛經字體，萬曆年以後

即刊印寶卷的高潮時期,更創為一種特殊渾厚的筆體,已成寸楷,加上豪華的裝幀:織錦緞封面,磁青紙金字浮貼書籤,有的還另加函套,從印刷技術上講,堪稱別具一格的藝術精品。

(四)前期寶卷在卷首大都有刻工精細的木版畫「三教祖師」及「諸天神聖」像或是「世尊說法圖」之類。其次是三面龍牌:中間一面當中浮貼磁青紙金字印「皇帝萬歲萬萬歲」,兩邊是刻印的「皇圖永固,帝道遐昌」等對皇帝的讚頌之辭。複次是舉香贊、開經偈等經咒,這很像佛、道教經典,也相當變文的押座文、開題、表白。以下是正文。卷末還常有收經偈或類似「跋」之類的題記文字。

(五)前期寶卷的正文一律是由四種文體結構起來的:白文、十言韻文、五言或七言韻文、詞調(即曲牌)。每一品只有一個主題,只講一個道理或一件事情,這四種文體的內容都是反復地講述這個主題的,有時使人感到繁瑣,這一點體現了寶卷的通俗性。

白文是用散文敘述這一品的內容,宣卷時唸白即朗讀,這相當變文的說解。唸時沒有樂器伴奏,唸到某個段落最後可能要拖一下腔,或是與下面的十言韻文連貫起來。十言韻文的內容是把上面的白文所述變為韻文,是唱的部分,這是吸收自戲文的形式,但旋律簡單,伴奏只用鐘、鼓、磬、鈸、鐺,有時無伴奏。五言或七言韻文常接在十言韻文之後,像一般小說、戲曲裏的「有詩為證……」「正是……」它是上文所述的總結或總評,有時是承上啟下的過渡。它相當變文的吟詞,念時略有旋律,像戲曲裏的韻白。詞調又是唱的部分,相當變文的唱經,是吸收自詞、曲和戲文的。內容照樣是重複上文所述。這部分唱腔較豐富,伴奏除打擊樂器外,還要加上管、笛、笙、嗩吶。常見的曲牌有傍妝

台、雁兒落、駐馬聽、清江引、落金鎖、叨叨令、朝元歌、一剪梅、一江風、綿搭絮、沽美酒、浪淘沙、金字經、掛金鎖、桂枝香、黃鶯兒、皂羅袍、山坡羊、朝天子、駐雲飛、紅繡鞋、寄生草、畫眉序、耍孩兒、刮地風、上小樓、西江月、普天樂、一封書、哭五更等。

這四種文體的位置不是固定的，每種寶卷都有自己的體例，譬如詞調放在最後，則所有的品都要放在最後；放在最前，各品就都在最前。一般的主要文體是十言韻文，常是占篇幅最多的，但也有的以七言韻文為主，有的兩種並用。個別的也有以白文為主的，也有不用詞調的。不用詞調，即不用複雜的唱腔也不用多種管樂器的宣卷，稱為「禪念」。

這種寶卷的體制大約開始於明中葉即刊印寶卷的高潮時期。初期的寶卷，如正德年間刊印的「羅祖五部經」則尚不完備，特別是詞調，「五部經」中還不見應用，顯然是後來才加進的。另外需要說明的是這種體例最初是被為統治階級認可的民間宗教的刊本寶卷中所創興和應用，既經定型之後，則也反過來影響於仍在民間的白蓮教各支派所編的寶卷（自然是抄本的）。這類寶卷雖然各種文體具備，但文字拙劣，尤其所用詞調，由於它必須要求有嚴格的格律，故非知識份子的手筆不可，而它們所用的詞調則是完全不合格律的。

五

「寶卷」這個名稱起於何時，這是治寶卷學者聚訟紛紜的問題。首先發難的還是鄭振鐸先生。他在《中國俗文學史》第十一章「寶卷」裏曾根據《香山寶卷》、《銷釋真空寶卷》、《目蓮救母

出離地獄升天寶卷》的版本而斷定「寶卷」可能出現於宋、宋或元、元末明初。我曾為文《寶卷新研——兼與鄭振鐸先生商榷》（《文學遺產》增刊第四輯，中華書局 1957 年版），否定了他的三種說法，而認為最早出現「寶卷」這個名稱在明正德四年（1509）。

我當時的依據是我所收藏的寶卷四百餘種，傅惜華先生的《寶卷總錄》中所收 349 種，胡士瑩先生的《彈詞寶卷書目》中所收 277 種，趙景深先生的《家藏寶卷編目》中所收 160 種，以及其他零散著錄和我所知見的公私藏家的藏本總共 653 種，版本 1487 種（後來我曾編為《寶卷綜錄》，中華書局 1961 年版）中，只有傅惜華先生的藏本《正信除疑無修證自在寶卷》及《巍巍不動太山深根結果寶卷》為正德四年（1509）刊本，沒有比這更早的。

1986 年馬西沙先生發現了山西省博物館所藏的《佛說楊氏鬼繡紅羅化仙哥寶卷》，馬先生曾為文《最早一部寶卷的研究》（《世界宗教研究》1986 年第 1 期），認定這部寶卷初刻於金崇慶元年（1212），復刻於元至元二十七年（1290），比正德四年刊本寶卷早了近三百年。

此後，我曾至山西省博物館查核該卷，意外地我在該館的收藏中發現另一種寶卷名為《佛說南無三界伏魔大帝關老爺寶卷》，此卷與《佛說楊氏鬼繡紅羅化仙哥寶卷》均係南京一家書坊一個時期所刊印，其開本、版式、字體、墨色、紙質、裝幀、函套絕無二致。《佛說南無三界伏魔大帝關老爺寶卷》即習見的多種名目多種版本而內容雷同的《伏魔寶卷》，此卷封底卻標以「天順元年」字樣，扉頁尚有浮貼「察罕諾們罕」紅色紙簽，右側注以滿文。與《紅羅卷》一樣，顯然均係清代中期以後印製而

冒用前代年號的贗品，價值不高，故我從未為文立說。

1990 年在天津召開的由中國俗文學學會組織的「首屆寶卷子弟書學術研討會」上，路工先生宣佈了他收藏的《佛說皇極結果寶卷》為宣德五年（1430）刊本，認為「寶卷」稱謂最早出現在這個時候，比正德四年早了近 80 年。1991 年加拿大比西大學歐大年（Daniel Overmyer）教授來天津，我和他一道赴京拜訪了路工先生，看了他的收藏，我把我的意見寫成書面材料交給歐大年教授，他又加以己見寫成一篇 The Oldest Chinese Sectarian Scripture, The Precious Volume, Expounded by the Buddha, on the Results of （The Teaching of）the Imperial Ultimat（Period），我們聯名於 Journal of Chinese Religion，No.20 1992 發表。文中提出了一個新觀點，否定了「寶卷」這個名稱開始於正德說。

其後不久，謝忠岳先生又在天津圖書館發現了一部永樂一十年代（該卷底頁殘，末行「永樂十」下缺）刊本的《佛說皇極收圓寶卷》，按即《佛說皇極結果寶卷》的別本，從而又將宣德五年說提前了 9-18 年。如此等等。

上述情況使治寶卷學者不能不對「寶卷」名稱起於何時問題重新下一番工夫。為此略陳管蠡，以就教於方家。

我們現在見到的那些刊版、摺裝、大字、裝幀精美，看起來金碧輝煌的寶卷都是白蓮教、羅祖教某些派系的經卷，這些派系都是從原來民間的秘密宗教（有的曾經策動過農民起義）中分離出來的，已經完全變質，投靠了統治階級。主要的有無為教、黃天道、大乘教、圓頓教、紅陽教、南無教等。他們有了自己的知識份子，這些人們粗知文墨，其所編寶卷雖仍是宣講白蓮教的那套定型了的教理，但又絕無離經叛道為統治者所深諱的言詞。刊印一部寶卷往往耗資巨萬，故非有后妃、王侯、公主、太監及其

他達官顯宦的資助莫辦。刊印者多為司禮監內經廠，這就是各教派多有尊奉司禮監太監為護法的原因。此外某些廟宇也有刊印寶卷者，這些廟宇的主持可能已是白蓮教某支派的信徒或教主，而且同樣已得到統治者的認可和支持。至於一般坊肆，刊本寶卷雖也有之，然與經廠本相較，實不可同日而語。（有一套經廠本《羅祖五部經》卷末題有萬曆二十三年「黃字牌經房」字樣，似是坊間書肆名稱，但又頗疑其為內經廠的一個車間編制。）

舉些具體事實，如無為教，它的創教祖師羅清是已知的最早背叛農民自己的宗教而成為正德皇帝的御用工具的。他曾坐過「天牢」，據說在牢內寫過五部經，後來賄通太監張永，不僅獲釋，他的五部經還蒙詔准在內經廠開版，這就是正德四年（1509）的《羅祖五部經》。自此開了一代由內經廠刊印寶卷的風氣。

第二個例子是黃天道，它是受無為教影響而創建的，他們所刊印的寶卷都是經廠本，體系完整，文字典雅，徵引宏富。內容除白蓮教教義外，多著重於陰陽、宮卦、丹藥、調息等道教哲學。按其流行時代正是嘉靖年間，世宗篤信道教，黃天道投其所好，故能大量刊印寶卷，大行其道。

第三個例子是西大乘教，它也是受無為教影響而創建。創教祖師順天保明寺住持尼姑歸圓，她的活動能力很強，廣泛結交權貴，總後台則是明神宗母李太后。西大乘教刊印寶卷很多，已知有十多部，都是保明寺自刊。從幾種寶卷卷末一段文字看，他們竭力宣傳刊印寶卷為第一功德，號召信徒踴躍捐輸，可知保明寺刊行的寶卷不一定是權貴們的獨資。

第四個著名例子是東大乘教，它與西大乘教是姐妹教派，創教祖師王森。東大乘教本來在冀東一帶傳播，後來來到京師，萬曆二十三年（1595）他也被捕入獄，同樣經過賄通太監得釋。傳

世東大乘及其更名圓頓教以後的寶卷甚多，但不盡為經廠本，清初順治時代仍不斷有其刊本行世。

第五個例子是紅陽教，也是無為教影響下所創，創教祖師韓太湖，從萬曆二十三年他 26 歲時就來到京師，一頭紮進奶子府，後來又尊石亨等為護法。他所編印的寶卷最多，全部為經廠本。

我們判斷最早的刊印本寶卷始於何時不能忽視上述這些前提條件，即：第一，必須已經發生了從民間秘密宗教轉化為統治階級認可的宗教團體這樣的事實之後；第二、必須有通曉白蓮教教義又多少通曉佛、道等教義及儒家思想的知識份子執筆，其所編寶卷不能有任何違礙字句；第三、必須有強有力的政治靠山和資財雄厚的上層人物的襄助；第四、必須由內經廠或特殊定點的刻經處來刊印。

根據這四項前提，我們就可以考察一下，正德四年（1509）之前，譬如宣德五年（1430）或永樂一十年代（1412-1421），以至正德四年以前的近三百年前是否可能具備這樣的條件？羅清生於正統八年（1443），卒於嘉靖六年（1527），他創建的無為教，編寫的《羅祖五部經》影響極大，後來的白蓮教支派中很多都是他的門徒或再傳弟子所創，《五部經》也莫不列為其必讀經卷，儘管他們還有自己編的經卷。許多教派還尊羅清為祖師，列入道統，某些創教祖師或即聲稱自己為羅祖轉世。上文屢述白蓮教發展歷史時即談到明代從開國之初即嚴厲禁斷白蓮教，這是由於朱元璋利用白蓮教（明教）驅走蒙元建立明朝，他深知白蓮教的厲害，在他尚未登基還稱為吳王時即曾下令禁止白蓮教，開國後這項禁令更載入律例。在這種政治背景下，有的民間秘密宗教即白蓮教各支派為了存活，為了傳播，才發生了改變原來性質，趨附統治階級的事。羅祖之前白蓮教是非法組織，從他開始由白蓮教

所變成的無為教就成為合法組織,連羅清自己也在他的《五部經》裏大罵白蓮教,以投合統治者的意圖。所以有的民間宗教學家就主張白蓮教的歷史到羅清出世就應告一段落,以後應算做另一歷史時期,羅清以後的白蓮教支派不應再稱白蓮教,而應稱為無為教或羅祖教支派。請問羅清出世之前永樂、宣德年間,或是金崇慶、元至元年間是否還可能有一個像羅清一樣的人物?他是否可能也有像羅清一樣的作為?我想回答應該是否定的。也就是說最早刊本的寶卷不可能出現在羅清的《五部經》之前。或謂在《五部經》中常見所引據的經卷中也有許多是稱為「寶卷」的,這是否就意味著在《五部經》之前也有「寶卷」呢?殊不知那些「寶卷」字樣純是作者稱頌那些經卷的用語,與後來的寶卷完全是兩種概念,《五部經》中所說的「寶卷」就是「寶貴的經卷」的簡稱。比如它稱《金剛經》為《金剛寶卷》,稱《阿彌陀經》為《彌陀寶卷》等等,其實從來就沒曾有過這些寶卷。後來各教派所編經卷就也採用了「寶卷」一詞,當然也有少數不採用的。既經被多數採用,遂成為指稱白蓮教各個時期各種支派經卷的專用名詞,就是說不論在正德以前還是以後,不管書名叫不叫寶卷,都可稱之寶卷。

更重要的還應該從寶卷的內容來論證。我曾覆按《佛說皇極結果寶卷》(宣德、永樂版)和《佛說楊氏鬼繡紅羅化仙哥寶卷》(至元版)的全部內容,可以說,上文第三節中所介紹的白蓮教教義梗概,大半都可在其中找到,特別是無生老母、天運三變、三佛掌教、末劫收圓、龍華大會、皇胎兒女、答查對號以及無為道人(羅清的法號)等白蓮教教義中最基本的概念都在卷中出現。再有,定型於萬曆以後的寶卷體制也熟練地被應用於該兩種寶卷,這也可說是咄咄怪事了。

那麼，明明是刊刻著崇慶、至元、永樂、宣德字樣，又該如何解釋呢？回答是：那都是托古、作偽。其實，托古、作偽何獨秘密宗教為然？這種風氣古已有之，漢儒的托古、作偽可謂登峰造極，從經史子集到醫書藥典無不有偽書。乾嘉時代，考信辨偽之學興，而其考辨的方法最有力量的就是從題為前代的著作中發現其使用了後代才出現的事實和語言。《皇極寶卷》、《伏魔寶卷》、《紅羅寶卷》題為永樂、宣德、天順、崇慶、至元而大量出現了萬曆以後定型的教義，使用了同一時期定型的體制，非托古而何？非作偽而何？

我對於曾與歐大年先生聯名發表的主張最早的寶卷為宣德說予以否定，而對於正德四年說予以否定之否定。對於崇慶、至元說則頗不以為然。

（原載《曲藝講壇》第五輯，中國北方曲藝學校 1998 年版）

《佛說皇極結果寶卷》
（偽刻宣德五年，路工藏本）

佛說楊氏鬼繡紅羅化仙哥寶卷

至元庚寅新刻佛說鬼繡紅羅化仙哥寶卷目録終

依旨倫纂

頒行天下

崇慶元年歲次壬申長至日

　　　　　金陵聚寶門外圓覺庵

　　　　　晚學比丘集　仁掄衆

　　　　　管理書籍舍人吳仰泉

觀者存之

謹鏤佳板

治畜二幅

再命良工

《佛說楊氏鬼繡紅羅化仙哥寶卷》
（偽刻崇慶元年，山西省博物館藏本）

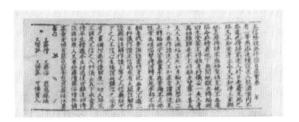

《正信除疑無修證自在寶卷》明正德四年（1509）刊本（傅惜華藏本）

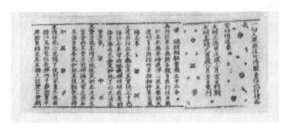

《苦功悟道卷》明嘉靖二十八年（1549）刊本（吳曉鈴藏本）

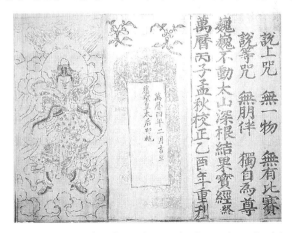

《巍巍不動太山深根結果寶經》明萬曆四年（1576）刊本（李正中藏本）

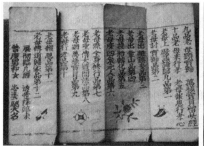

《無生老母寶卷》明刊本（孤本，穿月齋藏本）

《崇禎爺寶天十忠臣盡孝寶卷》清刊本（孤本，列寧格洛俄國科學院藏本）

《銷釋混元弘陽大法祖明經》明刊本（穿月齋藏本）

《潘公免災救難寶卷》清咸豐六年
（1856）刊本（穿月齋藏本）

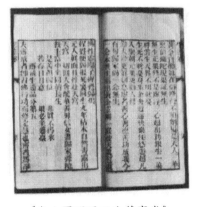

《無上圓明通正生蓮寶卷》
清刊本（穿月齋藏本）

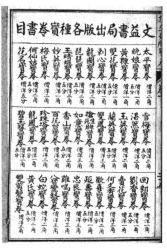

後期寶卷之一部分（穿月齋藏本）

文益書局《搶生死牌寶卷》後附廣告
（穿月齋藏）

穿月齋所藏明清刊本寶卷之一部分

作者在天津圖書館鑒定寶卷

作者在美國普林斯頓大學圖書館鑒定寶卷

《寶卷綜錄》序例（節錄）

（上略）。

二

　　重視寶卷的學者由鄭振鐸先生始。在此以前，莫不視寶卷為勸善書一類。更有甚者，封建時代統治階級由於敵視人民的政治思想活動，「邪教」也在嚴禁之例；寶卷即系此種「邪教」所用經典，自亦列為禁書。官府一經查獲，即行貯庫、銷毀，並且「榜示天下」或竟著為篇籍，加以撻伐（如清道光黃育楩所著《破邪詳辯》即是）。自鄭先生以後，注意寶卷問題並從事搜集、研究者逐漸增多，30 年來所發表或出版的敘錄、提要、專目、選本以及論著頗不鮮見。茲就所知，分類臚列自道光以來的有關篇籍如下（以年代為序）：

甲·敘錄或提要

　(1)《破邪詳辯》（簡稱「詳辯」）

　　黃育楩著。

1834 年北京五雲堂書坊刊本。

1883 年荊州將軍府重刊本。

此書正刻三卷，續刻一卷，又續一卷，三續一卷。系黃氏以嚴禁邪教的立場將查抄之明末清初刊本寶卷 68 種，各做一扼要介紹，並將其中之邪妄處錄出原文加以辯駁者。

(2)《佛曲敘錄》（簡稱「敘錄」）

鄭振鐸著。

原載 1928 年《小說月報》第 17 卷號外。

後收入 1947 年開明書店出版的《中國文學論集》中。

又收入 1957 年作家出版社出版的《中國文學研究》中。

此文中將鄭氏（簡稱「鄭」）所藏清末民初時期的寶卷 37 種（另有變文 6 種，雜曲 1 種）各做一敘錄，並注明其年代、版本、作者等。為介紹寶卷最早的文字。

(3)《明清之際之寶卷文學與白蓮教》（簡稱「文學」）

向達著。

原載 1934 年《文學》2 卷 6 號。

後收入 1957 年三聯書店出版的《唐代長安與西域文明》中。

此文先論白蓮教的根源、流派及明、清間的寶卷體例，次將《破邪詳辯》所著錄的寶卷及鄭振鐸、馬隅卿所藏寶卷二種共計 70 種列一目錄，部分並做扼要介紹。

(4)《八卦教殘餘經典述略》（簡稱「述略」）

魏建猷著。

載 1936 年《逸經》第 10 期。

此文先述自元迄清末教會運動之概況並做評價，次述黃育楩《破邪詳辯》之編著經過，復次將《破邪詳辯》正刻三卷所著錄寶卷 20 種各做一提要。

(5)《寶卷續錄》(簡稱「續錄」)

　　惲楚材著。

　　分載:一、1946 年 10 月 29 日《大晚報通俗文學》第 9 期;
二、1946 年 11 月 5 日《大晚報通俗文學》第 10 期;三、1946
年 11 月 19 日《大晚報通俗文學》第 12 期;四、1946 年 11
月 26 日《大晚報通俗文學》第 13 期;五、1947 年 4 月 6 日
《中央日報俗文學》第 23 期。

　　此文蓋依《佛曲敘錄》體例將惲氏(簡稱「惲」)自藏寶卷
各做敘錄:一、包括「前記」及《尖刀記寶卷》;二、《百鳥
朝鳳寶卷》;三、《財神寶卷》及《太上三元忠孝三官寶卷》;
四、《灶君寶卷》、《庚申寶卷》、《紅羅寶卷》及《延壽寶卷》;
五、《懊惱祖師歡喜寶卷》等五種,後附書目 7 種。

(6)《訪卷偶識》

　　惲楚材著。

　　載 1947 年 3 月 31 日《大晚報通俗文學》第 23 期。

　　內收常州樂善堂木板印的寶卷目錄 12 種。

(7)《寶卷續志》

　　惲楚材著。

　　載 1947 年 11 月 17 日《大晚報通俗文學》第 54 期。

　　內收目錄一百數十種,均惜陰書局和翼化堂刊行。

(8)《寶卷漫錄》(簡稱「漫錄」)

　　關德棟著。

　　此文收在 1958 年中華書局出版的《曲藝論集》中。

　　此文系關氏(簡稱「關」)所藏《雙金花寶卷》等 4 種寶卷
的敘錄。

乙‧專目

(9)《西諦藏書目錄第》三冊《講唱文學》

鄭振鐸編。

此目見《中國俗文學史》第十一章參考書目，內容不詳。

(10)《寶卷總錄》（簡稱「總錄」）

傅惜華編。

1951年巴黎大學北京漢學研究所出版。

此書著錄各時期的寶卷246種，版本349種。系綜合《破邪詳辯》、《佛曲敘錄》所著錄，及北京圖書館（簡稱「京」）北京大學（簡稱「北」）、日本東方文化研究所（簡稱「科」）、鄭振鐸、吳曉鈴（簡稱「吳」）、傅惜華（簡稱「傅」），及杜穎陶（簡稱「杜」）等公私藏本而成。書中對各種寶卷的年代、版本、正題、別題、作者、卷數、序跋、附載以及曾於何種篇籍著錄等記載頗詳，並略依年代、類別排比，後附筆畫索引。

(11)《彈詞寶卷書目》（簡稱「書目」）

胡士瑩編。

1957年古典文學出版社出版。

此書為彈詞及寶卷兩種作品的專目。其寶卷部分著錄各時期寶卷277種（正編與附錄有重見書目12種），版本328種。系綜合《佛曲敘錄》、《明清之際之寶卷文學與白蓮教》、《中國俗文學史》第十一章、《寶卷續錄》、《董永沉香合集》、《孟姜女萬里尋夫集》所著錄，及惲楚材、錢南揚等的藏本和胡士瑩（簡稱「胡」）早年曾藏本而成。書中對各種寶卷的正題、別題、版本、年代、卷數等，一般有記載，缺短者甚多。

(12)《家藏寶卷編目》（簡稱「編目」）

趙易林編。

稿本。

此為趙景深（簡稱「趙」）家藏的寶卷目錄。其子易林編。共收寶卷 160 種，版本 185 種。其間注明「景唐藏書」者，原來均為丁景唐所藏，以惜陰書局的石印本為多，這批書他已轉贈給趙景深收藏（簡稱「趙〔丁〕」）。

丙・選本

⒀《遊戲大觀》第 5 冊《曲調遊戲》（簡稱「遊戲」）

廣文書局編輯所編。

1919 年上海廣文書局出版。

此書選印《妙英寶卷》、《劉香女寶卷》、《晚娘寶卷》、《雙蝴蝶寶卷》四種。

⒁《遊嬉娛樂全書》第 1 集（簡稱「娛樂」）

新華編輯社編。

1923 年上海新華書局出版。

此書選印《杏花寶卷》、《黃氏寶卷》二種。

⒂《變文與寶卷選》

鄭振鐸編。

此書系中國文選之一。見《中國俗文學史》第十一章參考書目，內容不詳。

⒃《白蛇傳集》（簡稱「白蛇傳」）

傅惜華編。

1955 年上海出版公司出版。

此書選印《浙江府錢塘縣雷峰寶卷》一種。

⒄《十五貫戲曲資料彙編》（簡稱「十五貫」）

路工、傅惜華合編。

1957 年作家出版社出版。

此書選印《雙鼠奇冤寶卷》一種。

⒅《孟姜女萬里尋夫集》（簡稱「孟姜女」）

路工編。

1957 年古典文學出版社出版。

此書選印《孟姜仙女寶卷》、《長城寶卷》二種，附《佛說貞烈賢孝孟姜女長城寶卷》敘錄一篇。

⒆《董永沉香合集》（簡稱「董沉」）

杜穎陶編。

1957 年古典文學出版社出版。

此書選印《小董永賣身寶卷》、《沉香寶卷》、《沉香太子全傳》、《寶蓮燈救母全傳》四種。

後二種非寶卷作品。

丁・論著

⒇《茸芷繚衡室隨筆》

俞平伯著。

載 1932 年《清華月刊》第 36 卷第 7 期。

此文之第一部分論述由唐代佛經衍至寶卷的過程。

㉑《跋銷釋真空寶卷》

胡適著。

載 1935 年《國立北平圖書館館刊》5 卷 3 號。

此文系胡氏初次觸手寶卷作品，所論多為錯誤認識。

㉒《駁「跋銷釋真空寶卷」》

俞平伯著。

原載 1933 年《文學》創刊號。

後收入 1936 年 8 月良友圖書公司出版的《燕郊集》（良友文學叢書第 28 種）。

此文系俞氏駁斥胡適所著之《跋銷釋真空寶卷》一文者。

⑳《詞話考》

孫楷第著。

原載 1933 年《師大月刊》第 10 期。

後收入 1956 年作家出版社出版的《俗講、說話與白話小說》。

此文第三節第二項述及由佛經之「唄贊」中經唐五代之俗講至明之宣卷的變遷。

⑳《1933 年的古籍發現》

鄭振鐸著。

原載 1934 年《文學》第 2 卷第 1 號。

後收入 1957 年作家出版社出版的《中國文學論集》中（改題《記 1933 年間的古籍發現》。）

此文第八節介紹鄭氏數年來所獲寶卷的情況。

⑳《三十年來中國文學新資料的發現史略》

鄭振鐸著。

原載 1934 年《文學》第 2 卷第 6 號。

後收入 1957 年作家出版社出版的《中國文學論集》中（改題《三十年來中國文學新資料發現記》）。

此文第四節為《中國俗文學史》第十一章《寶卷》的前身，內容、體制均系該文的具體而微（參閱 30 條）。

⑳《探論寶卷在俗文學上的地位》

佟晶心著。

載 1937 年《歌謠》第 2 卷第 37 期。

此文內容如標題。

⑳《關於影戲與寶卷及灤州影戲的名稱》

吳曉鈴著。

載 1937 年《歌謠》第 2 卷第 40 期。

此文內容如標題。

㉘《答曉鈴先生關於影戲與寶卷問題》

佟晶心著。

載 1937 年《歌謠》第 2 卷第 40 期。

此文內容如標題。

㉙《唐代俗講軌範與其本之體裁》

孫楷第著。

原載 1938 年《國學季刊》第 6 卷第 2 號。

後收入 1956 年作家出版社出版的《俗講、說話與白話小說》中。

此文第一章第二節末段述及明代寶卷之體制。

㉚《中國俗文學史》第十一章《寶卷》（簡稱「寶卷」）

鄭振鐸著。

1938 年商務印書館出版。

1957 年作家出版社重印。

此文先敘寶卷的源流及鄭氏發現寶卷的經過，次依鄭氏的分類：勸世經文、佛教的故事、神道的故事、民間的故事及雜卷四節，分別論述其內容、性質等。文中前後列舉各時期寶卷 53 種，其中 5 種《藥師如來本願寶卷》、《目蓮救母出離地獄升天寶卷》、《銷釋萬靈護國了意至聖伽藍寶卷》、《藥王救苦忠孝寶卷》及《土地寶卷》，並錄出部分原文。

㉛《無生老母的信息》

十堂著。

載 1945 年《雜誌》第 15 卷第 4 期。

此文係根據《破邪詳辯》所著錄的寶卷內容論述對無生老母

的崇拜者。

⑶《宣卷曲調介紹》(簡稱「曲調」)

戈唐著。

此文收在 1955 年音樂出版社出版的《江蘇南部民間戲曲說唱集》中。

此文開始略論宣卷的源流,下分「宣卷的基本曲調」、「宣卷曲調的特點」、「宣卷與戲曲音樂、民歌小調的關係」三部分,為從音樂上研究宣卷的專著。

⑶《宣卷曲調》

葉林等記。

此文亦收在《江蘇南部民間戲曲說唱集》中。

此文收記各種不同派系、不同性質的宣卷曲譜 45 段,為研究宣卷音樂的重要文獻。

⑶《寶卷新研》(簡稱「新研」)

李世瑜著。

載 1957 年《文學遺產》增刊第 4 輯。

此文系關於明清間寶卷的專論。文中對寶卷的起源、體制、內容、變遷以及於明清時代的流行情況和其社會意義等均有論述。其第一節曾根據《破邪詳辯》、《寶卷總錄》及某些官書的記載、並及作者的收藏,列出明清間的寶卷 72 種,系補充《中國俗文學史》第十一章所著錄的前期寶卷之不足者。

⑶《說書史話》第五章五《寶卷》(簡稱「說書」)

陳汝衡著。

1958 年作家出版社出版。

此文對寶卷的發生、性質、各代流傳情況以及體例、內容等均有論述。此文于鄭振鐸先生研究寶卷的著述多所依據,並

轉錄寶卷目錄 40 種及《土地寶卷》部分原文。

⑶《江浙諸省的宣卷》

李世瑜著。

載 1959 年《文學遺產》增刊第 7 輯。

此文為《寶卷新研》一文的姊妹篇，系關於後期寶卷的專論。文中除概述寶卷的源流外，對於後期寶卷的發生、分類及體制，宣卷流傳情況，後期寶卷的版本和作者，宣卷暢行和衰微的原因，以及研究宣卷的意義和任務等均有論述。

戊・史料

⑶《盾鼻隨聞錄》（簡稱「盾鼻」）

汪堃著。

1875 年不懼無悶齋刊本。

後收入 1953 年神州國光社出版的《太平天國》第 4 冊中。

此書卷五曾述及太平軍中利用《巍巍不動太山深根結果寶卷》及《無生開宗真源經》情況。

⑶《義和團教門源流考》（簡稱「義和團」）

勞乃宣著。

清刊本。

後收入 1951 年神州國光社出版的《義和團》第 4 冊中。

此書引嘉慶十三年七月戊寅上諭軍機大臣等中，曾述及查抄《九蓮如意皇極寶卷真經》、《元亨利貞鑰匙經》、《違背十王經卷》、《飄高老祖經》等的情況。

⑶《金瓶梅詞話》（簡稱「金瓶梅」）

沈亞公校訂。

1936 年中央書店出版。

此書第 39、51、73、74、75、82 等回曾述及宣講《五祖黃

梅寶卷》、《金剛科儀》、《黃氏女寶卷》、《紅羅寶卷》及不知
名寶卷一種之情況。除《紅羅寶卷》外，其餘四種均錄出部
分原文。

本綜錄係綜合上列除(6)、(7)、(9)、(15)、(20)、(28)、(30)、(32)、(35)
等種外，其餘 22 種篇籍之所有著錄，及其所未著錄的：

北京圖書館藏本 52 種（版本 58 種）；

上海圖書館（簡稱「滬」）藏本 252 種（版本 357 種）；

中國戲曲研究院（簡稱「研」）藏本 137 種（版本 156 種）；

復旦大學（簡稱「複」）藏本 49 種（版本 61 種）；

南開大學（簡稱「南」）藏本 62 種（版本 93 種）；

河北大學（簡稱「河」）藏本 41 種；

天津戲曲學校（簡稱「戲」）藏本 19 種；

普蔭堂（簡稱「普」）藏本 28 種（版本 32 種）；

（注：普蔭堂系至今仍存在的紅陽教佛堂，地點在天津。堂
中所藏寶卷多數系明刊本，其中五種為現存孤本。）

李抱一藏本 1 種；

（注：李抱一系解放前北京紅陽教首領，已故。）

李世瑜（簡稱「李」）藏本 285 種（版本 408 種）。

綜錄中將每種寶卷的某一版本為何家所藏，曾於何種篇籍著
錄，均按括弧內所注簡稱於專欄載記。存目及未經著錄者則不填
注。

三

早期寶卷因利用者系潛流於民間的秘密宗教，故以抄本居
多。明正德以後，秘密宗教傳入朝廷，寶卷乃由妃子、太監、公

主之流舍資刊刻，後世所見明刊本寶卷多為此類，早期抄本已如鳳毛麟角。清道光以後始有坊間刊本。後期寶卷主要流行於江浙等省，滬寧、滬杭甬沿線各埠書肆，特別是「善書鋪」，率多刊印寶卷。其他省市因宣卷之風不廣（目前僅知河北、山西省各地鄉間亦曾有宣卷之風），雖有少量的翻製，但俱係寶卷中的宗教勸善色彩較多者（如《香山寶卷》、《劉香女寶卷》、《魚籃寶卷》、《潘公免災救難寶卷》、《悉達太子寶卷》等），一般故事性的寶卷則屬罕見。後期寶卷的抄本數量亦不少，家數更複雜。茲將各地曾刊印或抄寫寶卷的書肆及私家名稱列下（書肆名稱、人名均依音序排列）：

上海：椿蔭書莊、大觀書局、大志書局、大善書局、兌記書局、廣記書局、槐蔭山房、宏大善書局、劉德記書局、煉石書局、仁記書局、上海書局、泰華書局、文元書局、文益書局、惜陰書局、新華書局、醒民書局、翼化堂善書局、邑廟園善書局、一善惜字社、姚文海書局、朱錦堂善書局。

杭州：廣記書局、慧空經房、聚元堂書莊、景文齋善書局、瑪瑙經房、普善堂、武林印書館、文寶齋、又新印書局、最樂齋善書局。

紹興：聚元堂書莊（即杭州聚元堂書莊分莊）、尚德齋書莊。

余姚：聚文炳記書局。

寧波：百歲坊書局、崇壽經房、大酉山房、耕心堂胡、林廣記書局、美大書局、三余堂書莊、三寶經房、王正文書局、秀文齋書莊、學林堂書局、朱彬記書局。

東甌：郭文元堂。

剡北：未注書局名稱。

天臺：麗美鉛石印刷社。

黃岩：普利堂。

湖州：未注明書局名稱。

蘇州：得見齋書莊、九如香鋪、李沁芳齋、瑪瑙經房、維新書社。

常州：寶善書莊、孔盫興書局、樂善堂書莊、培本堂善書局。

鎮江：寶善堂善書局、合成齋書莊。

南京：一得齋書莊、榮盛堂書局。

揚州：聚盛堂善書店。

江西：仰奎堂書局。

長沙：寶慶經房。

沙市：文善堂書局。

全州：楚善堂書局。

成都：盫記書局。

重慶：禨州書屋。

周口：道德堂書局。

江北：天復源書局。

河南：義興永書局。

鄭州：聚文堂。

山西：萬善堂書莊。

壽陽：未注明書局名稱。

張家口：未注明書局名稱。

磁縣：明善堂書局。

德州：德州惜字紙社。

北京：慈誠印刷局、如心堂惜字紙社、榮華堂善書鋪、同善書局、天華館、萬國道德會總會、永盛齋刻字鋪。

天津：聚文堂刻字鋪、亞文堂刻字鋪。

吉林：萃一堂書莊、學善堂書莊。

未注明為何地的：崇德堂書局、大盛堂善書局、東魯堂書莊、黃字牌經鋪（明萬曆年）、金善堂善書局、錦雲齋書局、聚賢堂書局、聚慶堂書局、明室經房、普濟印刷善書流通處、三五堂、田錦文齋、務善堂書局、香鷺山齋、祥興齋。

私家刊印的：德妃張氏、黨公祠（高郵）、法衍寺、鳳凰山、輔善壇、高麗寺（杭州）、胡清泉、胡思真、養真仙苑、靜齋、靜修堂（戰家莊）、濟世堂、龍會山、彭門徐氏、沈懋樽、孫廣齡、天申壇、無疆堂、緣明（通濟禪院比丘）、許自然、許靈虛、許鼎元（紹興）、朱禮賢、周樂安、張俊卿、中和堂。

私家抄本：薄少卿、碧葉館（即傅惜華）、畢介眉（字雅莊）、畢霽山、畢步江、（萬福堂或復古堂）蔡文茂、陳茂宏、陳天德、穿月齋（即李世瑜）、丁信贊、葭月浮悟居士、樊俊卿（經德堂）、簠卿、葛氏（杜莊人）、高彬、顧元熙、桂亭、冠群、華世卿、華燮坤、華眉軒、華雲祥、華炳坤、洪明（釋）、鴻美、金鑣、金成章、金萃麟、金浩生（余慶堂）、金仰賢、焦炯祥、錦源、靳福康、蔣錦記、李春霖、劉法兆、劉福全、劉惠甫、麟記、陸榮記、陸榮卿、呂培　、呂振廷、馬永聲、莫容莊、慕仁、倪行記、浦怡穎、浦怡雲、浦鶴鳴、浦鶴雲、浦鳴仞、浦穎川（字逸莊）、浦霄虬（字雲龍）、龐徐氏、鯗華、錢萬資、全城世家、忍德館、司馬倫（河內人）、沈國興、沈逸山、唐嘉秀、吳祖蔭、吳保生、吳鳳鳴（延陵人）、吳軒達（延陵人）、吳鳳翔、吳梓皋、吳進康、吳介人、吳雲青、悟覺記、汪南山、王從文、王月立、王春發、王耀遲、王子蔭、遐齡、軒華記、謝文興、謝俞、謝聿蘭、謝鳳倡、杏生、徐秀員、許少卿、許如來（高陽人）、宣少生、姚子琴、姚士俊、嶽福廷、俞文斌、袁樹田、子升、鄒玉書、

鄒慕霞、周煥文、周九思、周俊德、周鶴雲、張濤耕、張振華（天津人）、張圭清、章起鳳、趙宅源記。

本綜錄將各種寶卷刊印的書肆名稱於「版本」一欄記之。唯只簡稱其字號，不著地點（杭州瑪瑙及廣記則注出，以別於蘇州瑪瑙及上海廣記）及「善書局」、「經房」、「惜字紙社」等字樣，抄本則書全名。

四

由於寶卷的口頭演唱性質和流傳的地區不同、版本複雜，一種寶卷往往名稱各異，傳唱愈廣者，別題、簡稱愈多。本綜錄於「書名」一欄內除記正名外，兼記其別題或簡稱。為便於檢閱，其各名目復依正題體例臚舉一次，但年代、版本等則從略，而於「備考」欄注出「即某某寶卷」字樣。一種寶卷之前後附有他種文字及「序」、「跋」一類，亦記於「備考」欄。

由於宣卷的佈道者或藝人也有門戶之分，各種版本的詞句雷同者甚少。此種現象以抄本為尤甚（抄本多系佈道者或藝人自用腳本），然而故事情節則基本相同，「說」、「唱」的結構也大體一致，特其言詞（韻文中的襯字等）或有出入。故凡此種情形的寶卷，不論為刊印為抄寫，均應視為同一種寶卷之不同版本，不宜分立，否則將分不勝分了。

同樣由於寶卷的口頭傳唱性質，一種寶卷出自一人創作而注明作者姓氏的比較少見。然亦有注明編輯、校正、重訂等字樣者，姓氏則多以別號代之。故本綜錄不立「作者」專欄，遇有注明者，均於「備考」欄記之。

寶卷多數不著「卷一」、「卷二」字樣，而普遍分為上、下卷

或上、中、下卷，然亦多有不著「卷」字而分上、下集或上、下冊或前、後本分別裝訂者。本綜錄於卷數一欄不論其為卷為集為冊為本，統用阿拉伯數碼標以「2」、「3」等字樣，不分卷或沒有明顯劃分亦不分訂者則標以「1」，不詳者不標。

（下略）。

附錄一　《涌幢小品》所載明成化年間「邪教」經典目錄

見明朱國禎《涌幢小品》卷 32，1959 中華書局明清筆記叢刊本下冊頁 765 至 766。並見明余繼登《典故紀聞》卷 15，商務印書館叢書集成本頁 245 至 246。二書所錄均有脫衍錯訛，標點亦頗不一致，今參比二者綜為此目。

翻天揭地搜神記經	夫子金地歷
金龍八寶混天機神經	劉大保洩漏天機
安天定世繡瑩關	伍公經
九龍戰江神圖	奪天冊
天宮知賢變遷神圖經	收門纂經
鎮天降妖鐵板達	佛手記
通天混海圖	三煞截鬼經
安天定國水晶珠經	金鎖攔天記
金鎖洪陽大策	緊關周天烈火圖
金鋒都天玉鏡	玉盆經
六甲明天了地金神飛通黑玩書	換天圖
通天徹地照仙爐經	飛天歷神功
三天九關夜海金船經	九轉玉瓮金燈記
九關七返纂天經	天形圖
八寶擎天玉柱	天髓靈經

定世混海神經

通玄濟世鴛鴦經

錦珊瑚

通天立世滾雲裘

銀城論

顯明曆

金章紫授經

玉賢經

四門記

收燕破國經

通天無價錦包袱

三聖爭功聚寶經

金歷地經

奪天策

海底金經

九曜飛光曆

玉傘金華蓋水鑒書

照賢金靈鏡經

硃書符式坐壇記

普濟定天經

周天烈火圖

六甲天書

三災救苦金輪經

智鎖天關書

感天迷化經

變化經

鎮國定世三陽曆

玄元寶鏡

玉傘金華蓋換海圖

轉天經

推背圖

九曜飛天曆

彌勒頌

通天玩海珠

照天鏡

玄天寶鏡經

上天梯等經

龍女引道經

穿珠偈

天形圖

應劫經

天圖形首妙經

玉賢鏡

透天關盡天曆

玄娘聖母親書

太上玄元寶鏡

降妖斷怪五象經

金光妙品

奪日金燈

紅塵三略

照天鏡

九關翻天揭地神圖

金鋒都天玉鏡　　　　　七返無價紫金船

玉樹金蟬經　　　　　　銀城圖樣

玄娘聖母經　　　　　　龍鳳勘合

（原載《寶卷綜錄》，中華書局 1961 年版）

順天保明寺考[*]

　　四十多年來，在我觸手的眾多的白蓮教派各種民間秘密宗教的經卷——寶卷中，不時見到「順天保明寺」字樣，知道它與一種據說是創自「呂菩薩」的西大乘教是有關係的，還知道關於修建保明寺的許多神話傳說。我也曾查閱過有關文獻，原來順天保明寺確有其廟，地點在北京西山西黃村，它似乎就是一個普通的敕建的佛教廟宇。民間秘密宗教一般當然是秘密流傳的，為什麼在那些寶卷裏常要提到這座公開的保明寺？保明寺和那個所謂呂菩薩所創的西大乘教到底有什麼關係？還有一個叫東大乘教的又是怎麼回事？為什麼有些寶卷的作者或捐資刊印者也都與保明寺有關？這些問題一直懸而未決。我總想到保明寺去調查一番，由於種種關係，因循不就。

---

[*]　我曾將本文譯為英文。美國賓州大學歷史系韓書瑞教授（Susan Naquin，現調至普林斯頓大學歷史系）曾將譯稿加以修改並補充一些她所發現的有關檔案資料，與我聯名發表於 HARVARD JOURNAL OF ASIATIC STUDIES，第 48 卷第 1 期，1988 年。題為：*The Baoming Temple：Religion and the Throne in Ming and Qing China*。

1981 年 5 月一個偶然的機會，我在大鐘寺的「小鐘林」中發現了兩口保明寺的銅鐘。從這時開始，我進行了對保明寺的全面調查研究。計在一年多之中，我先後九次從天津到保明寺舊址和大鐘寺調查，並訪問了包括已經還俗的末代住持存普在內的四位有關人物，獲得了大量資料，以之與已有文獻資料對證，基本上解決了上述各項問題。特為報告如下。

順天保明寺創建人「呂菩薩」的傳説

根據一些文獻資料，如《（光緒）順天府志》、《畿輔通志》、《（康熙）宛平縣誌》、《宛署雜記》、《日下舊聞考》、《宸垣識略》、《京城古跡考》、《帝京景物略》、《燕京歲時記》、《帝京歲時紀勝》、《萬曆野獲編》、《棗林雜俎》、《長安客話》、《五城寺院冊》、《耳譚》、《燕都遊覽志》、《（民廿三）北京旅行指南》等等所載，歸納起來，可以知道保明寺全稱為「敕賜順天保明寺」，俗稱皇姑寺、黃村寺，建於天順初年（1457 年後）。關於修建這座廟的原因，有一段傳說：正統十四年（1449）瓦剌貴族也先攻明，宦官王振挾持英宗率軍五十萬親征。方度居庸關，遇一陝西來的呂姓尼姑上前攔駕，並諫阻說出師必不利。英宗怒，命武士交捶之。英宗繼續北進，後果兵敗。英宗於土木堡蒙塵，這時呂姑數次出現，不僅有所陳說，並且送飯送水。英宗被釋還北京居南宮，呂姑又數現。及復辟，遂封呂姑為皇姑（御妹），為她蓋了這座保明寺。

呂姑，也作呂尼、呂祖、老祖、呂菩薩。黃育楩《續刻破邪詳辯》稱呂姑為呂牛，不知何所依據。按呂牛既不像女人名字，也不像出家人名字，疑為「呂妞」之誤。

這些見於一般文獻的資料很簡略，更豐富的是見於某些寶卷中的，如《普度新聲救苦寶卷》、《泰山東嶽十王寶卷》、《清源妙道顯化真君二郎寶卷》、《銷釋接續蓮宗寶卷》、《古佛天真考證龍華寶經》、《木人開山顯教明宗寶卷》等等。其中敘述呂姑救駕故事以及賜建保明寺的經過，最為詳細的是《普度新聲救苦寶卷》。卷中說：「老祖（按指呂姑）因此下生陝西西安府邠州道安里王壽村。自洪武二十九年（1396）十一月十一日在呂宅寅時投胎。降生一十五歲明心見性通佛大法」。她的根基不凡，「諸祖滿天聖賢神祇，惟有無生老母為尊，（呂）菩薩即是老母，老母即是（呂）菩薩」，又說「老祖本是觀世音菩薩下界」，所以呂姑與無生老母、觀世音菩薩是三位一體的。她創立一個教派名大乘教，開始渡人是在河南，後來又到燕京，在燕京時，「忽聽得人說，邊上有虜賊犯境，有萬歲爺親征胡人。呂祖說，主不該去，此賊有些難征，我去攔擋一遭也是好事」。

呂祖果然來到口北，「……當頭攔路，高聲叫，主人公，休去前行。說與主，這夥賊，實難敵對；胡虜漢，嫉妒賊，廣有神通。才說罷，閃過員，王公太監；叫令人，拿了她，送在監中。……說正統爺同大臣人馬到了塞北與胡賊交戰，三五日光景，被胡賊殺得南朝人馬盡行虧損。藥耳嶺、狼山、土木兒盡把人馬折了，止剩了沙胡禮、袁彬、門達、葉春在口北同萬歲爺荒草坡作伴。……萬歲爺同四人發悲煩惱號啕痛哭。看看天色已晚，肚裏又是饑餓又是驚怕。呂祖在口北，神通與主人送飯。主公問曰：你是何人也。呂祖承當：我就是攔駕的瘋婆婆……主公有難，多虧賢人，終日救主人，三時送飯，不誤時辰」。

後來英宗被釋還京，在南城住了七年又得復辟。「景泰七年四月十八日打開南城，將正統請上金鑾寶殿，主坐下，金鼓齊鳴，

扶起天順爺為君。……主問眾臣：攔駕的瘋婆在於何處？呂祖向前，呂氏：有。大臣失色，人人都稱，真乃菩薩下降。主公問：你在哪裡住？呂氏：隨處安身。朕與你宮殿一處安身養老。呂氏：願在黃村。主人公：傳該衙門知道，與呂祖蓋觀音廟一座，田地七頃二十畝。呂祖謝主聖恩。呂祖出朝逕到黃村，等候君王欽差、內外官員置辦木料磚石等物，修蓋觀音寺」。

以上兩部分資料，文獻和寶卷，比較一下，可知其故事梗概基本上是一致的。這次向當地群眾訪問時，大半也都能知道這段傳說，情節也無大出入，這說明四五百年以來，某些傳教者一直是在用這段神話來向群眾宣傳以致人崇信的。當然也有一些地方是文獻和寶卷不一致的。如寶卷說呂姑攔駕後被拿入監中，因呂姑有多個化身，仍得到處顯現。而文獻說呂姑被打死，她後來的一切活動，包括選擇廟址，都是「顯靈」。還有些文獻說呂姑的屍體被找回葬在寺東，又說「後殿祀姑肉身，趺坐愁容一嫗也。」萬曆初年，「像未飾以金，頂猶熱爾」（《帝京景物略》卷五）。又說康熙年間保明寺曾毀於火，而「呂尼真身，經火獨存」（《京城古跡考》）。到底哪種說法對？

經過調查，保明寺舊址以東確曾有一座老祖墳，記載上還說那裏曾有一通嘉靖四年（1525）的敕賜碑。老祖殿內曾供奉呂菩薩的肉身像也是事實，主要依據是保明寺遺址現存的一通康熙九年（1670）《歸圓大師碑記》說：「呂大師示寂後祀其肉身趺坐……」

但是調查資料又有一說，即當年老祖殿供奉的呂菩薩像是空心的，背後有一個大圓洞，裏面裝著許多部經卷，若干年前毀像時被西黃村小學的一位教師取出。這又是怎麼回事？

這些情況，根據上述資料來解釋，就是：呂姑攔駕後被打死以及找回屍體之說是不可信的；她還活著，也可能曾被拿入監

中。英宗在漠北被俘時和在南宮居住時多次見到呂姑，既非有多個化身，也非顯靈。英宗復辟後曾召見呂姑，並賜寺給她，她自選寺址在西黃村，這就是順天保明寺，這些事情都是確實的。呂姑死後確曾把她的屍體塑成肉身像供奉在老祖殿，不晚於嘉靖四年（1525）遷葬至寺東的老祖墳，遷葬後老祖殿裏又重新塑了一尊空心的老祖像（也可能是實心的）。康熙五十年（1711）之前保明寺毀於火，五十八年（1719）又經過一次重修，此後即未見再重修的記載，所以這次重修時所塑的老祖像一定是空心的。至於說保明寺於康熙年間毀於火時「呂尼真身，經火獨存」的說法是不確的。

保明寺第二進殿　　　　　　　　保明寺第三進殿

順天保明寺舊址及殘留文物調查

　　順天保明寺坐落北京西山西黃村，舊址於解放後改為西黃村小學。目前尚留有部分建築物及殘斷石碑、門額多塊，銅鐘兩口

等，現將調查結果並參照文獻記載介紹如下。

（一）舊址

保明寺原有山門一座，已毀，山門所嵌「顯應寺」石門額一方數年前被沉於校門前小河中。大殿四進，第一進為天王殿，已毀，原供奉彌勒佛、韋馱及四天王塑像。院內有旗杆兩根，鐘樓兩座，均毀，鐘兩口已移大鐘寺陳列。

第二進正殿供奉觀世音菩薩塑像，殿今存，像已毀；尚有兩配殿，已毀，殿內原雜供龍王、土地、青苗、雷公、電母等塑像。院內原有石碑三通，現存明碑一，碑額篆書《慈善聖會》。另兩通據《日下舊聞考》卷九七載，其一為明時《重修皇姑寺記》，其一為明弘治十二年（1499）《敕諭蠲免糧稅碑》，今均不知下落，有說即埋於地下者。《宛署雜記》保存了《蠲免糧稅碑》全文。又據嘉靖十二年（1533）重鑄鐘文載，該鐘原在此院內，移至前院的時間不詳，可能在隆慶六年（1572）鐘鑄成之後。

第三進為老祖殿，今存，殿內原供奉呂姑及楊祖、張祖（呂姑以下的第二輩、第五輩祖師）塑像，呂姑兩旁尚有金童、玉女塑像，均已毀。像作呂姑盤膝打坐、戴金色毗盧冠、披紅色金線磚紋袈裟，面帶愁容狀。兩山牆有呂姑行實壁畫多幅，均已毀。《帝京景物略》卷五稱，此殿額懸天順手敕三道，殿兩側畫廊繪有《己巳北征圖》（己巳即正統十四年）。院內原有碑亭二，據《日下舊聞考》卷九七載，為《聖祖（康熙帝）御制顯應寺碑》，漢滿文各一通，今均不知下落，《日下舊聞考》保存了漢文碑的全文；另有一碑為《皇姑寺修歸圓大師碑記》，今已折斷，移至村西豬場。兩配殿已毀，原東配殿為碧霞元君、送生娘娘、眼光娘

娘殿，西配殿供奉千手千眼佛。東配殿連接藏經樓，已毀。原藏經甚夥，已於 1959 年為某部門運走。院內中央為鐵香爐，尚有大銅鍋三口，鐵典一個，連同第一進院內的銅鐘兩口均於同時運走。藏經樓基尚存，不久前學校進行清理，曾出土殘斷「敕賜順天保明寺」石門額一塊。

第四進為大佛殿，已毀。原供奉大佛三尊，據《京城古跡考·顯應寺》載，此殿名為「藥師閣」，閣內所供為藥師、釋迦、阿彌陀，山牆前有十八羅漢。大殿兩旁各有兩樓一間耳房，當地稱「串角樓」，為住持所居。東西有配殿，均係兩樓三間，當地稱「大閣（音 gǎ）」，西配殿今存，原供關帝及關平、周倉塑像，東配殿已毀，原供灌口二郎等塑像。在各進大殿院落的兩旁尚有便門多個，分別通往各個跨院，院內為一般尼姑禪房。各院都有名稱，如「會圓處」等。

《普度新聲救苦寶卷》中對於廟的規制尚有描述，但與實際調查情況頗有出入，卷中說：「忽然見，來了夥，巧匠能工。把四至，量取定，方得明白；中間蓋，一座殿，供養觀音（按即第二進殿）。伽藍殿，在兩邊，蓋得齊整；有護法，眾神祇，都顯光明。諸佛殿，後邊蓋，黃金寶像（按即第四進殿）；天王殿，前邊蓋，降服邪宗（按即第一進殿）。兩畫廊，諸菩薩，降妖捉怪；有鐘樓，十三座（按可能系『十三梯』之誤），天下馳名。兩廊下，是住房，看經誦咒；這座寺，完畢了，省會多人」。調查資料與寶卷的記載有出入的原因是寶卷所記為明代的廟容，而調查的情況則是清康熙年重修以後的發展變化。

又，保明寺東二里許原有老祖墳一處，今已毀。據《日下舊聞考》卷九七載：「內為女僧呂氏塋，塋前有嘉靖四年（1525）敕賜碑，載呂氏陝西西安府邠州道安里王壽村人，碑後並刻有

像」。這條記載與調查資料是一致的。

據《宛署雜記》保存的《蠲免糧稅碑》載，保明寺址連同其廟產所擁有的土地為六頃七十六畝，與寶卷所說的七頃二十畝不符。

（二）銅鐘

銅鐘計兩口，第一口為天順六年（1462）原鑄，嘉靖十二年（1533）重鑄；第二口為隆慶六年（1572）鑄。兩鐘形制尺寸完全相同，計：鐘身高 1.17 米，蒲牢高 0.29 米（通高 1.46 米），鐘唇直徑 0.93 米，鐘唇厚 0.06 米，鐘壁平均厚 0.03 米。鐘身文字及花紋兩鐘不同，第一口鐘分為四排，第一排為蓮瓣紋，第二三排為文字，第四排為波狀鐘口。第二三排文字部分環繞鐘身分為八扇，第二排的八扇文字為：

(1)「昭聖康惠慈壽皇太后」。

(2)「太師昌國公張、夫人周氏；建昌侯張、夫人崔氏；錦衣衛指揮張、夫人穆氏」。

(3)、(4)空白

(5)「章聖慈仁皇太后」、「永淳長公主」、「莊奉夫人邢氏」。

(6)「大明天順六年夏月吉日鑄造洪鐘一口，入于黃村寺大悲觀世音殿永遠常住供養吉祥如意者」，「上報四恩，下資三宥，一切有情，同圓種智」。

(7)「皇圖永固，帝道遐昌。佛日增輝，法輪常轉。風調雨順，國泰民安。五穀豐登，天下太平」。

(8)「大明嘉靖十二年三月二十一日奉懿旨重造。敕賜順天保明寺；住持善聰，管事法連、法緣、法倫」。

　第三排的八扇除第一扇外均為空白，第一扇文字也係捐獻者姓氏：「司監太監王政，內官監太監劉洪、崔淮、傅濬、何祿、荊聚、揚茂，禦馬監太監孟升，錦衣衛千戶黃秀、信官郭景」。

　第二口鐘鐘身也分四排，除第一排為蓮瓣紋外，其餘三排均有文字，也分八扇，第一排：

(1)「天地三界十方萬靈真宰」。

(2)敕賜順天保明寺住持法林、歸永、圓忠等 52 人名字，「隆慶六年十月吉日造」。

(3)行常住道人劉安、趙明、郝慶以及比丘尼大增、平安、克章、克祥等 83 人名字。

(4)杜福敬、張福田、田妙果、劉妙真等 121 人名字。

(5)「大明慈聖皇太后李氏」、「戴聖夫人金氏、夫人張氏、夫人馬氏、姜氏、一品夫人雲氏、夫人郭氏、夫人李氏、殷氏」。

(6)太夫人朱門楊氏、陳保、單廷章等 116 人名字，末署「涿州東關匠人姜堂、陳儒、陳傑造」。

(7)「太師成國公朱希忠、太師定國公徐、錦衣衛左都督朱希孝」及其他錦衣衛信官 15 人名字。

(8)司禮監等各衙門太監馮保、陳奉等 41 人名字。

　第三排及第四排（波狀鐘口）各八扇均為捐獻者名字，總共 1300 餘人。

保明寺隆慶六年鐘

以上兩鐘所列人物，有些是正史上見得到的，如慈壽皇太后、慈仁皇太后、慈聖皇太后、永淳長公主、昌國公張〔巒〕、建昌侯張〔鶴齡〕、錦衣衛指揮張〔延齡〕、朱希忠、馮保、陳奉等，有的《明史》有傳。他們對於考證保明寺的沿革和崇奉情況都是很有關係的。

（三）石碑

(1)嘉靖十一年（1532）《明故順天保明尼姑院尼師金西白表銘》碑，已殘斷，只餘上半，現在西黃村豬場，曾作為物料使用過，字跡多已漫漶不可辨識，茲錄重要語句如下：

……不樂居於香山□之境貞靜有□年甫十歲拜開山第

一代住持呂□……發心不離慈悲……太后重其道氣不勝
延想敕重賜以璽書特加道院……俄而雲物變易香氣晦合
□父母之生八十一年……太后開□□官賜祭長公主如永
淳等中貴如王公□奉師金身藏于後原擇□嘉靖十一年歲
次壬□

此碑碑額篆書「尼師金西白表銘」，碑陰全係捐獻者姓名。

八位解放軍幫助翻轉巨大的石碑

(2)康熙九年（1670）《皇姑寺修歸圓大師碑記》，此碑也在豬場作為物料使用過，字跡也已漫漶，茲錄重要語句於下：

> 皇姑寺呂大師者秦人也明正統中數□□□天順初崇其
> 稱以報之曰皇姑……五代歸圓大師□□□生十二即悟大
> 乘法……三十餘載一旦色想若空意識俱幻瞠目金粟法界
> 乃處陰以息影曰吾將面壁老矣……淨域鳩工□材廟貌攸
> 遷□□常新四方善信樂觀厥成藉九品蓮花藏為震旦一滴
> □□□□……呂大師示寂後祀其肉身趺坐愁容□帽□熱
> 今師開圖畫像碧殿紺宮儼然拈花一笑三□……呂大師先
> 後傳衣也□□工竣□□行記其宗派將寄之瑉碣……大清
> 康熙歲次庚戌孟夏吉日

此碑碑額為篆書「啟發群善」四字，碑陰為捐獻者姓名，共計1593人。

(3)前碑續碑。因捐獻者姓名過多，前碑碑陰不足容納，又續刻此碑。碑額為篆書「啟發後人」四字，碑面捐獻者姓名共計1551人，碑陰人名係按地區分列，如遼陽、武清、兔兒山、二閘、灤州等，還有一個民間秘密宗教的名字也與這些地名並列，即「茹葷門」，其下人名都不多。另有住持、會首、匠人名字以及立碑日期等。各面捐獻者名字的第一字為「妙」或為「福」字者甚多。

(4)「宗派接續」碑。也在豬場，已殘。碑面文字尚清晰可辨，茲錄如下。

> 宗派接續第三代住持善聰第四代住持法琳第五代住持
> 歸永歸春歸續第六代住持圓慧圓住圓省圓忠圓廣第七代
> 住持大吉大廣大存大住大穩大果第八代主持道如道意道

香道仰道發道濟道如第九代住持平德平雲平聚平意平壯平英平兩平智平□平亮平寬平全

此表之後有捐獻者姓名 400 餘人，碑陰也全系捐獻者姓名，共計1344 人，其中名字的第一字為「妙」或「福」者也很多。

此碑無年代。從其所列宗派字輩只排到「平」字，而上述隆慶六年鐘所列捐獻者中並列「大增、平安、克章、克祥」四位尼姑來看，可知當時即已傳至「平」字以下的「克」字輩（字輩詳後），故此碑的年代應在隆慶六年鐘之前。

(5)「慈善聖會」碑。置於舊址第二進殿前石階西偏，平臥土中，碑陰尚清晰可辨，茲錄於下：

慈善聖會王玉棠弟子高立真朱兆祺白文章夏仰周伊朱桂芳夏謝氏李王氏謝劉氏朱趙氏盧菩真同修
監修潘啟麟
協修道如

此碑也無年代。此碑的協修為道如，道如的名字見於前碑，但兩者並非一人。據調查，後一道如為解放前顯應寺最後一位住持，死於解放後的 50 年代，可知此碑為解放之前並不很久所立。

(6)「敕賜順天保明寺」石門額。藏經樓殘基出土，四周有雲紋裝飾浮雕。已斷為兩

慈善聖會碑

載，現分置於院內兩處。

(7)群鶴雲石圖案浮雕石板，長 1.40 米，寬 0.74 米，厚 0.24 米，用途不詳（因無插孔，似是「丹墀」一類地方的裝飾物）。現存於豬場。

順天保明寺前期的沿革

順天保明寺的創建時代，一般文獻記載以及寶卷中都說它建於英宗復辟後的天順初年，這是正確的。證之上述第一口鐘的鑄造年代——天順六年（1462）原鑄，嘉靖十二年（1533）重鑄，可知天順六年保明寺即已經或早已經落成了。有的記載特別維護這種說法，如《帝京景物略》卷五，還引據一種傳說，認為「順天保明」是一個隱語，倒過來即是「明保天順」。但也有的記載，如《萬曆野獲編》則援引《明實錄》說是孝宗弘治（1488－1505）年間所建，這是不確的。

關於傳說保明寺建造的原因是由呂姑攔駕、護駕，後來封為皇姑等，正如前節所說，那完全是可能的。皇帝御駕親征，遇到一個瘋婆子攔駕，他在一怒之下將她拿入監中，這沒有什麼奇怪。後來果然兵敗被俘，這位金鑾殿上的皇帝老官頓時在漠北荒原做了階下囚，他又怎能不想起那個瘋婆子呢？他在悔恨、緊張、驚懼、無告的極度變態情況下，恍忽又像見到那個瘋婆，並且認為她大約是個菩薩下界，那又有什麼奇怪？所以他就在復辟之後蓋起了這座廟來向那個菩薩補贖自己的過失，呂姑從此當了保明寺的開山祖，即第一代住持。

據現存《明故順天保明尼姑院尼師金西白表銘》殘碑的記載，呂姑曾於當了第一代住持之後收了一個年僅十歲的金西為

徒，金西於八十一歲時死去，從碑上所記太后（當係章聖慈仁皇太后）和永淳長公主的寵遇，「賜以璽書，特加道院」以及死後為她立碑的情況看，金西生前當是第二代住持。證之《宛署雜記》卷十八保存的《蠲免糧稅碑》所記「黃村女僧呂氏先年置產田地六頃七十六畝……今仍與徒弟女僧楊氏居住管業」，和《清源妙道顯聖真君二郎寶卷・老祖顯化品第十八》所說「祖還源，回南海，歸了本位；二輩爺，楊祖師，執掌法門」，可知金西的俗姓「楊」。故老祖殿內的楊祖塑像當是金西。另據現存「宗派接續」碑所記恰好缺少前兩代，兩碑相接，即可自第一代排到第九代。其第三代住持為善聰，第四代為法琳，第五代為歸永等三人，第六代為圓慧等五人（現存《歸圓大師碑記》所說的歸圓應屬這一代，但這裏沒列她的名字，原因詳後），第七代為大吉等六人，第八代為道如等七人，第九代為平德等十二人。

保明寺原是一個尼姑廟，它的主要施主一直是皇親內宦之流。弘治朝承平無事，孝宗重視宗教，保明寺也在特殊保護之列，曾有敕諭蠲免糧稅，這通敕諭於弘治十二年（1499）六月勒於石碑，今碑雖不存，但碑文為《宛署雜記》保存（按：該碑文語氣不似敕諭，疑為尼姑們的作偽）。武宗極喜佛，自然保明寺也會蒙受渥寵。而世宗則反佛，嘉靖六年（1527）以來閣臣桂萼、方獻夫、霍韜等先後奏請毀尼寺，世宗從之，勒令尼僧、道姑還俗，尤其深嫉保明寺尼的醜聲四溢，堅欲毀絕。不知保明寺的尼姑有什麼神通，她們竟然請出幾位皇太后和皇親國戚出來為她們說情，保明寺才得倖存。這個過程很曲折，《明實錄》卷八三、《野獲編》卷二七、《順天府志》卷十七、《日下舊聞考》卷九七等都提到這件事：世宗下詔之後三四日，有人向他的皇伯母（即孝宗后「昭聖康惠慈壽皇太后」）和聖母（即世宗生母興獻王后「章

聖慈仁皇太后」）哀奏，說了一些「禍福之言」以請求保留保明寺。她們果然都去向世宗說情，並強調「皇姑為孝宗所建，似不可毀」（按：這裏說孝宗所建，非。可能是因傳說孝宗曾頒諭蠲免糧稅而致誤）。這樣還怕世宗不答應，於是那位聖母又說她正「欲建一寺，即將此寺與我也好」。世宗因為「慈諭兩頒，宜即順命」，遂做了讓步，決定將保明寺留給住持「無歸」（按：現存第一口鐘鑄有「住持善聰」字樣，此處誤）暫住，但又附加條件是：「止著終身，不許復引其類，其祖宗時所賜敕額追回」（按：《帝京景物略》卷五《宸垣識略》卷十三均載「殿懸天順手敕三道」，《宛署雜記》卷十八載孝宗「賜額曰順天保明寺」）。實際上這道命令並未完全照辦，而是陽奉陰違，「尼僧之增日多，宣淫日盛，檀施亦日益不貲矣」。

她們為什麼敢於這樣放肆，現存的第一口保明寺鐘解決了這個問題。當時那位皇伯母慈壽皇太后聯合了她的父親昌國公張巒、兩位兄弟建昌侯張鶴齡和錦衣衛指揮張延齡，還有那位聖母慈仁皇太后帶著永淳長公主等等，把天順六年原鑄的銅鐘又重新翻鑄一次，這就是嘉靖十二年的那口鐘。這口鐘成了保明寺的「擎天柱」，從此誰也不敢再碰它一下了。

隆慶年間，保明寺又一次交了好運，就是因為出了位李太后。她是穆宗的貴妃，神宗的生母。隆慶六年（1572）神宗即位，加封為「慈聖皇太后」，《明史》有傳，說她「顧好佛，京師內外多置梵刹，動費巨萬，帝亦助施無算」。其實她所好的不只是佛，不管什麼宗教她都信，什麼廟宇她都佈施。神宗登極時由她領銜，集合了信徒一千七百餘人向保明寺捐獻了一口銅鐘，這就是上述第二口鐘。在這口鐘上題名的還有許多顯貴，如朱希忠、朱希孝、馮保、陳奉等，這些人許多在《明史》也有傳，大部也都

是奸佞。這口鐘當時所起的作用也是使得保明寺聲價十倍，招來的尼姑越來越多，信徒、佈施也越來越多，到萬曆三十多年（1603年後）終至聲名狼藉。沈德潛在《野獲編》中十分懷念世宗要毀掉保明寺的措施，而認為當時的敗壞情景都是內廷、后妃支持的結果，他慨歎地說：「此旨（指嘉靖六年旨）既下，其後因循至今，又八十年矣。……以世宗英斷尚不能剷除，況後世乎！」

歷來朝野人士持這種觀點的大有人在，對於傳說呂祖曾被封為皇姑事尤為反感。在上述世宗所下諭旨中就說：「奉天開極，此惟皇天命之，何待後日以一妖尼能保我明也哉？……皇姑者尤不好聽，言我皇家之姑也。當時此寺云敕賜不云敕建，便可見非祖宗本意也，故朕深嫉之。」入清之後這件事仍被傳為笑柄，如康熙年間的查嗣瑮在《查浦詩鈔》中就嘲諷道：「皇姑賜號太無名，誰借尼僧諫北征？留與兩宮添玉葉，免教天子作諸甥。」

入清之後，當然就不能「保明」了，但是保明寺安然無恙，這可能是清朝定鼎之初，工作還不能過於細緻之故。康熙九年（1670）一群官吏（內國史院檢討等十四人）還捐獻了一通《歸圓大師碑記》，可以想見當時的盛況。直到康熙五十八年（1719）康熙皇帝才發現「保明」字樣不妥，於是改為「顯應寺」。

保明寺改為顯應寺，又過了二百三十多年，它適應著各個歷史時期的條件，隨時變更其性質和活動內容，頑強地存在下去。

順天保明寺與白蓮教支派大乘教

入明之後，朝廷頒發不止一道旨令、律例嚴禁白蓮教。然而白蓮教的傳播非但沒有戢止，反而出現了空前繁盛的局面，這就是它們發展為許多支派，在民間更為廣泛地流傳起來。這些支派

有的仍舊保持其原始的性格,即繼續作為策動農民起義的領導組織,而大部分支派則都變了質,即成為純粹的宗教性組織。出現這種局面的主要原因當然是懍於政府的鎮壓,另一方面則是由於明代開國以來的統治者多數是非常迷信的,尤其是朝廷裏的中下層人士,他們整天地在「好左道」、「信妖人」、「引進妖僧」、「招致術士」、「以符籙禱祀蠱帝」、「召諸生使錄妖書」⋯⋯而那些皇帝們又因其某種政治目的的需要,忽而崇佛,忽而崇道。無疑的,這對於當時社會的影響是在意識形態領域中使人莫衷一是,所以,應運而生的是兼容並蓄的「三教歸一」論。而白蓮教就正是一種「三教歸一」派的宗教。

大約不晚於成化年間(1465－1487),出現了一個白蓮教的最大支派,就是無為教,又稱羅祖教,創教人羅清,山東萊州府即墨縣人。他著有《羅祖五部經》,又稱「五部六冊」(其第三部《破邪顯證鑰匙卷》分上下兩冊)。從這些經卷的內容分析,可知無為教仍是一種佛教成分較重的以「三教歸一」論為主要教義的教派,它是一種比以前各代更為成熟的白蓮教。

無為教不只潛流於民間,還儘量向社會上層趨附,因此它才得以盛傳,它的經卷才得以刊印傳世。它的極盛時代是正德年間(1506－1521),其後踵相效仿的還有許多支派,隆、萬間(1567－1573年以後)興起的白蓮教重要支派大乘教就是其中之一。

大乘教創自何人,不見記載,但可以肯定他必是一個住在北京西山附近(無為教盛傳的宛平一帶)的一個無為教徒。他精通《羅祖五部經》,也通曉一些「大乘佛教」的教義,所以他創的教就也襲用了「大乘教」這個名字。他在創建時還巧妙地利用了關於創建順天保明寺那段神話似的傳說,指稱呂姑就是大乘教的創始人。這當然是附會,呂姑與由無為教派生的大乘教是毫無關

係的，因為大乘教的創興比呂姑創建保明寺總要晚上百多年。但是大乘教既然說呂姑是它的創教人，保明寺也就成了大乘教的聖地。如此說來，大乘教的真正創始人也很可能就是保明寺的某個尼姑了。

有這樣一件事實，保明寺現存的那通《皇姑寺修歸圓大師碑記》的主人歸圓，原是直隸開平中屯衛張氏女，九歲即來保明寺出家，十二歲時（隆慶五年，1571年）「即悟大乘法」，於是仿照《羅祖五部經》也陸續寫了五部經，到萬曆元年（1573）全部完成，即：

> 《銷釋大乘寶卷》
> 《銷釋圓通寶卷》
> 《銷釋顯性寶卷》
> 《銷釋圓覺寶卷》（兩冊）
> 《銷釋收圓行覺寶卷》

稱為「大乘教五部六冊」。歸圓在《銷釋大乘寶卷》裏有一段自白：「吾今一十二歲悟心明，普運歸依轉法輪，訣開心印造真經，五部六冊盡完成，生前有感進釋門，敕賜保明換衣巾，金紗布地好修行。」這「五部六冊」現均存世，從它們的內容看，更可證明大乘教並非大乘佛教而是純屬白蓮教或無為教的支派。如此說來，這位「大乘教五部六冊」的作者歸圓大師很可能就是大乘教的創始人了。碑上說歸圓是保明寺的第五代住持，但不知為什麼，另一通碑上所列《宗派接續》表上並未列出歸圓的名字，這有可能是因為立碑時（隆慶年間）歸圓還年輕，隆慶最後一年（1572）她才十三歲，當時不可能晉升為住持，也許是因為人們發現她是個異端——她寫的經都是仿照白蓮教的，所以佛徒排斥

了她。但她的事蹟確實突出，保明寺既然因為她創了大乘教而成了大乘教的聖地，此後一段時間更形成保明寺沿革史上的中興之局，所以後來立的石碑上就不能不追認她的功績，這可能就是康熙九年（1670）《歸圓大師碑記》建立的背景，當時已是她誕生一百一十周年了。又前述老祖殿內供有「張祖」塑像，當亦是歸圓，可見其在寺內（大乘教內）威信之高。

有這樣一條資料可以作為大乘教為歸圓所創的旁證，即《清源妙道顯化真君二郎寶卷·老祖顯化品第十八》：

> 觀音母，來落凡，脫化呂祖；在口北，送聖飯，救主回京。景泰崩，天順爺，又登寶位；封呂祖，御皇姑，送上黃村。與老祖，蓋寺院，安身養老；普天下，男共女，來見無生。……頭一回，渡男女，未得完畢；二轉來，又化現，直隸開平。悟心空，留寶卷，合同六部；後來的，悟性客，接緒傳燈。

這就是說觀音菩薩托化為呂菩薩在黃村開教之後，由於渡人的任務沒能完成，於是在一百多年之後二次又在直隸開平化現為張氏女，即後來的歸圓。這與上引歸圓的自白「生前有感進釋門，敕賜保明換衣巾」又對上了號。歸圓就是這樣以觀音和呂菩薩二次化現的身分來寫出「五部六冊」並在實際上開創了大乘教的。

至於什麼原因在《歸圓大師碑記》中並沒提到歸圓創教和寫經的事，我以為還是由於大乘教畢竟是白蓮教的支派，在當時的歷史條件下，傳教者、立碑者都不得不有所回護的緣故。

大乘教不只借用了創建保明寺的呂菩薩作為她們開教的祖師，借用保明寺作為他們開教的聖地，而且還借用了保明寺的歷代住持作為大乘教的歷代祖師。有一個問題，即從歸圓起即托稱

呂菩薩的二次化現創建了大乘教，此後的幾代是否仍舊屬於借用，還是由於保明寺已被歸化於大乘教因而後五代住持都已成為真正的大乘教祖師，目前尚無從考訂。不過這十代住持都確已列入大乘教的「蓮宗」之內則是事實，即在大乘教的經卷《銷釋接續蓮宗寶卷‧紅梅三杆品第十二》中說呂菩薩傳留的大乘教宗派字輩是「本有智善法皈圓大道平克成真祖意萬古永長存」二十個字。

由這二十個字輩，又引出了兩個問題：第一，在上述「宗派接續」表上原作第三代的善聰應屬第四代，以次至平德等十二人原作「第九代」應為「第十代」。第二，「宗派接續」表上缺前兩代，實際缺三代，即本、有、智三代，呂姑為第一代，法名應屬「本」字輩。據《金西白表銘》已經肯定金西是第二代，但又非「有」字輩。第三代應為「智」字輩，不知為誰。這些問題一時也難解決，但這屬於支節，主要方面是白蓮教支派的大乘教與佛教的保明寺，從歸圓開始，一度融為一體了。

在現存的幾通石碑和銅鐘上所鐫刻的數千名佈施者的姓名中，有很大一部分人名字的第一個字都是「福」字或「妙」字，如杜福敬、張福田、田妙果、劉妙真，這個現象也值得注意。按佛道教的普通信徒中，有的是有組織的，即不是自由信仰者，他們也要取一個法名，這種法名也常要按照既定輩次排列。在白蓮教派的一些秘密宗教中也很多見這樣做的，直到晚近時期還是如此。保明寺的信徒中很多人都按「福」、「妙」兩字取名的規定也被載入《銷釋接續蓮宗寶卷‧紅梅三杆品第十二》：

> 九蓮天裏圓通母（按圓通母即指呂妞），
> 五晶宮中見天真（按天真即天真古佛）。

> 男為福字法中號，
>
> 女為妙字續蓮宮。
>
> 先渡南洋歸善教，
>
> 後化燕京立保明。

　　保明寺和大乘教既然融為一體，他們之間就什麼都可以互相通假，創教人和歷代祖師假借過來，信徒的字派當然也可以假借。尤其這件事已經載入寶卷，所以碑上、鐘上帶福、妙兩字的名字，即可視為大乘教的信徒，而不帶的即是普通佛道教信徒。

　　在由保明寺刊印的寶卷《護國威靈西王母寶卷》的卷末刊記裏，又發現一個重要線索，即刊印這部寶卷的資助者：「順天保明寺永順二房枝杆領眾弟子楊妙秀。」什麼是「永順二房」？什麼是「枝杆領眾」？這是白蓮教支派大乘教特有的組織領導系統的稱謂，見於《銷釋接續蓮宗寶卷・卷首》：

> 普請二百四十蓮宗頭行，三百六十護杆領眾，來臨聖會，定派分宗。

又《紅梅三杆品第十二》：

> 〔無生老〕母曰：我不免的下生人間，落在陝西西安府王壽村呂宅投胎，後借凡身，先發十二大願……又發四十八願，立四十八房，渡四十八祖，立四十八個頭行，選八大總引，分六枝杆頭續，共續六八四十八個頭行。

　　這裏說的就是以保明寺為中心的大乘教的組織系統，無生老母（自然由她的「化身」代理）坐中宮，是最高領導；其下分三宗六派，每個宗或派的領導稱總引，共八大總引，每個宗或派都

有名稱，如「永順」；每個宗或派下分六枝杆，枝杆即房，共四十八房，房的領導稱頭行，房的成員稱領眾，領眾是最基層的領導。楊妙秀的身分就是永順這一宗或派下的第二房枝杆領眾，也叫護杆領眾。——開教祖師、歷代住持、信徒字輩，大乘教都可以自佛教的保明寺來假借，但是純屬白蓮教的組織領導系統，枝杆、房、總引、頭行、領眾卻無論如何不能再解釋為借用了。

保明寺是一個被官方支持的大乘教聖地，出現了一個能編寫寶卷的尼姑歸圓，她的「大乘教五部六冊」從隆慶五年（1571）開始陸續刊行並且一再翻印，到萬曆三十二年（1604）時由於「板乏墨塞」，又「命梓照刊真楷」（《銷釋大乘寶卷》尾段刊記），此後還能見到崇禎、康熙年間的重刊本，可見其流傳之廣。在這種影響下，保明寺又招徠一些通曉文墨的分子為信徒也來編纂寶卷，還招徠一些有財力的信徒來資助，因此除「大乘教五部六冊」外，又出現了如下一些寶卷：

《護國威靈西王母寶卷》

《佛說驪山老母寶卷》

《銷釋白衣觀音送嬰兒下生寶卷》

《東嶽天齊仁聖大帝寶卷》

《泰山東嶽十王寶卷》

《普度新聲救苦寶卷》

《清源妙道顯化真君二郎寶卷》

《靈應泰山娘娘寶卷》

《救苦救難靈感觀世音寶卷》

等等，主要作者為劉香山、劉斗璿父子。劉氏父子，冀東人，是兩個道士；主要出資刊印者還是宮廷裏的一些無所事事的人們以

及世襲官爵的子弟之流。有的寶卷還在前面加上他們的序文，如《銷釋大乘寶卷》、《銷釋顯性寶卷》、《銷釋收圓行覺寶卷》都有「定西侯蔣建元」的序，《銷釋圓通寶卷》有「安鄉伯張鉉」的序等。這些寶卷也大都是萬曆、崇禎直到清初的刊本，個別的流行極廣，如《泰山東嶽十王寶卷》，一直流傳到晚近時期。

這些寶卷還有一個明顯的特點，即它們大都以道教的神靈命名，檢其內容，也可見到它們是有著濃重的全真道教一派色彩的，主要作者劉氏父子也必是全真道教的道士。這個事實，再加上：第一，保明寺中也有關帝、碧霞元君等道教神靈，第二，上述第二口鐘第一排第三扇鐘文所列捐資鑄鐘人中有「行常住道人劉安，趙明、郝慶」等；第三，《長安客話》關於皇姑寺的記載中提到「黃村有保明寺，是女道尼焚修處」；第四，現在仍健在的顯應寺末代住持存普說：「當初我師父跟我們說過，咱這廟從前叫保明寺，是個道士廟，裏面都是女道士。有一年鬧白蓮教，官面上說她們都是白蓮教，要拿她們，嚇得她們把頭髮髻子都剃了，從這兒就改成尼姑廟了」等資料推斷，保明寺還曾一度滲進了大量的道教成分，這種成分也與大乘教融為一體，但尚不至於喧賓奪主。

還應該特別提出的是明神宗朱翊鈞的生母「大明慈聖皇太后李氏」與白蓮教的關係問題。上文在提到她與保明寺的關係時已經對她做了介紹，這裏再進一步肯定她與大乘教也是有關係的。在《明史》、《日下舊聞考》、《帝京景物略》、《湧幢小品》、《玉堂薈記》等書的記載中都有這樣一件故事，說這位李太后曾得一夢，夢見一位菩薩教授她頌讀一部經，她醒後全能記憶，於是一字不遺地記錄下來，所謂「夢授經」，這部經的全稱是《佛說大慈至聖九蓮菩薩化身度世尊經》，後來收入大藏經中。這位菩薩

名九蓮菩薩，李太后因而就自稱她是九蓮菩薩的化身，以至專門蓋了一座廟，名慈壽寺，寺內建了一座「窣堵波」，名永安塔（即今北京阜成門外八里莊塔），來奉祀九蓮菩薩。在此之後，於崇禎年間又在右安門外蓋了一座九蓮慈蔭寺，也是奉祀九蓮菩薩的。按九蓮確是一個佛教名詞，在白蓮教的許多寶卷裏九蓮一詞也用得很多，「九蓮菩薩」這個名稱也曾出現過，如《銷釋混元弘陽隨堂經咒》中就有「九佛九祖羅漢聖僧，九蓮菩薩各顯能」等語。九蓮一詞在白蓮教中有最高境界的意思，大致和佛教的天宮、兜率天、淨土等詞相近，如說「九蓮天」。另有一種解釋是：青陽時期由燃燈佛掌教，這一時期的標誌是三葉青蓮；紅陽時期由釋迦佛掌教，這一時期的標誌是五葉紅蓮；白陽時期由彌勒佛掌教，這一時期的標誌是九葉白蓮，又作九葉金蓮。白蓮教號稱是彌勒佛掌教的白陽時期，所以特別崇敬九葉白蓮。

大乘教托稱呂菩薩為開教祖師，說她就是無生老母所化，也是觀音菩薩所化，又尊稱她為圓通老母，在前引他們的寶卷《銷釋接續蓮宗寶卷·紅梅三杆品第十二》中就有這樣的句子：「九蓮天裏圓通母，五晶宮中見天真。」在前引保明寺遺址現存的《歸圓大師碑記》中也有「借九品蓮花藏為震旦一滴」字樣。由此可證，李太后自稱為九蓮菩薩就意味著她也是一位住在九蓮天裏的菩薩。本來呂菩薩，觀音菩薩，無生老母是三位一體的，這樣一來，又加上一位九蓮菩薩李太后，那就成了四位一體了。

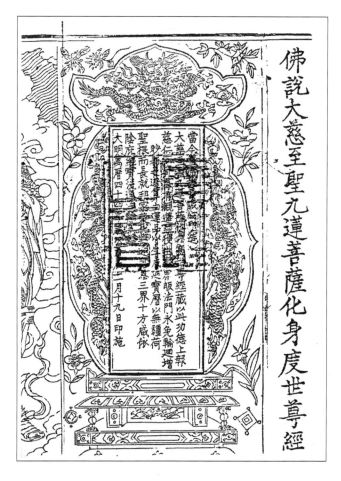

　　證之史實，這個假說也是不無道理的，即李太后領銜向保明
寺捐贈了一口銅鐘，事在隆慶六年（1572），歸圓開始寫作「大
乘教五部六冊」在隆慶五年（1571），而李太后修建的供奉九蓮
菩薩的慈壽寺據《日下舊聞考》卷九七引《谷城山房集》：「……
經始于萬曆四年（1576）二月，至六年（1578）中秋既望落成，

賜名曰慈壽，蓋以為聖母（按指李太后）祝也。」這就說明了，李太后蓋廟奉祀九蓮菩薩是在保明寺成為大乘教聖地一個相當長的時期之後，她曾領銜獻鐘，當然與保明寺的關係密切，這個無教不信並到處施捨的老太婆接受了大乘教的宣傳自然也是可能的了。證之記載，《明史》卷一二　《悼靈王傳》：「九蓮菩薩者，神宗母孝定李太后也。太后好『佛』，宮中像作九蓮座，故云。……禮科給事中李焻言：『諸后妃祀奉先殿，不可崇邪教以亂徽稱！』不聽。」這個所謂「邪教」是什麼？我認為很可能就是大乘教[1]。大乘教得到這樣一個強有力的「護法」，如虎添翼，它在萬曆年間的盛傳，這是重要原因之一。

　　大乘教的傳播地區主要就是在當時的北直隸（今河北省）各地，由於歸圓是冀東開平人，很自然的，在這一帶的傳播尤為興隆。大乘教的信徒薊州（今天津市薊縣）人王森奉教十分虔誠，他後來定居在灤州（今河北灤縣）石佛口，就在那裏傳起教來。他聲言自己是天真古佛轉世，自號法王石佛、石佛祖，傳徒甚眾，因稱其教為東大乘教，而稱以保明寺為中心的為西大乘教。史載王森曾「得妖狐異香」，故又名其教為聞香教（見《明史・趙彥傳》、《明史紀事本末》卷七十）。萬曆二十三年（1595）森被捕

---

[1]　李正中教授藏有一套「羅祖五部六冊」，讓經的《巍巍不動太山深根結果寶經》有一個刊記：「御製萬曆四年二月吉旦慈聖皇太后印施。」（見本書第57頁書影）這說明李太后崇奉的「邪教」不只大乘教，還有無為教。另有一層意思，即歸圓寫的「大乘教五部六冊」完全是仿照「羅祖五部六冊」（有的段落就是原文照抄），李太后印施了它們的祖本，就是對歸圓的做法表示同意和支持。再有，刊記中的「御製」字樣說明它不是保明寺印的，而是在內經廠。「萬曆四年二月」正是啟建供奉九蓮菩薩的慈壽寺的日期。

論死，用賄得釋。四十二年（1614）森入京師傳教，又被捕，越五年，瘐死獄中。森死後其子孫仍世代傳習，凡歷三百餘年。其間多次興起巨案（有的是農民起義性質的事件），雖頻遭殘酷鎮壓，亦從不間斷。

東大乘教的宗派系統把太上李老君稱為第一大聖，王森（天真古佛化身）為第二大聖，西大乘教的呂姑（觀音菩薩化身）為第三大聖，王森的再傳弟子名張翠花，翠花弟子張某號弓長祖，又號天然子，弓長的再傳弟子為李某，自稱「木人」或「目人」。李某略能屬文，對於大乘教教義深得其精蘊，曾於順治九年（1652）著《古佛天真考證龍華寶經》，十一年（1654）著《木人開山顯教明宗寶卷》，十六年（1659）著《銷釋接續蓮宗寶卷》，原稿均經弓長校訂，陸續刊行。其內容十分豐富，對於有清一代民間秘密宗教影響極大。這三部寶卷現均存世（《木人卷》天津圖書館、日本吉岡義豐藏，均殘缺）為研究白蓮教教義及其哲學思想的必讀經典。

以上是東大乘教的梗概。東大乘教是自西大乘教分裂出來的，它的活動都比西大乘略晚一步，但王森創教後在道統中卻把呂姑放在他的後面，顯然這是為了尊大自己而欺師了。然而從東大乘教的經卷中看，他們絕不排斥西大乘，他們經常提到保明寺，對於呂姑尤其尊重，常有專門的品、段來宣傳她，或是介紹他們和西大乘的宗支關係。他們承認呂姑是觀音化身，稱她為呂皇聖祖、圓通老母、圓通教主。稱西大乘為「大乘教圓通派」，東大乘為「大乘教圓頓派」。大約自清代中期以後，歷史上即不見以大乘教名義進行活動的記載，而是改頭換面，演變為眾多的支派，如圓頓教、清茶門、茶葉門、清水教、收緣門、一炷香、太上古佛門等等，直到晚近時期的一貫道，仍然是東大乘教的嫡

傳。

清康熙以來的順天保明寺

《日下舊聞考》卷九七，《聖祖御制顯應寺碑》：

> 都城之西有佛舍一區，創自前明中葉，雖歷加修葺，而
> 歲月寖久，復毀於火。舊觀既替，香界就荒，非所以崇佛
> 教廣禪悅也。朕以古刹勝因，宜規整飭，爰發帑金，鳩材
> 董役。經始於康熙五十年十二月，落成於五十八年正月。
> 不庳不侈，棟宇一新。答士庶敬信之忱，慰緇衲皈依之願。
> 用錫嘉名，顏為顯應。……

《帝京歲時紀勝‧藥王廟》：

> ……至於遊覽之地，如西山妙峰、弘教、聖感、潭柘、
> 顯應、西域、戒壇、香山、碧雲、法海、臥佛等寺，極稱
> 名勝。歲之四月，都人結伴聯鑣，攢聚香會而往遊焉。

從上引的資料來看，可知順天保明寺曾經毀於火，康熙五十
年末到五十八年初（1711－1719）由國家出資大規模地重修過。
重修之後棟宇一新，康熙皇帝親賜寺名為顯應寺，已經是「極稱
名勝」，並且與潭柘寺、碧雲寺、臥佛寺等著名廟宇並稱，成為
京郊的遊覽之地。從宗教廟宇來說，重修之後它雖然依舊保留了
那個不倫不類的老祖殿，但可以推知，康熙皇帝是不會再支持當
年作為大乘教中心的保明寺時代的那些活動了，而是復歸於佛
教，仍舊是一個尼姑廟。

但在此之前，保明寺的活動還是由大乘教控制著的。這除了

從康熙九年《皇姑寺修歸圓大師碑記》看得出來之外，還可找到一項證明，即在《護國威靈西王母寶卷》的卷末刊記中寫有「賜順天保明皇姑寺永順二房枝杆領眾弟子楊妙秀、原任浙江左布政誥封貞節夫人汪妙香發心施財重刊。康熙十六年歲次丁巳仲秋八月吉旦」字樣。前文已經考證過，這裏的楊妙秀、汪妙香都是按「妙」字排的大乘教女信徒，「永順二房枝杆領眾」也是大乘教的組織名稱。可見保明寺直到康熙十六年（1677）還在刊行大乘教的寶卷。保明寺是康熙五十年（1711）開始重修的，重修的主要原因是毀於火，著火的時間不詳，但總會是從康熙十六年到五十年之間的某個時候。保明寺毀於火，自然人員星散，大乘教從而結束了以保明寺為中心的歷史時期，轉入各地民間，分散為各種支派進行著新的活動。

　　重修後的保明寺更名顯應寺，恢復了佛教寺院的性質，也成為遊覽勝地，更應注意的是上面引文中的「歲之四月，都人結伴聯鑣，攢聚香會而往遊焉」。「香會」是什麼？就是每年定期到一個要朝拜的佛教或道教的聖地去進香的香客們的組織。這種要朝拜的聖地一定是遠近馳名的，會期常是春天，因為要「借佛遊春」，屆期要有成千上萬的香客來進香，因此形成一種大型的廟會，香會就是這種廟會和香客的組織者。香會不只一個，常是幾十個、上百個，這是我國各地民間一種傳統的風俗。在保明寺舊址第二進殿前石階西偏臥著一通石碑——「慈善聖會」碑，這個慈善聖會就是一個典型的香會名稱。這通碑的年代已經考訂為解放之前並不很久所立，可見當時保明寺的廟會規模還是相當盛大的。《帝京歲時紀勝》所記「攢聚香會」的情況是乾隆二十幾年的情況，從此次調查，又知道這裏的廟會一直持續到解放之前，就是說，保明寺（顯應寺）的廟會已有二百多年的歷史了。

　　早年的廟會情況已很難詳細瞭解，解放前的幾十年，還能通過調查知道一些。顯應寺的廟會定於每年舊曆四月初一到初八舉行，每期廟會招待的香客大約二三千人，多是來自「京八縣」的，當地人說這是「老祖爺的靈光照遠不照近」。一部分香客還要在臨時搭建的席棚裏住上二至三天，吃五頓飯。在老祖殿前原有巨型銅鍋三口，每到廟會期用它燒飯煮粥。但還有不少人要投宿在附近各村的人家裏，所以在會期之前很多天，附近各村的一些人家也要活動起來，準備在會期做一筆好生意。

　　顯應寺用以號召的「有求必應」的神靈還是那個「老祖」──呂菩薩，人們到這裏來的目的主要就是求老祖、拜老祖，向老祖還願，當然各殿的神佛也都要去燒香、磕頭、佈施，所謂「有一股香燒不到，也不會順序」。在第四進院的東大閣樓上走廊裏懸掛一個巨型方孔圓銅錢，香客們到

顯應寺末代住持存普

此都要用硬幣投擲，以擊中銅錢，最好是投進方孔內者為最能得福，這種舉動謂之「打金錢眼」。到廟裏朝拜之後，香客們還必須到廟東的老祖墳去朝拜。廟會結束之日，初八，有一項儀式，即向老祖升表，用一個黃表紙的摺子把所有在香會的佈施過的香客名字都寫在上面，在老祖殿前焚化，這個儀式叫「圓壇」。在廟會期間還有一些民間文娛活動，各地做買賣的也都要來趕廟會，所以每屆廟會期西山一帶到處呈現一片活躍氣象。

　　廟會期間香客的佈施，是顯應寺經濟來源的主要一宗，但並不夠開銷，因為廟裏經常住著三四十尼姑，多時到五十個。另一

主要來源是靠招佃戶種地。每年到麥秋和大秋廟裏還要派出尼姑去京東各地（通縣、三河、密雲、順義、武清等）去募化，這宗收入也很可觀。她們還經常到城裏募化，城裏有她們的下處（也是尼姑庵，如翠峰庵、太平庵、五聖庵）。遇到人家死人時，她們也常會被邀去念經超度亡魂，這也是一種收入，不過找她們去的不多。除此之外就是每年在一些節日的內部活動了。當然平時還要招待遊客，每年正月初八要舉行「順星」儀式，這一天也會有許多善男信女來「拈花」。

顯應寺的尼姑們分別住在幾個跨院的禪房裏，各個房間裏沒有什麼陳設，只有一個老祖像，一張供桌。她們的日課是每天三次集合到老祖殿裏去念經，集合前要敲鐘，早晨、中午敲東面的，那叫「神鐘」，晚上一次敲西面的，那叫「鬼鐘」，集合念經後即各回禪房，一天也不出來，多半都是打坐、練氣功。各房都是各過各的日子，自己找生財的路子，彼此也不來往，老尼姑也不過問小尼姑們的活動。老尼姑有醫道，平時給附近的人們看病，用藥也用香灰或燒符，還用念咒、點化等形式來治療。但也有些非分的活動，如抽鴉片煙、聚賭等，她們的這些行為早就不能見容於當地群眾，尤其是她們仍在雇工剝削，因此解放後對首要分子給了一些懲罰，一般尼姑則聽從還俗或就業，至此，保明寺（顯應寺）才全部結束了它的歷史。

（原載《北京史苑》第三輯，北京出版社 1985 年版）

附錄

方步和：河西的寶卷

河西寶卷，是敦煌俗文學的分支，是還活著的敦煌俗文學。寶卷，在宋以後，曾是全國性的現象，但不久，其他地方早已成為歷史，唯獨河西走廊，至今仍活躍在人們中間，一度還曾掀起過前所未有的高潮。如此深受河西人民熱愛的河西寶卷，是怎麼來的？

寶卷的產生，研究家歷來看法不一。此處只概述河西寶卷的來歷。

河西寶卷有三種類型，每種類型都有它自己的源頭，也就是說，都有它自己獨具的來歷。第一類，也是最基本的一類，是佛教類型的，如《目蓮三世寶卷》、《唐王游地獄寶卷》等，它的源頭是俗講（含佛變文，為敘述方便，筆者暫稱俗講裡講佛經故事的底本為佛變文）。後來發展為勸世的言情寶卷，也歸屬於此類。第二類，是神話傳說類型的，如《天仙配寶卷》、《孟姜女哭長城寶卷》等，它的源頭是敦煌藏經洞發現的，如《董永變文》、《孟姜變文》等俗變文（為區別佛變文，暫稱此名）。此類俗變文，是我國歷史上早已有之的文學形式。敦煌俗變文，就是這種形式的繼承和發展，就是河西神話傳說類寶卷的直接源頭。第三類，是寓言類型的，如《鸚哥寶卷》、《老鼠寶卷》（民間稱之為「小老鼠告狀」）等，它的源頭就是敦煌的俗文學中，如《燕子賦》一類的寓言文學故事。敦煌就在河西，河西寶卷的多樣性，和敦煌學中的俗文學，確有其各自相應的淵源關係。河西寶卷的來源

只一個，恐怕不符合事實。

勸善懲惡的教化作用強。無論哪一種類型的寶卷，群眾都把它當成立言立德的標準：有的當它為「家藏一卷，百無禁忌」的鎮邪寶，有的當它為風調雨順、五穀豐登的及時雨，有的當它為懲罰惡人的無私棒。甚至兒女不孝，媳婦不敬，用在他（她）家「念卷」（即念寶卷）的方式，使其受到教育，幡然悔悟。河西寶卷在河西人民群眾中根子之深，影響之大，權威之絕對，都到了使人不易置信的地步。這和河北、山東等地的寶卷，多和社團或道會門掛鈎，作為宣傳、教育、組織農民起義的工具不同（參見李世瑜《寶卷新研》）。河西也曾發生過回民起義，但未曾見有利用寶卷作為起義工具的。這又突出地說明了，河西寶卷具有強烈而平和的勸化作用。

突出的包公形象。這反映了河西人民渴求清廉政治。佛教類寶卷在講因果報應中，為了勸善，群眾漸漸加入自己周圍發生的世俗事，長期演化，言情寶卷就多起來。這些充滿現實生活的言情寶卷，凡標明是宋代的，只要矛盾到尖銳化，佛又不能現世報時，清官包公總會應運出場。我們雖力求選擇的多樣化，但在涉及宋代時，不僅佛教類的兩個言情寶卷（《吳彥能擺燈寶卷》《張四姐大鬧東京寶卷》），就是寓言類的《老鼠寶卷》（此次未選的《鸚哥寶卷》亦同樣），包公都不呼而出。這反映了偏處西部的河西人民，在封建統治階級的壓迫和剝削下，把有苦難訴，有冤難伸的痛苦的解脫，寄托在清廉公正的包公身上。這既揭露了河西人民身受殘酷壓迫與剝削的事實，也反映了他們對清廉政治的渴求。

內容廣泛。河西寶卷從反映秦始皇時代的《孟姜女哭長城寶卷》起，到反映民國 16 年（1927）武威大地震開始、古浪遭受

大災荒的《救劫寶卷》止，上下兩千多年，歷史的縱深是驚人的。在這歷史的長河中，從神仙道士到佛爺尼姑（群眾稱姑姑），從帝王將相到黎民百姓，從忠臣孝子到奸賊娼婦等等，無奇不有。其階層的多樣，人物的眾多，也是驚人的。這縱橫交錯、內容廣泛複雜的寶卷世界，實在是河西人民現實社會的折光反射。特別是河西人民自己創作的寶卷（如《仙姑寶卷》《救劫寶卷》等），是直接反映河西人民現實生活的歷史記錄，更加值得珍貴。

多姿多彩的河西寶卷，在表現手法上，也有自己的獨特之處。

情節曲折離奇。河西寶卷以情節取勝。這和它在民間流傳有關。寶卷是抄傳的，抄的人一定是知識分子。在轉抄時，誰都會沿著自己喜愛的情節，添枝加葉；轉抄得多了，情節曲折了，也更離奇了。同時，終日辛勞又缺乏文娛生活的農民，像盼豐收一樣，盼農閑或春節時聽「念卷」（或「宣卷」），情節越離奇就越能滿足他（她）們的要求。有如此深厚的群眾基礎，寶卷情節的離奇曲折，也就勢在必然，甚至連內容較簡要的寓言寶卷，也被寫得一波三折，搖曳生姿。

塑造人物多面和潑辣。河西寶卷中的人物塑造，從總體看，在情節的展示中，有正面和側面的描繪，有仰角和俯角的透視；有耐心的舖墊，有單刀直入的刻劃；有侃侃而發的宏篇大論，也有竊竊私語的娓娓絮談。尤其使人神往的：一是大量使用方言，它似畫龍點睛，形象、準確、生動，加濃了生活氣息，突出了鄉土特徵；一是用大膽潑辣的筆觸，隨人物的需要而大膽揮毫。——為突出鸚哥的機智勇敢，皇帝被揶揄而氣得肚子痛，包公也成了利欲熏心之徒；張四姐為了忠貞不二的愛情，包公對她無法，楊、呼家將被她收魂，孫悟空逃得快，免遭大難，哪吒三太子也奈何她不得。多麼扣人心弦！若非民間作者，不敢如此潑

辣;只有民間創作,才敢作如此天馬行空式的揮灑。河西寶卷的
人物,充分顯示了河西民間塑造人物的魄力。

形式活潑多樣。河西寶卷有一定的程式,但又不受程式的限
制。比如開頭,有基本格式,而又不拘一格,變化多樣。比如道
白,可念可說可發揮,念卷人大有用武之地。接佛人可多可少,
念卷者和聽卷者融成一片。又如詞牌,種類繁多,適應各種場合。
又如調子,有十字調,七字調,五字調等,交叉穿插應用,使整
個結構不致於呆板。特別十字調,靈活轉化,為內容服務。更值
得一提的是,在各種唱調中,不斷吸收河西的民歌小調,經常地
注入新鮮血液,使唱調常青不老。整個寶卷從頭到尾,唱唱念念
說說,說說念念唱唱,生動活潑,群眾喜聞樂見,通宵達旦,興
味不減。

河西寶卷歷盡千年而不衰,但近幾年,隨著黨的開放富民政
策,群眾購得起電視機,看電視節目的多了,寶卷的聽眾銳減。
既然如此,搜集、整理、研究、出版河西寶卷,還有什麼意義?
是否無效勞動?實際上,不僅不是,而且相反,意義還更重大。

首先,有助於敦煌學的深入研究。敦煌在河西,河西哺育了
敦煌;敦煌影響了河西,河西寶卷是在敦煌俗文學的深刻影響下
發展的。敦煌俗文學是源,河西寶卷是流;從源察流,流更清楚,
從流溯源,源就會探索得更明確。敦煌學是全世界都矚目的顯
學,深研河西寶卷,可從某一個側面對敦煌學的研究有所助益,
這不能說是無意義的。

其次,它是俗文學史不可缺少的一環。河西寶卷從單本說,
藝術性還不是那麼太理想,但是唐末宋初,它在俗講(含佛變
文)、俗變文之後出現,確是個歷史現象;寶卷之後,又出現了
別的形式,這又是個歷史現象。倘若不研究河西寶卷,聽任其湮

滅，歷史的鏈條缺少了這個環節，要說清歷史的延展性，也就是要說清河西寶卷的前和後、歷史發展的連貫關係，又怎麼可能呢？河西寶卷有被電視文化取代的可能。唯因如此，在其未取代前，趁它還活在人民中間時，更應加緊研究。這不僅不是無效勞動，而是利用得天獨厚的條件，盡刻不容緩的歷史責任。

再次，它具有應該弘揚的民族精魂。河西寶卷有精華，也有糟粕。為使研究者能洞察河西人民在某些歷史階段的真實情態，得出更客觀的結論，我們將河西寶卷最原始性的形態，奉獻給讀者和研究者。但是，剔去糟粕，那些在長期流傳中，熔鑄在河西寶卷中的民族優秀品質，比如強烈的愛國熱忱，勸人為善、助人為樂的精神，對父母盡孝、對兄弟和睦、對鄰里友好的品行，勸勞生產、愛惜糧食的美德等，不都是今天還應該大大加以弘揚的民族瑰寶嗎？不深入研究，精華與糟粕雜陳，魚目混珠，就辨不清是非。

最後，它為很多學科的研究提供了素材。河西寶卷有濃烈的地方特色，有很高的歷史資料價值，不僅變文、民間文學研究者值得重視，就是像民俗學、民族學、音韻學、方言等等研究者，也值得參考。從這方面講，意義也是深遠的。

總之，河西寶卷的搜集、整理、研究出版，是一項十分有意義的事情。這個開端，殷望能激起更多的人，為這項十分有意義的工作獻策獻力。

（錄自方步和編著《河西寶卷真本校注研究》，蘭州大學出版社1992年版。標題為錄者所加。）

方步和：河西寶卷的調查

要研究河西寶卷，就得先調查它的歷史和現狀。筆者工作在古絲路中段的甘肅河西走廊中部的張掖；工作對象是來去都定向的中文系學生，河西各縣幾乎都有。發身在河西的地理優勢，組成了調查組。學生很快畢業，但也很快招來；學生走了，調查組「常青」，而且在長時間的循環中，形成優化組合。歷時十餘載，先後的成員幾乎遍及河西；在統一規劃下，利用寒暑假在自己的家鄉調查。他們是努力的。但由於成員的個人愛好、生活經歷、活動能量等的不同，調查的結果也有差別，有的縣仍然空缺。但總的看是碩果累累。搜集到的四百多部（有的有上下，有的有上中下三本），除去重複的尚有近百部的寶卷，以及有關寶卷的實況，都是調查組不避寒暑，辛勤勞動的成果。這為整理研究，打下了較堅實的基礎。為使同好共享和檢測，特簡奉如下。

調查涉及的范圍。寶卷的分布面很廣，涉及河西三地區。武威地區天祝縣的哈溪，古浪縣的大靖、土門、干城，武威市的中路、張義，上泉；張掖地區山丹縣的霍城、陳戶、花寨、李橋、老軍，張掖市的安陽、花寨、龍渠、大滿、小滿、鹼灘、三匣，臨澤縣的蓼泉、板橋、鴨暖、城關，高臺縣的紅崖、霞光、東上壩、西上壩、古城、元山子、新溝、曙光、官儀、羅城、天城，民樂縣的南豐、永固、炒面莊、八卦營、豐樂、南古、新天、雙樹、三壩、六壩、東樂；酒泉地區金塔縣（具體地名欠確，暫缺），酒泉縣的紅山、豐樂、銀達、榮國、懷茂、西峰、西洞，安西縣的城關、踏實、布隆吉等等，都有。三地區的流傳，走廊中部的

張掖地區，最為盛行，除肅南裕固族自治縣外，各縣的鄉村都有；西端的酒泉地區次之——很多縣鄉都有，因距離較遠，有較多處調查得不夠充分；東面的武威地區又次之——武威縣的山區盛行，平川尚未發現。

寶卷的流傳與交通有關。交通閉塞，寶卷流行；越閉塞，越流行。相反，交通較發達，寶卷流行就少；越發達，越不易發現寶卷。武威市與蘭州接近，交通方便，城關尚未發現。張掖、酒泉二市雖發現有，但比城關以外的鄉村少得多。難怪張掖市裡有位中年女居民說：「知道（指知道寶卷），鄉裡人喜歡念。」

兩千多里長的河西走廊，廣大的鄉村，寶卷十分盛行，男女老幼喜聞樂見，男性中的老年、很大一部分中年及一部分青年，樂此不疲。

河西寶卷的傳播方式。方式有二：一是文字，二是口頭。

先說文字傳播。寶卷不像民間的小曲小調、民歌民謠、傳說故事，都屬口耳相傳，它是一本一本用文字記載的故事，人們想知道它，就互相輾轉借抄。形成寶卷的故事都較長，最少的如《老鼠寶卷》也在 5000 字以上，最多的如《王敦造反》《薛剛反唐》分上下或上中下集，在四至五萬字以上，抄一遍實非易事。但河西的人們認為抄卷也是功德，雖苦猶甜。顯然，這是受佛教抄經是功德布施的影響。

在此影響下，識字者願抄，為了自己，也為送人，都為來世修德；家家願藏，不識字的請人抄，靠它鎮妖避邪——前些年遇到「浩劫」，也設法深藏。山丹有位農民將寶卷埋在黃土裡十幾年。

高臺縣元山子有位具備中學文化水準的殘疾青年，全副精力用在抄卷上。他右手能寫字，右臂不能舉，抄寫時，用左手將右

臂扳到桌上，斜倚著抄。這種熱愛寶卷的堅韌精神，令人感佩不已。

他藏的寶卷多，別人要借得符合他的條件：用他沒有的和他交換；抄完互還。我們有許多寶卷就是用此「互利原則」，從他那兒抄得的。（很不幸，該青年近年已病逝）。

我們還在張掖的大滿，遇到一位年過古稀的熱愛寶卷的老人，願將他珍藏的「一箱子」（據他報的目錄有 26 部）寶卷，全部慢慢而無償地抄給我們。我們感激，但因春秋太高而婉謝；他樂意借抄，我們已感激不盡。

抄寶卷的人是誠懇而謙虛的。很多寶卷的末尾都寫有：「寫得不好，不要笑話。」或用韻文寫：「抄本寶卷也費情，別字錯字請指正。」

寶卷是準備借人抄的，末尾寫著：「有借有還，再借不難。」有的希望人抄好送回來：「此卷翻抄很不好，借去念了莫煩惱，本身文化就不深，有的字句寫不清。借去抄完還原主，雖抄不好也苦辛。費筆費墨又費紙，而且還要費功夫。」還有的警告說：「好借好還，再借不難；借了不還，就按賊算！」更有的發最後通牒：「有人借此卷，用罷要歸還。損壞此卷不得讓（饒之意）！」

借者想不還，被借者索原卷，彼此發生矛盾，原卷的所有者生氣。這恰從側面說明了群眾熱愛這種通俗的講念文學。

時代在進步，手工抄卷已逐漸出現了油印；據說還有石印和鉛印。後兩種未見，若真有，當然更好。但油印的並不高明：刻寫潦草，印迹模糊。不過一印上百，比起手工一抄一本，總是進步。

再說口頭傳播。文字傳播是口頭傳播的基礎，口頭傳播是寶卷流傳的最基本環節。口頭傳播俗稱「念卷」，或叫「宣卷」、「評

卷」。講講念念，念念唱唱，是念卷的突出特點，應稱之為「講念唱」文學。但人們──一是為了簡潔；二是三者中講念又是最基本的，故仍稱之為「講念」文學。這種講念唱，比講故事排場，比演獨腳戲簡單。因為他只用聲音表達感情，用手勢和上身的變動助其聲音的表達，而不離開座位，無全身的動作表演。

念卷的時間不限，但一般都在農閑或春節時，特別是春節時，從大年三十（民樂縣有的地方大年三十要祭祖，不念卷）起，到正月十五日止，都是念卷時間。

念卷同抄卷一樣，也是做功德。有的寶卷中說：「念寶卷，功德大，善心感天。」這同樣是從佛教的念經是做功德發展而來。比如佛教的淨土宗，講究念多少遍經，就可往生西方淨土。念卷誠而多了，也可達到同樣目的。《施公寶卷》的封皮上，用對聯的形式寫著：「念一聲彌勒，風調雨順；誦幾句寶卷，國泰民安。」念卷人是認真而誠懇的。民樂縣有位退休老幹部，說他年輕時幫人念卷，也就「忙乍乎了。」當然那也想積點德。高臺縣新溝有一家，包括姑娘，全家人都念卷，念得好，到處被人請。要講功德的話，算得上功德無量了。

不過，現在也還有喜歡念卷的，某中專一位教師，拿起寶卷就念，這已是對這種民間俗文學的熱愛了。

念卷是識字人幹的，稱「念卷先生」。河西農村以前識字人少而格外受人尊重。「念卷先生」被人請來請去，經常是要預訂的；有時還發生「爭搶」現象。不過，在念卷先生較富裕的情況下，群眾也要挑選出眾的。《張廷秀逃生救父寶卷》說：「字念真來意好聽，才能上炕稱先生。」

請好念卷先生，確定念卷場地。這場地的主人，炕上炕下要打掃幹淨，炕桌擦明，擺上好吃的茶糖果品，恭候「念卷先生」，

也等候聽卷者的光臨。

念卷先生在念卷前，以往還要沐浴焚香；現在來了，先要洗手漱口，點上三炷香，向西方（有佛圖的將圖掛上，對圖跪拜；現一般無圖，僅對西方）跪拜畢，分開插入放在炕桌上的小饅饅上，靜心後，就開始念卷。

念什麼卷？有三種情況：一是念卷先生自帶，念什麼聽什麼。念卷先生也不願「砸鍋」，大都挑選流行、新鮮、吸引人的本子念。二是長者點定。這是大家大族人家的長者（相當族長），要審定所念寶卷的內容。不準念像《黑子告狀》（即《烏鴉寶卷》）一類寶卷，因為裡面是淫婦奸殺；也不準念《繼母狠》這類寶卷，因為裡面是後娘虐待前妻的子女。長者怕聽卷的婦女，從事件的反面去理解，學乖學壞。三是群眾點念。如無長者干預，這是最能滿足群眾需要的做法。

哪些人聽？以前還挺講究，最先的聽卷者僅是善男信女（即在家的信佛者，叫優婆塞、優婆夷，或叫男居士、女居士），不準外人、生人去聽。後來寬了，有的地方（如高臺某些地方），不讓淫婦、產婦聽，有的地方（如酒泉的某些地方）不讓女子聽，較多的地方允許 15 歲以下，40 歲以上的婦女聽，16~39 歲的青年婦女不讓聽。原因同前面長者的意思一樣。封建社會歧視婦女的陋習，在聽寶卷上也完全暴露出來了。

「念卷先生」的要求。不管是哪些聽眾，念卷先生都要求他（她）們靜心細聽，不準喧嘩，不準走動，要聽完整。

要求「接佛人」和他配合好，把氣氛搞活躍。所謂「接佛人」，就是念卷先生念完一個意思單位（一、二句，三、四句或再稍多），一人或數人或全體，接他念最後一句的後半句，再加念「阿彌陀佛呀」伴和。接音完後，念卷者再念，接佛人再接，直到終了。

這種「念」、「接」相間的形式，可以形成複合的諧音，以增加和諧鏗鏘的韻味；同時更重要的是念卷者有間歇時間，讓聽卷者參與其中，使雙方都處於高度思維活動的興奮中，人心振奮，氣氛熱烈。這也是佛教法師講經或進行俗講，講到一定時候，聽眾須和聲答唱禮規的遺風。河西的人們將念卷和念經等同起來，念卷、聽卷都當成對佛爺的功德，有些憨厚的信佛農民，跪著聽念卷。其虔敬之誠，虔敬之深，給人以不可磨滅的印象。

念卷吃力費神，時間又長。念卷先生每每在高潮即臨時，會突然唱：「念卷先生要吃喝，茶點果子擺起來。」聽卷者可以休息，自行方便（主要指大小便），然後回來，懷著懸念卷中人物命運的焦急心情，望著念卷先生在茶水伴送下的細嚼慢嚥，切盼他吃飽喝足多長精神，再念時念得更圓潤、清亮。

河西念卷還有一種特殊的功能。

河西人還把寶卷當作教育人的特種手段。誰家子女不孝父母，誰家媳婦不敬公婆，莊上比較權威的人（一般是長者），即可通知在他或在她家念卷。他或她就要按念卷場的慣例，把炕上炕下打掃乾淨，擦亮炕桌，擺上好吃的，專候念卷開始。念卷時，他或她得細心耐心地聽著；必要時，還可叫他或她跪著聽。念卷先生有什麼問話，他或她眼淚和著鼻涕，只能戰兢兢地回答說：「是。」或「知道了。」不準強辯，也不敢強辯。

念卷在河西群眾中有如此之威力，真叫人不可思議。說寶卷和佛經等同，即使你念佛經，又能收到如此效果？

威力如此大的寶卷，它的作者是誰？題材是什麼？

調查中，對誰是作者，回答最多的是：「祖上傳下來的。」這話並不錯，但不解決實際問題。其實，有很大一部分，雖說不上具體的主名，但大致的框框還是可以找尋的。

有一類是民間藝人寫的。他們為了說唱的需要，改寫成寶卷，或類似寶卷的作品。民樂縣三堡鄉就有這樣的藝人。

有一類是失意文人，他們仕途多舛，回到家鄉無所事事，轉向寶卷，尋找精神寄托。

有一類是下放幹部。他們有一定的文化素養和理論水平，原就熱愛寶卷，下放後，業餘也編寫。張掖縣和平鄉等地，就有這樣的寶卷編寫者。

還有一類是寶卷愛好者。這是大量的。上面提到的高臺縣的殘疾青年，不僅善抄，也會編寫。張掖鹼灘鄉有位高中生，熱衷寶卷編寫。他抄某個寶卷，加進了自己很長一段話（約 600 多字），他翻開寶卷，一定要調查組的人看。他說他父親在世時編過，他也要編。民樂六壩有位幹部，也計劃撰寫新的寶卷。

現在的河西人如此，遺留下這麼多寶卷的先人，他們當時也會是如此的。無論是過去或現在，編寫河西寶卷的群眾基礎，都是十分深厚的。

這麼多類型的人所編寫的寶卷，題材是什麼？大都取材於《三國演義》、《水滸》、《西游記》、《三言》、《二拍》、《三俠五義》、《施公案》、《彭公案》等，以及從別的文藝形式移植。

不過，在調查中從大量的寶卷裡，卻發現了兩點新奇現象：

一、發現了河西人民自己創作的寶卷。反映張掖人民鬥爭和生活的《仙姑寶卷》、反映武威大地震的《遭劫寶卷》和反映古浪大靖人民在武威大地震後又遭兵、旱、瘟等災禍的《救劫寶卷》等都是。這是很值得珍貴的。

二、發現了河西寶卷值得探討的新問題。搜集到的《目連三世寶卷》、《唐王游地獄寶卷》、《孟姜女哭長城寶卷》（亦名《繡龍袍寶卷》）、《伍子胥過昭關寶卷》、《昭君和北番寶卷》、《天仙

配寶卷》等，從橫向看，它們互相之間有聯繫，但是，有的密切，有的並不密切。密切的可歸類；不密切的，卻有十分明顯的相對獨立性。這是為什麼？

從縱向看，內容相當古老。當然，這古老，後人也可根據古老的歷史故事編寫，事實上也留有後人如此編寫的痕迹和影響。這編寫的後人是哪一代？說不準，反正時間不算太晚。

查閱了敦煌石室的變文，很多又都有，而且有些寶卷的內容和變文又那麼相同、相似或相近，有的連錯都錯成一樣。這又是為什麼？

從敦煌的遺書到現在發現的寶卷，中間隔了千年，發展的中間環節呢？查了《金瓶梅》中對寶卷的記載，明代寶卷的佛教性質還是很濃的。河西當不會例外。但河西發現此時此類的寶卷不多。——可能產生於明代的《仙姑寶卷》，又是儒佛道三教合一，以道教為主的道姑，佛教味兒並不太濃。

是否佛教傾向很濃的寶卷未被發現？或者已被消毀了？這就使人深深回憶到調查中，臨澤縣有位文化專幹的介紹：臨澤有位教書老人，一輩子搜集寶卷，有一屋子。大躍進時，被放了一部分「衛星」；「史無前例中」，又被當作污泥濁水給「蕩漾」光，老人也抑鬱成疾而辭世。那一屋子的寶卷中，是否有這中間環節的寶卷？這雖然是不足為憑的想像，卻是十分可能的推測。

明代寶卷佛教內容濃，河西為何卻是道教味濃？這是調查帶來的問題，還得通過調查去解決，結論不是在調查之後麼？

寶卷的基本形式。主要是開頭、結尾、過渡、韻白結合、調子等部分。

韻白結合。這是寶卷的核心部分。寶卷故事的完整性，主要是這兩部分間隔構成的。說白部分是交代故事發生的時間、地

點、人物、經過、結果等發展過程和在關鍵處所作的說明。每段之前，都冠以「卻說」。這部分是講的，要口齒清楚，語意流暢，不帶語病，抑揚頓挫而不陰陽怪氣。一般念卷者講時不離原文——也可離開發揮，但不能離題太遠。這部分約占全文的一半上下，或更少，或稍少。

韻文部分是重複說白部分的故事而稍有發展。它是念卷者依一定聲律念的。文字要有韻，雖不是十分嚴的格律，但平仄大致有個安排，使念起來鏗鏘有致，朗朗上口，聽起來和諧悅耳。它是故事突出的重點部位，聽卷者心領神會的要害部分。

韻文有四種：四字句、五字句、七字句和十字句。四字句是個別的，五字句較少；七字句較多，《趙五娘尋夫》是七字句連本；十字的最多，是最基本的句式，也最普遍，是寶卷的特徵形式之一。

四種句式的韻文念法也不一樣。四字句按——二念，如「風——調—雨順，國——泰——民安」；五字句照二二一念，如「寶卷—開密—言，留給—後世—看」；七字句按二二三念，如「鸚哥—飛出—窩中去，梧桐—樹上—招了親」；十字句按三三四念，如「來觀燈—惹下了—齊天大禍，吳彥能—這盜人—將娘叼走。」這種念法，是寶卷獨具的特色。念卷先生要念得清脆悅耳，剛柔圓潤。隨著人物感情、命運的變化，要表達出感人的深情（調子見後）。這部分韻文約占文的一半左右，或稍多。

說白是講的，韻文是念的，這是「講念文學」的來歷。

開頭。有一個基本格式：

　　××寶卷才打開，諸佛菩薩降臨來。
　　天龍八部神歡喜，保佑大眾永無災。

這個格式是定的，也是寶卷的形式特徵之一。但以此為準，句數還可靈活變化。最少的僅要基本格式的開頭兩句，最多的達 30 多句。其中最常見的是四句、六句、八句、十句、十二句、十四句、十六句，廿四句也時有，廿六句不太多，三十句以上少見。都是雙句，沒有單句的。

以此基本格式為中心，還可變化——有的（如《花燈寶卷》）在它前面加定場詩：

> 池塘水滿今朝雨，雨落前庭昨夜風。
> 今日不知明日事，人爭閑事一場空。

有的（如《長城寶卷》亦名《孟姜女哭長城寶卷》）在它緊後加頌詞：

> 如枉祖，未脫化，孟姜賢女，
> 哭長城，十萬里，勸化眾生。

不過，個別的也有打破這種基本格式的。比如《紫荊寶卷》的開頭：

> 早起忙忙到黃昏，奔走勞動為光陰。
> 先祖堂前兩件寶，望後子孫守本分。

更有別出心裁，用十字句開頭的。比如《征東寶卷》：

> 天有道，降的是，清風細雨，
> 地有道，出的是，萬物苗根。
> 家有道，生的是，孝子賢孫，
> 國有道，多的是，良將忠臣。

　　這個個別寶卷的變化，是固定模式中的例外。這例外，恰是在一定時期，群眾既無禁忌，又無框框，興會所致，天真、率直的創造。這顯示出來的活潑生機，標誌著河西寶卷在發展中的進步。

　　過渡。河西寶卷很講究。第一個過渡處，在開頭與說白之間。如《呼延慶打擂寶卷》開頭八句的後兩句：

　　　　閑言休提歸正傳，延慶京城打擂臺。

前接開頭，後掛內容，過渡自然。下面就是說白交代。也有不過渡的；當然，有過渡好。

　　第二個過渡處在說白與韻文之間。這個過渡最講究，也最重要。一般在說白完畢，說：「正是：──」，下面就是感嘆詩。比如《繡紅羅寶卷》：

　　　　夫妻兩人進香表，討求兒女二郎廟。

又如《忠孝寶卷》：

　　　　親在不遠游，兒去親擔憂。
　　　　妻嬌子未大，離別盼封侯。

　　此處的感嘆詩，可讚可哭，可褒可貶，隨說白的內容而定。詩的字數可以四、五、六、七言不定，句數可以二、四、八及十句以上自由。不過五、七言的二或四句居多。

　　此感嘆詩後，接著是七字句或十字句的韻文（十字句居多）。白韻之間，就如此反覆至終。個別的也有無感嘆詩的。

　　第三個過渡處在韻文與說白之間。比如《王茲樹探地穴寶卷》，在韻文後的感嘆詩：

　　老母放寬心，兒今就起身。

　　心中多歡樂，前去要認清。

此處有感嘆詩的是一小部分，一般少有。

　　結尾。是千篇一律的勸善。「男為孝心女賢良」（《紫荊寶卷》），「男要行善，佛渡上青天」（《余郎寶卷》）。《火焰駒寶卷》還向聽眾提了十大要求，總起來還是勸善。這些勸善之言，聽眾不聽怎麼辦？這就牽扯到輪迴報應的地獄上去了。

　　也有令人深省的結尾。如：「念卷人，心也酸，忍住硬心；聽卷人，傷心處，兩淚紛紛」（《二度梅寶卷》），「扁毛還能行孝道，人不孝道怎為人」（《鸚哥寶卷》）？

　　還有表示結束的。「此卷兒，本頭大，一念半夜；雄雞唱，五更天，各自回家」（《繼母狠寶卷》），還有說得更直接的：「寶卷就此念完了，聽卷之人回家吧。」還不是逐客令，而是允許離開的號令。聽卷是不能隨便走的。

　　調子。寶卷中有許多調子，可惜不傳。現在最善念卷者也說不清有多少。據已搜集到的寶卷的初步統計，有二十餘個調。念卷時，念卷先生可以根據人物的喜怒憂思悲恐驚，靈活地去把握。

　　哭五更：悲調，本是河西流行的小調，後被編卷人編入寶卷。念卷人臨場發揮得好，能催人淚下。隨意抽了十七個寶卷調查，哭五更用了十八次，使用頻率最高，說明它很受群眾歡迎。

　　叫號：急促調，事急，不平，常用此調，能使人憤慨。

　　蓮花落：平調，原是挨門乞討的叫花子的乞討歌，大多用於平淡的敘述。

　　喜調：愉快，興奮，多在喜慶時用。

　　這些調子的使用，沒有嚴格的規定和限制，全憑念卷者的掌

握和發揮。這些調子是唱的，但唱，不是寶卷的核心部位，數量也很有限，故人們仍將寶卷稱為「講念文學」。

河西寶卷在河西人民中根子如此深，影響如此大，這是調查後才發現的。河西人民如此熱愛的寶卷，有精華，也有糟粕。調查研究它，正是為了剔除糟粕，吸收精華。但是，萬不可為了吸收精華，把糟粕也吸收上；為了揚棄糟粕，潑洗澡水，把孩子也潑出去。

（錄自方步和編著《河西寶卷真本校注研究》，
蘭州大學出版社 1992 年版。）

譚蟬雪等：酒泉的寶卷

　　寶卷是一種流行於明清以來的民間講唱文學。它是勞動人民冒著風險保存下來的珍貴文化遺產。它由唐代的變文、講經文演變而來，受俗講的孕育，歷經宋的談經、說參請、說諢經、講史等，並受到話本、小說、諸宮調及戲曲等的影響，其內容包含儒、釋、道的三教合一及各種秘密宗教，並有大量非宗教的歷史人物、民間神話、傳說和戲曲故事；其結構為散韻相間；其講唱地點從廟會、娛樂場所，直至家庭院落。寶卷以其曲折的故事情節、生動的人物形象、通俗的語言和抒情婉轉的曲調，贏得了群眾的喜愛，在民間廣為流傳。在《金瓶梅詞話》（1617）中便已有家庭宣卷的詳細記載。直到今天一些地區仍有宣卷的活動。

　　酒泉寶卷是在飽經了大漠風塵的沖刷，在敦煌文化的熏陶下，在酒泉人民的精心培育下成長起來的民間藝術奇葩。盡管在題材的選擇上不受地域範圍的局限，但在長期的流傳過程中，它已經和本地區的方言俗語、風土民情融為一體，形成了酒泉寶卷自身的鮮明特色。從本世紀二十年代以來，鄭振鐸等前輩篳路藍縷，開始了對寶卷的研究。爾後，向達、李世瑜、胡士瑩等先生都是從事寶卷研究的卓有成效者。但他們搜集的寶卷多局限於中原地區，並認為「其流行地區為華北諸省，尤以河北為最多」（《寶卷綜錄·序例》），而對大量流傳在祖國西部邊陲的酒泉寶卷卻很少有人問津。八十年代以來，隨著「左」傾禁錮的解除，酒泉寶卷如雨後春筍不斷被發掘出來，人們始發現酒泉乃是寶卷蘊儲的豐腴之地。

　　酒泉寶卷是指甘肅河西地區的敦煌以東，嘉峪關內外一帶地區流傳之寶卷，在這一帶土生土長的六十歲上下的農民沒有不熟悉寶卷的。他們有的誦念或抄錄過卷本；有的會咏唱寶卷曲調。四十年代前後至解放初期，這裡的寶卷成為家喻戶曉的卷籍。在城鎮，每逢春節、二月二、四月八等傳統節日由佛教會、居士會、商會及其他宗教團體發起主辦，在一定的場所或街頭公開念卷，在農村則以家庭院落為主請識字人念卷，婦孺皆參與其中，其活動盛況不亞於祭祀道場。

酒泉現在家庭中的念卷活動

　　酒泉寶卷除了具有和全國各地寶卷的共同特點外，更有其自

身的價值，正是這些獨特之處，才受到越來越多的人的重視：

第一，酒泉寶卷的搜集、發掘和整理進一步補充和豐了祖國寶卷珍品的數量和內容。寶卷的流傳地域從華東、華北擴展到河西；寶卷的卷目也在擴大，過去以李世瑜先生的《寶卷綜錄》為全國寶卷卷目之集大成者，總數為 653 種，版本為 1487 種；而近年來根據蘭州大學、張掖師專、酒泉市文化館等單位和個人所搜集的寶卷總數為 133 種，版本為 265 種，相當於全國總數的五分之一左右。而且這些寶卷中約有 63 種為《寶卷綜錄》所無，起到了補遺的作用。

第二，酒泉寶卷中保留了一些古老的版本：如《香山寶卷》（又名《觀音濟渡本願真經》），在《綜錄》中的確切年代為公元1805 年，或只寫「明」，而酒泉本的原敘為「永樂丙申歲」（1416年），後敘為「康熙丙午歲」（1666 年）。《目蓮寶卷》，《綜錄》最早者為《目蓮三世寶卷》（1876 年），酒泉的《目蓮救母出冥寶傳》則為 1817 年。《韓祖成仙寶傳》，《綜錄》最早者為 1887 年，而酒泉本則為 1821 年。《七真天仙寶傳》，《綜錄》最早者為 1821年，酒泉本則是 1702 年，可見酒泉寶卷源遠流長，為寶卷產生的時代提供了新的研究資料。

第三，酒泉寶卷是國內獨存至今仍有生命力的寶卷，是活的寶卷。到目前為止，國內其他地區的寶卷基本上處於消亡狀態，唯獨酒泉寶卷還在農村中為廣大群眾所喜愛，念卷和抄卷活動仍在繼續，逢年過節一些邊遠鄉村仍可聆聽到講唱寶卷的聲音。不過念卷已由過去的勸化說教演變為文化娛樂活動。

酒泉寶卷至今仍有其生命力的原因是：(1)寶卷本身動人的故事情節、通俗易懂的方言土語、喜聞樂見的曲調詞牌吸引著廣大群眾。(2)酒泉地區歷史上就存在著講唱文學的深厚基礎，敦煌莫

高窟藏經洞出土的講經文、變文及各種詞曲資料，說明唐宋以來，涼、甘、肅、瓜、沙等州的講唱活動就已相當盛行，代代相沿，從而成為當地群眾一種文化生活的內容和習慣。(3)交通的不便、經濟文化的不夠發達，酒泉地區的一些農民生活還比較單調，文化生活比較貧乏，使得寶卷的流傳成為人民的實際需要。

正由於酒泉寶卷的倖存，使我們搜集到寶卷的詞牌曲調及各種唱腔達七十種之多；也使我們獲悉了寶卷講唱的方式方法。念卷者有僧人、道士、居士、藝人或平民百姓，我們尚未發現公開演唱的女性念卷人，但不少婦女由於受到寶卷曲調的熏陶她們自己也會念會唱。酒泉寶卷唱腔的主調七字賦（七字句）和十字賦（十字句），另外還有各種詞牌，常用的有「哭五更」、「浪淘沙」、「達摩佛」、「蓮花落」、「唱道情」、「灑淨詞兒」等等，對念唱的曲調牌我們還進行了錄音，這些都是珍貴的研究資料。

第四、酒泉寶卷直接受敦煌變文、講經文、詞文的孕育，在命題上還保留有講經文的痕迹，如《二度梅寶卷》稱為《佛說忠孝節義寶卷》，《鸚哥寶卷》稱《鸚哥經》，還有《貧和尚出家經》、《李都玉參藥山經》等等。在結構上，除了寶卷的共同特點散韻相間外，它還保留了偈讚韻文的開場及結尾，如：

> 康熙寶卷才展開，諸佛菩薩降臨來，
> 天龍八部常擁護，保佑眾生永無災；
> 阿彌陀佛不要錢，地獄門前插白蓮，
> 掙下銀錢拿不動，念下彌陀做盤纏；
> 善惡到頭終有報，只爭來遲與來早。

這就是說，它是敦煌遺書中押座文的繼續。一方面對本卷內容作出提示，另一方面起著安定聽眾的作用。卷末附有十勸善韻文，

這相當於唐宋時的解座文。

　　另外在念卷的方式上亦與唐宋時的俗講及演唱變文有相似之處。俗講開始是「作梵、念菩薩」（敦煌遺書 P3849 卷背），而念卷的開場則為焚香、請佛誦偈：「××寶卷才展開，諸佛菩薩……大眾永無災」！俗講由都講、維那擔任，以都講為主；念卷也是一人為主，稱念卷人；還有一名陪佛者，遇到唱腔後有佛音時，即句尾有「彌陀佛、阿彌陀佛」之尾音，則由陪佛者或在場所聽眾接唱。念卷還可配以圖畫，特別是公眾場合的念卷，在牆上往往懸掛佛像或地獄圖，這和變文的演唱是一脈相承的，如《大目乾連冥間救母變文並圖一卷並序》（P3107、S2614 卷）在敦煌遺書中至今還保留有《降魔變文》的圖像（P4520 卷）。可以說流傳在敦煌學故鄉的酒泉寶卷無疑是唐宋時期敦煌講唱文學的嫡系子孫。

　　第五，酒泉寶卷又具有獨特的西部風情，我們可以從中領略無限的沙漠、駝鈴的響聲，趕毛驢的腳夫、群眾的「喧荒」、「面棋子」、「拉條子」、「羊肉粉湯」的美味，人牲的遺風，古番邦的戰場……。

　　誠然，酒泉寶卷和國內其它寶卷一樣，也有蕪雜之處，如內容上三教九流的混雜，有些卷本為了迎合口頭講唱的需要，顯得冗贅重複，在傳抄過程中字詞的訛誤較多等等。但它並不失為是我國寶卷的重要組成部分，而且又是講唱文學、語言學、民俗學、宗教史、思想文化史等學科寶貴的研究史料。不過酒泉寶卷的搜集整理起步較晚，加之我們的水平有限，亟望在大家的熱情幫助下，使酒泉寶卷的發掘和研究繼續深入發展！

（錄自譚蟬雪等《酒泉寶卷》，
甘肅人民出版社 1991 年版。標題為錄者所加。）

第二部分
研究

《家譜寶卷》後部七、八、九品校釋

緣起

　　《家譜寶卷》後部七、八、九品是 1948 年 10 月在北京發現的。當時我正在調查研究流行於華北一些地方的民間秘密宗教。在北京也結識了許多秘密宗教的教首一類人物，其中有一個是混元門又稱紅陽教的教首李抱一（膠東人，75 歲，住德勝門大街 59 號）。他對道中人聲言是紫微星降世，不久將登皇位云云。其根據就是幾十年前在安東時他的混元門師父傳給他的一部「天書」的啟示，這部「天書」他曾拿給我看，原來是一個殘舊的抄本寶卷──《家譜寶卷》後部七、八、九品。由於卷中有許多「紫微顯名」、「木子當來」之類的話，李抱一就說這個「木子」就指的是他。

　　《家譜寶卷》後部七、八、九品的體制與明清時代白蓮教派各種秘密宗教所用的刊本寶卷大致相似，但內容卻大不相同，我從來沒有見過。我當時本來有許多搞不清的問題，如秘密宗教既然也是勸人燒香、念經、行善的宗教，又為什麼能鼓動人們拿起槍刀去搶奪、造反呢，等等，粗閱一過之後，似乎都能從中找到

答案。我斷定它是一部流傳在社會下層的秘密宗教所用寶卷的正規形式，而一般所見的刊本寶卷反倒是它的異端，因此其價值極高。

但是李抱一既已把它奉為「天書」，要想得到手自然是很困難的。經過長時間地與他過往，直到我接受了他給我「點道」，成了他的「弟子」，他才同意我把這部寶卷「請」回去「參讀」。他很高興，說我是有緣的，並且再三囑咐我不許給別人看，夜靜更深時起來點上燈再看，三天以後必須歸還。我拿回來後立即摹寫錄副，其後半的 14 頁還曾留下書影。因欲從李抱一處獲得更多有關混元門的內部資料，三日後未敢失信。

這部寶卷得到之後，我除曾著錄於《寶卷綜錄》一書（中華書局 1961 年版）和在一篇文章《寶卷新研》（《文學遺產增刊》第四輯，1957 年）引用過一小段之外，全文一直沒有正式公佈過，迄今已是五十四年了。為什麼要這樣呢？為什麼現在又要發表它呢？請說明其原因和經過。

首先，我對《家譜寶卷》的認識即我對它的內容所做的一些研究及其結論——它是明末流行於趙州一帶後來曾歸附於李自成起義軍的一種民間秘密宗教龍天道用以向其徒眾進行宣傳的經卷——是沒有把握的。為了鑒定這個資料，我曾將它複寫成若干副本，拿給許多位明史專家如鄭天挺先生、謝國楨先生、李光璧先生等去請教。鄭先生非常認真地閱讀了它，以至能記誦其中一些關鍵字語，在一次座談會上他做了題為《談農民起義與秘密宗教的關係》的發言，其中還引述了《家譜寶卷》的內容（發言紀要見《歷史研究》1962 年第 1 期）。謝先生讀後則指給我幾種明清筆記如《萬曆武功錄》等叫我去查閱，說可能找到相關的參考資料。李先生讀後盛讚我的這一發現，他對我研究的民間秘密宗

教課題素感興趣，但對《家譜寶卷》則戲稱它是一個「怪物」，如果研究透了，將是一大貢獻。總之，這些專家對於《家譜寶卷》的史料價值一致予以肯定，這對我是極大的鼓舞。正因如此，我對它的研究就越發戰戰兢兢，不敢貿然發表我的研究成果，以免貽笑大方。

後來我的思想有所轉變，因為經過反復考證覺得即使我對這部寶卷的認識是不能成立的，也並不影響《家譜寶卷》的價值，即它是一部珍貴的歷史特別是農民起義史的文獻，也是民間秘密宗教史上的珍貴文獻，還是社會學、人類學研究的重要對像。因此我必須把它公諸於眾。

第二，我既然說這部寶卷是明末農民大起義時期直隸龍天道分子所寫，那麼它歷經三百多年的漫長時間，到底是怎樣保存下來的呢？這部寶卷的作者既非一位名家，這部寶卷也非一部名著，那麼它的發現也就不像發現一位名家的手稿或一部名著的新版本那樣有據可查地被考證出來和被人接受。而這部寶卷既從未見於任何著錄，也從未見過哪裡提到它。它只是一本我從一位「會道門」頭子家裏啟出來的，儘管被他們奉為「天書」，卻是一部破爛不堪的「反動經卷」殘本。這些事實就又增加了我要發表它的顧慮。

這個問題是這樣解決的：1981年春，我曾在北京見到我的朋友美國賓夕法尼亞大學歷史系教授韓書瑞博士（Susan Naquin）。她曾研究過乾隆三十九年（1734）的王倫起義和嘉慶十八年（1813）的天理教起義，出版過兩部專書。她是一位博聞強記的學者，我曾把我發現和正在研究《家譜寶卷》的事告訴了她，當我提到這部寶卷一直還沒找到著錄出處問題時，她很快就回憶起在嘉慶年間某個處理邪教的案件中見過這部寶卷的名字。我根據

她所提供的線索，在中國第一歷史檔案館果然查到了一宗檔案，它是：嘉慶十七年（1812）五、六月內直隸灤州訪獲了一起傳習邪教圓頓教案件中的一組案卷，其中記載著從一個案犯楊得坡的手裏搜繳了一部邪經叫《家補寶卷》的事。這部寶卷經我考證，它就是《家譜寶卷》，而這段記載，大約就是《家譜寶卷》寫出後的第一次著錄。這一重要發現大大提高了我已經做過的工作的意義，因為它證實了《家譜寶卷》不是從天上掉下來的「天書」，而是一部一直流傳在民間，一直被清朝統治者視同蛇蠍的革命宣傳品。這一發現也大大增強了我要發表這部寶卷的信心，因為它是頗有來歷的、頗有關係的歷史學上、農民起義史上、秘密宗教史上的又一顆瑰寶。

　　第三，儘管如上所述，又奈何它確實是一個「怪物」。它出自將近 360 年前直隸趙州一帶一位農民、秘密宗教分子之手，雖然這位作者人很聰明，有韜略，博通宗教，政治、軍事等門類的知識，但畢竟由於他的文化水準很低，寶卷中的錯誤百出，文字晦澀，尤其是那滿紙的白蓮教術語，人們看不懂它，怎麼辦？這部寶卷的原文不過萬言，需要校釋的地方不過二三百條。我早就下了決心，一定要完成這個工作，使它渙然易解，俾可更好地為世所用。

　　中國古籍浩如煙海，校勘箋釋之學素來蔚為大觀。然而那些校勘箋釋的對像很少有「圖讖符命」之類，因為「其文辭淺俗，顛倒舛謬，不類聖人之旨。相傳疑世人造為之後，或者又加點竄，非其實錄」（《隋書·經籍志》）。《家譜寶卷》就正是這種「圖讖符命」之類又不知經過多少點竄的白蓮教經卷。而且校釋者向來是遠紹旁蒐，都是屬於宏揚「聖人之旨」的經史子集之類，那麼要校釋一部像《家譜寶卷》這樣的東西，要稱引一些什麼樣的典

籍文獻呢？再有，語文方面的問題更大，錯別字，錯用的字，自造的詞、方言詞，韻文部分的錯誤以及脫衍、錯簡等，也是不能按照校釋古籍的常規進行的。

這些問題也都由於對這部寶卷的認識的逐步深化而得到解決。譬如這樣一個「怪物」式的書要不要校釋？這就是一個看問題的角度，即立場問題。從類不類「聖人之旨」的角度看，自然不要校釋它。從廣大勞動人民的角度看，那些所謂宏揚「聖人之旨」的典籍，又哪個不像「怪物」？因此，對於這部寶卷不是要不要校釋的問題，而是必須校釋它。要稱引什麼典籍文獻來校釋這部寶卷？校釋宏揚「聖人之旨」的書，還要用「聖人」的書，校釋白蓮教的經卷當然也要用白蓮教自己的經卷──主要是寶卷一類的經卷，涉及歷史事實和其他問題時自然還須參稽有關史乘。語文方面則除一般地解決其聲訓問題之外，特別從方言學方面研究了這部寶卷的產地河北省西南部的方言，這是通過調查、記錄和查考有關方志中關於方言的記載得來的。三十年代有位吳之英先生說過：「以民間史料考民間史實。彌覺可珍矣。」（〈圓教始末及其經卷〉，《人文》第 8 卷第 5 期，1937 年）我很欣賞這句話。

第四，多年來我一直不敢設想它還能夠有什麼地方可以發表它。本來這部寶卷是我應用社會學和人類學方法調查民間秘密宗教時得到的，我也一直在用這樣的方法去研究它，但是解放以後這兩門學科就被宣佈取消，還哪裡去找它的發表園地呢？算它是宗教學範圍的東西吧，宗教學是解放後很久才建立起來的學科，「文革」前還很少見到什麼出版物。而歷史學的園地又既如上述那樣地不可容納，這也是幾十年來我為什麼不能發表它的一個很現實的困難。

　　我對於《家譜寶卷》的研究，真正集中精力去進行考證和校釋還是近 20 多年以來的事，尤其是我曾搜集到的一千多部（冊）寶卷、壇訓之類白蓮教派秘密宗教的經卷，在十年浩劫中，除了我於事先轉移出去的一小部分之外，大部分至今仍然不知淪落何所。設如那些東西還在我手，我想這一篇校釋的質量一定是更能愜意一些的。是為緣起。

凡例

　　（一）本校釋以明崇禎十七年（1644）抄本《家譜寶卷》後部之清過錄本（李抱一藏本）為底本。

　　（二）需校釋的詞、語、句加注碼表示，校釋文字隨頁排印於橫線以下，各品注碼自為起迄。

　　（三）錯別字仍舊，正字加（　　）號附後。明顯的脫漏補充之，加〔　　〕號；所補之字需說明其依據者另加注釋，不敢添字者加□符號表示。衍文加〈　　〉號。

　　（四）錯簡、文字顛倒、標點錯誤的逕行改正另加注說明其錯簡位置或「原作……」標點錯誤不另說明。

　　（五）疑有脫誤、語意不清，如尚可勉作某種解釋者則注明「如作……解可通」字樣；不敢望文生訓尚待考較者，另加注說明。

　　（六）需譯為白話之語句，於譯文開頭加「意為」二字。

家譜寶卷後部

積善堂[1]

《家譜寶卷》[2]應驗後事[3]

時年有准顯應[4]第七品

時年印號有准[5]第八品

妖邪正在世間　第九品

雲城聖地落下[6]第十品（原闕）

---

[1]　積善堂——《家譜寶卷》後部得自北京混元門教首李抱一家,「積善堂」
　　當係某地保存這部寶卷的混元門佛堂名稱（李家沒有佛堂,故不能肯定
　　為何地。此事於李抱一生前未及詢問）。按白蓮教派各種秘密宗教的佛堂
　　大多都有名字,「積善堂」這個名字很通俗,歷史上不只一個佛堂叫這個
　　名字,但它們不一定與收藏這部寶卷有關。如天津北郊區一帶就流傳著
　　混元門,有許多村莊都有混元門的佛堂,他們的名字就叫「樂善堂」、「普
　　善堂」、「普蔭堂」等等。

[2]　家譜寶卷——詳本文。

[3]　應驗後事—詳本文。

[4]　時年有准顯應——詳本文。

[5]　時年印號有准——詳本文。

三十六位假收源[7]第十一品（原闕）

休失同〔壇〕牒表瑚璋藥珥收源[8]第十二品（原闕）

---

[6] 雲城聖地落下——雲城聖地即白蓮教最高崇拜、造物主無生老母住的地方，也稱理天、無極理天、真空家鄉、安養國，那是一個極樂世界，本來在天上，將來會降落到世上。無生老母所有的皇胎兒女們最後都將到這裏團聚，那時要開一個大會叫龍華會。這條教義是歐洲古代宗教（包括天主教）的「千年王國」思想經過摩尼教等教傳播到白蓮教中的。《新經‧啟示錄》：「……神和基督的祭司，並要與基督一同作王一千年。」《定劫寶卷》（不分品）：「燕南趙北之地是未來彌勒佛降世，立白陽三會龍華，化出雲城一座，救渡皇胎兒女，同躲三災成佛之處。」

[7] 三十六位假收源——各宗教間，以及各宗教的支派之間彼此貶抑而抬高自己的現象是普遍存在的，這是為了吸攬或爭奪信眾所必須的手段。從這一品的標題看，可知這部寶卷所屬的教派龍天道也是以辦理「收緣」（即無生老母的所有兒女都將入道，雲城即將落下，龍華大會即將召開）相號召的。《皇極金丹九蓮正信皈真還鄉寶卷‧彌勒領法臨凡品第三》：「誰人知道後天消息？世尊答曰：『吾預先打算就了，先差八十一個假彌陀，三十六個假收源，五門天魔，先去烘名闡教，藉口傳言。』」

[8] 休失同〔壇〕……——同壇即同時在一個佛堂入道的道親。牒表也稱龍天表，即入道時要將同時入道者的姓名寫在一張黃表紙上，入道儀式進行到一定程式，這張表要當場焚化，謂之焚表，焚表意味著「天榜掛號，地府抽丁」。瑚璋也做瑚璋，原指珠翠珍寶之類的飾物，道用指世間最貴重的寶貝。藥珥即藥餌。本道家語，指丹藥，即由內功外功修煉所臻的最高境界。據本卷第十四品標題，瑚璋與藥珥之間應補「手卷」二字。手卷指手訣（指訣），是入道者死後升天時的一種憑證。瑚璋、手卷、藥珥一般稱為「關、訣、印」，或「玄關、真言、合同」，所謂「三寶」。入道就是為了求得三寶，得了三寶就可以躲劫、得救，「逢凶化吉，遇難呈祥」，死後升天。《定劫寶卷》（不分品）：「菩薩問曰：是何法寶，怎伏邪妖？佛言：是天降下東土一千二百卷聖經，內有法寶瑚璋，即記勘合玄文，書符二：平安牒、安天表，買路通關，藥年（餌）神咒，青幡頂輪，

休失同壇　第十三品（原闕）

治瑡璋手卷藥珥[9]第十四品（原闕）

佛寶聖號隨身。……大眾人，修因數，答查對號；查鄉人，查勘合，要
對瑡璋。」

[9]　治瑡璋手卷藥珥——意為如何得到和如何運用「三寶」。

《家譜寶卷》[1]應驗後事[2]

　　失（夫）看景止之法[3]，穩心定意，細細看真。埋藏大道之根由，諸佛產業之骨髓[4]。見者（這）真經，加工進步，涌（勇）

---

[1]　《家譜寶卷》——從這個書名可知這部寶卷是道中演述其歷代祖師及其授受關係，宗派源流的一種秘籍。這類秘籍並不一定只有上述這些內容，還可能包括其他道內機密資料，這部寶卷的內容即屬後者。這類秘籍道內也稱之為「法」（fà）。上一代祖師由下代繼承時要傳遞「衣缽」，其實一般所傳既沒有衣，也沒有缽，而就是這種「法」。這種秘籍的名稱除「家譜」外，還有的叫「道統」、「道脈」、「根源」、「因由」等。《混元紅陽顯性結果經·縱橫無礙品第二十四》：「打開家譜無隔礙，找在根源認（任）縱橫。」

[2]　應驗後事——明清以來民間流傳的宗教性宣傳品（所謂善書），如經文、咒語、碑文、乩訓、靈文等，常在書的前後加上一段「應驗後事」或稱「顯應錄」、「靈異記」之類的文字，來說明這本宣傳品的效能以廣傳播。白蓮教的寶卷使用這種形式的較為少見。《家譜寶卷》後部採用了這種形式，說明它是一部急於要廣事傳播的宣傳品。

[3]　失（夫）看景止之法——「夫」，發語詞。「景止」也作「景行」，本《詩·小雅》：「高山仰止景行行止。」朱熹集傳：「景行，大道也。」寶卷作景止之法，猶宇宙間的根本大法。

[4]　諸佛產業之骨髓——「諸佛產業」意為所有佛祖講的道理。「骨髓」猶精

猛急急^[5]尋找知識^[6]，代寶^[7]合同^[8]，就（久）後未來之文評（憑）

華。《銷釋真空掃心寶卷》（不分品）：「發個正念，不分晝夜，穿山透海，以無間斷，乃是諸佛命脈，諸神骨髓。」

[5] 見者（這）真經⋯⋯——真經、加功、進步、勇猛等均寶卷中慣用語。《普明如來無為了義寶卷·寶光如來分第三》：「後輩人，依古佛，真經了義；晝夜家，謹（緊）加功，莫要放鬆。偈內有，長生路，休要退步；精進心，常勇猛，功上加工。」

[6] 知識——本佛家語。佛教謂能說正法導人為善而得解脫之賢者為「善知識」，反之為「惡知識」。《禪林寶訓筆說》卷上：「英邵武謂晦堂曰：凡稱善知識，助佛祖揚化，使衲子迴心向道，移風易俗，固非淺薄者之所能為。」（衲子即習佛的僧眾，又稱衲眾。）白蓮教吸收之後，用指受過「天命」能代無生老母傳道的道內神職人員，猶現代會道門中的「點傳師」。《佛說三回九轉下生漕溪寶卷》：「無生差大意佛東下南閻普度眾生，又有知識幫助興教。」《眾喜寶卷·序》：「（無生）聖母又令七十道長，八十一洞真人，九老知識，五百羅漢⋯⋯同護臨凡，各散於窮郭鄉村，普度皇胎歸家。」

[7] 代寶——此系龍天道中特有的名詞，本卷多次使用，不見於白蓮教其他經卷中。白蓮教派各種秘密宗教大都於舉行入道儀式時傳給「三寶」，即關、訣、印（非一般佛教的佛、法、僧，也非密宗佛教的觀想、口訣、手印，但卻是由此演變而來）。謂得之者可升入理天與無生老母團聚，永不再墮輪回。代寶當指三寶之一的訣，是一種口訣，或稱真言，一般都是五個字上下，也有多至八個字的，如「觀世音菩薩」、「上中皇天」、「無太佛彌勒」、「真空家鄉無生父母」。它的用途除信徒經常於心中默轉（上不傳父母，下不傳妻子）以達到逢凶化吉，遇難呈祥的目的外，最重要的是死後靈魂升入理天時，可以通過把守天門的神的盤查，會念這句口訣的才能進入，也如人間在戰爭時要通過陣地中一些關卡時的口令或暗語。

[8] 合同——指關、訣、印三寶之一的印，是一種指訣。它的用途是死後靈魂升入理天時做為另一種暗號以通過守門神的盤查，也如人間在戰爭時要通過陣地中一些關卡時的路引、令箭或腰牌。合同的形式各教並不統

[9]，答查對號[10]，三念三齊[11]。經有之裏（理），細參細解。恒心之（支）住[12]，修養性命，界（戒）淨臣（塵）音，出離苦海，赴命歸根，認祖煥（還）願[13]。到靈山[14]就（久）在就（久）住，

一，但總不外左右兩手的大拇指尖掐住另一指尖或指節（指尖、指節代表十二天干），形成一種手式。譬如有一種合同的指法是右手大姆指尖掐住右手無名指最下一節（子），左手大拇指掐住右手小指最下一節（亥），左手其他四指抱在右手其他四指之外，這叫做「子亥訣」。由於這種指訣常是兩手相對或相抱，所以在寶卷中常說「對合同」或「抱合同」。失題《寶卷》：「那應時，才是咱，皇極教顯；普天下，布鼓響，才對合同。」（轉引自拙著：《現在華北秘密宗教》，臺北古亭書屋 1975 年重印 1948 年成都版，第 25 頁。）

[9] 文評（憑）──指「三寶」中的訣、印兩項。《皇極金丹九蓮正信皈真還鄉寶卷・天人證道品第十》：「咱今後，傳真法，非同容易；領文憑，來下界，九死十生。」

[10] 答查對號──守天門的神盤查口訣謂之答查，盤查合同謂之對號。《三義護國佑民伏魔功案寶卷》：「次後勸化男女，赴命歸根，收源結果，跟老爺答查對號。」（轉引自《續刻破邪詳辯》。）

[11] 三念三齊──白蓮教各支派的儀節中，「三」這個數字是很重要的，如叩頭多是三叩，每日禮拜多是三次，獻供多是三獻，燒香多是三炷，念真言多是三遍等等。「三念三齊」從上文文義來看，當指念真言，抱合同三次。齊通齋。《禮記・祭文》：「齊三日，乃是其所謂齋者。」據此，「三念三齊」可能是經常念經、經常齋戒之意。

[12] 恒心之（支）住──意為要有恒心堅持下去。

[13] 赴命歸根，認祖煥（還）願──赴命歸根，本道家語。《老子》第十六章：「夫物芸芸，各歸其根。歸根曰靜，是曰複命。」一般寶卷「複」字均作「赴」，誤。白蓮教吸收這條教義後引申為人死後靈魂回歸無生老母身邊。無生老母是人的性命的根源，所以稱為歸根。認祖還願即見了無生老母后就了卻老母救渡皇胎兒女的心願。《古佛天真考證龍華寶經・諸佛門寶品第十七》：「南極祖，萬壽寶，皈家認祖，北極祖，圓頓寶，赴命

自在消（逍）遙，永在天堂，在（再）也不臨凡了[15]。

歸根。」

[14] 靈山——本佛家語，地名，又名靈鷲山、耆闍崛山，在中印度摩揭陀國
王舍城之東北，釋迦牟尼佛說法之地，也指佛在天上居住的地方。《淨土
傳燈歸元鏡·方便歸元分第二》：「祇樹巍巍大法堂，五龍幡影遍飛揚。
諸人克苦修靈鷲，誰信靈山是歇場。」白蓮教用指無極理天。《混元弘陽
無極飄高臨凡經·無極老祖討護教品第六》：「三百六十祖來送，同在靈
山謝聖仙。三百六十臨東土，他在靈山不肯還。靈山後邊打個盹，看見
凡間五十年。」《佛說如如老祖寶卷·如如老祖道行圓滿功德品第二十
四》：「看卷用心堅，曉諭多人參，不是無名姓，未來下靈山。」白蓮教
的教義與一般宗教不同之處在於它能把一般宗教中抽象、深邃、玄虛的
教義具體化、通俗化、現實化。如上引這段解釋，由於它出自進入上層
社會的白蓮教支派紅陽教，所以還顯得遙遠而不可企及。另一種解釋則
近得多了，即認為靈山即在自己的身體之中。《泰華山紫金鎮兩世修行劉
香寶卷》（不分品）：「佛在靈山莫遠求，靈山都在你心頭。人人有個靈山
塔，好向靈山塔下修。」

[15] 永在天堂……——白蓮教也宣傳入道之後如能「修養性命，戒淨塵音」，
死後就能永在天堂，永脫輪回之苦。《苦功悟道卷》第十六參：「不會參，
死坐禪，還有地獄；會參得（的），剎那間，永無輪回。……任逍遙，得
自在，任意縱橫。」《理教壽世元音·性命至理論》：「三千功滿，八百果
足，上天自有丹書下詔，依功定品，永受天爵。永不投胎，再不下生。
不生不滅，逍遙自在。」

時年有准顯應[1]第七品

《家譜寶卷》，為傳抄寫，滿斗焚香，沉（陳）裹天地，洩漏天機。為（未）敢留傳，恐怕賢良[2]，洩漏真法。不傳者，又

[1] 時年有准顯應——本品所演述的是按編年說明當時的社會政治形勢，所以叫「時年」。其中有過去的，有現在的，還有對未來的預言。「有准顯應」意思是卷中所說都是準確的，尤其預言部分，是一定能夠應驗的。白蓮教以及民間的某些迷信活動都常以預卜社會政治形勢做為致人崇信的手段，《家譜寶卷》後部的作者也利用了這種形式。實際上有時他們是根據過去和現在的一些現實所做的合於邏輯的判斷，所以有的預言確是可以「有准顯應」的。本品所涉及的年份最早為甲子，即明天啟四年（1624），最晚到甲午，即清順治十一年（1654）。這部寶卷寫於崇禎十七年（甲申，1644年）年初，因此卷中對甲申年以後年份的敘述都是預言。從卷中所涉的事實看，甲子到癸未部分確實是較準確的，一般都不用「刀兵亂起」、「天下遭荒」之類泛指的語言，而是提出具體史實，這些史實大致都與文獻記載相符。癸未以後的，除甲申年初的之外，大部是些宗教性的語言，當然也就說不上顯應與否了。

[2] 賢良——白蓮教的基本教義一是說宇宙和人類都是無生老母造的。人類中有九十六億稱做原佛子，又稱原子、原來子、原人、當人、皇胎、皇胎子、皇胎兒女、賢良，由於他們在物質世界上受到迷惑，也與惡人

恐怕閃定[3]賢良。叫吾在（左）難右難，祝定天地，留傳四本，各會[4]一本收住，好度皇始（胎）[5]。各指（只）單傳，暗行暗調[6]。找尋未來的古經[7]，可有未來的表文[8]、佛寶、訣典[9]，修

無異，無生老母為此十分傷心，於是降下道來救渡他們，讓他們將來升入無極理天，歸根認母。「賢良」即「賢良子」。《大乘意講還源寶卷》（不分品）：「十面牌圓轉上來，賢良個個掛金牌。」

[3]　閃定——河北西南部方言，因失寵而遭到不幸。

[4]　會——龍天道的基層組織。從上文（後文還有「四會」字樣）來看，可知龍天道是分四個會的。但這不一定是龍天道的全部組織，而只是接受《家譜寶卷》後部宣傳的、參加李自成起義軍的一個分支。當時白蓮教各支派，特別是準備起義的支派，大多有會社的組織，如據《萬曆武功錄》載：「群輩數千，誦《羅道五部六經》，於是分為三千餘社，每社立社長一人，社舉一人。」（〈侯表列傳〉）「（王）鐸即立為三十六傳頭，招致眾姓為會，或三二百人，或五四百人，是時鐸眾固已五千人矣。」（〈王鐸列傳〉）「其法亦立會，會或百餘人。……三人為大頭領，……十三人為小頭領。……大頭領每一頭領一百幾十人，小頭領每一頭領四五千人，勃勃然欲反。」（〈王善列傳〉）

[5]　皇始（胎）——即原佛子，全稱是皇胎兒女。《皇母家書》：「老母天宮放悲聲，淚流不止濕雲裳。皆為佛子迷世上，九六皇胎不還鄉。」（轉引自《現在華北秘密宗教》第47頁。）

[6]　各指（只）單傳……——白蓮教謂現在雖值「三期末劫」，無生老母降道，大開普渡，但並非逢人即渡，而是「暗調賢良」，要用「因親渡親，因友渡友」的方式去找尋原人，但還須「擇善而教」，即「擇取善根至大，品行端方之人，勸他求道遇緣」（《指路寶筏・無極天尊序》）。《皇極金丹九蓮正信皈真還鄉寶卷・彌陀臨凡演教品第四》：「顯真機，明大意，暗調賢良；有緣人，上金船，同出苦海。」

[7]　未來的古經——指《家譜寶卷》後部，因為它既是無生老母留下的經典，又揭示了許多未來的「天機」，故云。

[8]　未來的表文——即「牒表」，參閱前注「休失同壇」條。《佛說皇極收元

行八萬不失矣[10]。不遇《家譜》，空修一萬年[11]，只是恐（空）也。

再看下元甲子[12]，二千五百年盡[13]，牛八退位[14]，虎狼相爭，

寶卷》：「有表有疏逕直過，有牌有號神不攔。萬神歸家誓狀有，過關乘霧上雲盤。」

[9] 佛寶、訣典——即代寶、合同。

[10] 修行八萬不失矣——白蓮教宣稱講道之後得到了古經、表文、佛寶、訣典，就能慧眼開通，徹悟一切，其力能穿山透海，照破八萬里程的魔障。「修行八萬不失矣」意為一定能夠達到照破八萬里程魔障的境界。《弘陽秘妙顯性結果經·要見如來意品第四》：「撥開慧眼通天地，才得照破魔王八萬乘（程）。」《銷釋印空實際寶卷·如意菩薩發現品第十》：「今遇明師點開眼目，照破魔王八萬餘程。」

[11] 空修一萬年——白蓮教中有些數字大約是吸收民間星占、運會等數術中的一些資料而來，而在流傳過程中又多有所發展，因此有些數字的意義或出處就無從查考。這裏的「一萬年」，恐未必只是言其多也，可能還會有其他含義。

[12] 下元甲子——數術家以三個甲子即一百八十年為一周，這三個甲子又分為上元甲子、中元甲子、下元甲子。又認為交下元甲子時多為凶歲荒年或國家多事的時期。這裏說的下元甲子指明天啟四年（1624）開始的甲子。《普靜如來鑰匙寶卷·鑰匙佛如來開天華分第二十》：「九轉還丹歸元理，下元甲子人難熬。」

[13] 二千五百年盡——本佛家語。佛教謂釋迦牟尼佛入滅後每五百年為一「時」，每到一時即有一劫。至第五時（又稱後五百年）即二千五百年後為末劫時，將有大劫來臨。（另說釋迦入滅後五百年曰正法時，一千年曰像法時或似法時，一萬年曰末法時。）這裏說「下元甲子二千五百年盡」是指到天啟四年時即到後五百年即末劫年了。本來末劫或三期末劫（詳後）才是白蓮教自己的教義，但白蓮教卻把它們混同起來相提並論，這體現了他們的「三教合一」精神。《普明如來無為了義寶卷·卷首》：「後五百年末法，眾生苦業難逃，有緣有分得遇黃天聖道。」《定劫寶卷》（不

風雨不調，天下作反，蓋世不安寧。人民遭劫，苦中只苦，百病齊侵。

提防著庚午、辛未、壬申、癸酉[15]刀兵亂起。在（再）看甲戌（戌）、乙亥、丙子、丁丑、戎（戊）寅、己卯、庚辰、辛巳[16]，天下招（著）忙（慌）。壬午、癸未、甲申、乙酉[17]，這四年苦痛傷情。眼睜睜子母不顧，你東我西，夫婦不能相顧。壬午年糧米決（缺）短，斗米萬千[18]。木子當來，牛八退位，[19]先受魔障[20]。癸未年山西、陝西大變乾坤[21]，人民遭殃。甲申年四月間，

分品）：「佛言：周為春，漢為夏，唐為秋，宋為冬。分為交宮立世，上中下三元，二千五百年滿，為一輪轉，萬姓納之。」

[14] 牛八退位──明清時代的農民起義，尤其是用秘密宗教策動的農民起義中，經常使用拆字法隱指起義領袖或他們的首要敵人的姓氏。牛八即朱字拆開，指朱明王朝，當時是崇禎皇帝，自然又具體指的是他。下文還有「牛八王」字樣，義同。牛八退位即說朱明王朝垮臺了。

[15] 庚午、辛未、壬申、癸酉──指崇禎三年至六年（1630－1633）。

[16] 甲戌（戌）、乙亥……──指崇禎七年至十四年（1634－1641）。

[17] 壬午、癸未、甲申、乙酉──應指崇禎十五年至順治二年（1642－1645）。

[18] 壬午年……──壬午是崇禎十五年（1642）。這裏所說情況與史實完全相符。《明史·五行志》：「（十四年）德州斗米千錢。」《明史·李自成傳》：「十二年河南大旱，斗谷萬錢。」

[19] 木子當來──木子即李字拆開，指李自成。木子當來即是說李自成快要坐天下了。「木子當來，牛八退位」可視為龍天道的讖語，也是龍天道鼓動群眾參加李自成起義軍的口號之一。

[20] 魔障──本佛家語，惡魔之障礙也。這裏指朱明王朝傾覆之前，先要受些磨難。

[21] 癸未年……──癸未年是崇禎十六年（1643），這裏所說情況與史實完全相符。《明史·李自成傳》載自成於崇禎十六年十月陷西北，「改西安曰長安，稱西京」。《明史·莊烈帝紀》載崇禎十六年十一月自成「渡河陷

牛八退位[22]，有（無）影無蹤。燕京大鬧，皇城內外，盡都火焚。大兵盜寶婦（歸）就（舊）路，古月[23]又來站（佔）乾坤。有（憂）愁土寇遭（著）慌[24]，反亂世界。人民驚怕[25]，人死大半。

　　劫數[26]來到嚇死人，雞犬豬羊度（都）要吃淨。慌的各個落

平陽，山西州縣相繼潰降」。

[22] 甲申年……──甲申年是崇禎十七年（1644）。朱明王朝覆滅在甲申年三月十九日，這裏說四月間，顯然是李自成尚未打進北京之前的預言。下文還有其他預卜的日期，以這個日期最接近事實。

[23] 古月──古月即胡字拆開，指「胡人」即清軍。

[24] 有（憂）愁土寇遭（著）慌──土寇，卷中他處還稱「流寇」、「賊」，指非李自成起義軍也非白蓮教派組織的地方小股民變集團。他們無組織紀律，行動盲目，有破壞性。所以寶卷的作者排斥他們。全句意為：「土寇」問題真是令人憂愁、令人不安。

[25] 人民驚怕──卷中多處提到人民驚怕、人民遭殃、人民遭劫、人死大半、人死七分、人剩三分、嚇死人等等，這並非作者具有反戰情緒，而主要是宣傳劫數觀念。白蓮教發動戰爭的邏輯是：要躲劫（「劫」的主要內容就是當前的饑餒），就要入道，入道就是參軍，參軍就要搶奪，就要戰爭。因此「人民驚怕」之類的話和上注「土寇」一樣，都不足說明作者的立場是在統治者一邊的。

[26] 劫數──劫數的觀念是各種宗教通用的教義，白蓮教特別重視它。白蓮教謂宇宙的歷史計分三個時期，即青陽時期、紅陽時期、白陽時期，所謂「天運三變」。無生老母為了招喚她的皇胎兒女回到她的身邊，同時收殺妖魔惡孽，在每個時期之末都要道劫並降。為了躲劫，必須入道，如果錯過時機，後果就不堪設想了。因此傳道者為吸收徒眾，就在他們的經卷裏和佈道時竭力宣傳劫數來到時的可怕情景。《家譜寶卷》後部的內容充分體現了這種精神。《玉露金盤・達摩祖師勸世歌》：「作惡人，定要遭，無邊劫運，死陰司，墮地獄，受苦難云。那時節，才失悔，錯過緣分，想大道，來參語（悟），萬萬不能。」

空亡[27]。員外之家亦是貧窮之家，有得（的）或則無，無得（的）或則有。龍虎爭競，萬性（姓）不分。失物無主。善惡不分，自（只）在心田[28]。上馬輪（掄）槍，下馬燒香[29]。誰（雖）說搶奪，善人[30]實沾，家中名揚四海[31]。

〔乙〕酉、丙戌[32]年，王位便（遍）地[33]。都等到戌（戊）

---

[27] 慌的各（個）個落空亡——指劫數來到時每個人都會一無所有，甚至死無葬身之地。《破邪顯證鑰匙卷・破三寶神通品第五》：「饒經活了八萬劫，死後不免落空亡。」

[28] 自（只）在心田——猶只憑良心。上文描寫了劫數來到世界的混亂情況，對待這樣的混亂情況，只有憑良心。只要心好，即便是拾了人家的失物，搶奪人家的東西，也是好事。這種說教對於鼓動群眾來說是很有實效的。下文還有多處提到「只在心田」之類的話。《靈應泰山娘娘寶卷・敕封天仙聖母品第二》：「善者保平安，惡者輪回四生都串遍，善惡二字在心田。」

[29] 上馬輪（掄）槍，下馬燒香——龍天道強調在統一指揮和嚴格的紀律約束下，有條件的搶奪是一種功德。他們號召人們這樣做時並非以革命的名義或其他政治綱領（實際當然是革命、是政治），而是以神的名義。「上馬掄槍，下馬燒香」是他們的戰鬥口號，它體現了這種精神，而且是把掄槍與燒香這一對根本對立的概念，有機地結合起來了——掄槍不忘燒香；不光是燒香，還要掄槍。這個戰鬥口號是龍天道特有的，類似的提法絕不見於一般印本寶卷。

[30] 善人實沾——善人本佛家語，指信因果行善事之人。白蓮教的一些支派借來做為信徒彼此間的稱謂。有的也做為教外人對教內人的稱謂。善人實沾意為入道的人去搶奪就能沾實惠，不入道的去搶奪就是做惡。

[31] 家中名揚四海——以上這段文字反復說明只要心田正，不忘燒香念佛，即便是搶奪——當然是犯法的事——也不算犯法。只要是「善人」，就可以得到實惠，家裏還可以因而名揚四海。這就是說，如果心田不好，不是善人，不去燒香念佛，這樣的搶奪，就是做惡犯法。

[32] 〔乙〕酉、丙戌年——應指清順治二年、三年（1645、1646）。

[33] 王位便（遍）地——這是預言，作者根據當時全國各地義軍蜂起的情況，

子[34]年，滿地精靈，人剩三分。到甲申、乙酉年，一人進道，知（值）得黃金萬兩[35]。一般賢良，收住《家譜》，暗暗的參想，急急的尋找未來得（的）經書，終有未來的表章、佛寶，這才能〔過〕三寶（災）八難[36]。不遇《家譜》，你修（休）想度人成佛，你各（個）人的人身亦是難得[37]。

度（都）作便（遍）地白骨屁（屍）靈。庚寅、辛卯、壬辰、癸巳[38]，人剩一分。到甲午[39]年不是周天甲子，就擺一各（個）龍華大會[40]。世上人等，眼見〈第〉十四品[41]，人少在（再）看，

---

[34] 戍（戊）子年──應指清順治五年（1648）。

[35] 知（值）得黃金萬兩──白蓮教中常用金銀等貴重物品表示入道的價值。《弘陽至理歸宗思鄉寶卷·無生老母指點方寸品第九》：「達的本來還的源，黃金萬兩也不換。」

[36] 三寶（災）八難──本佛家語。三災即水、火、風，八難即地獄、餓鬼、畜生……也為白蓮教借用來指稱劫數。《歎世無為卷》第十三際：「苦勸爾，男和女，休謗佛法；有三災和八難，折磨眾生。」

[37] 人身亦是難得──本佛家語。《禪林寶訓筆說》卷下：「人身難得好思量，頭角生時歲月長。」白蓮教吸收後竭力宣揚，謂只有脫生為人，才有較方便的機會入道，否則轉入六道輪回，脫生為其他動物，要想入道就不容易了。這種宣傳的用意在說明入其道的難能可貴。《鎖釋授記無相寶卷》（不分品）：「人身難得，莫要空回。」《鎖釋印空實際寶卷·自在菩薩妙達品第十二》：「入輪回道中，象、馬、駝駱（駱駝）、雕、鵲、鴨、鷹，一失人身，如鹽落井，萬劫裏無影蹤。」

[38] 庚寅、辛卯、壬辰、癸巳──應指清順治七─十年（1650-1653）。

[39] 甲午年──應指清順治十一年（1654）。

[40] 龍華大會──本佛教教義，稱釋迦牟尼佛滅後五十六億七千萬年當由彌

怕洩漏天機，惹下禍殃。自（只）是一、二、三人看。半夜在（再）看，人多了要匿看，遇（與）他[42]要十石糧。若到甲申、乙酉年，白天黑夜看亦無妨[43]。要是看過《家譜》，死也無怨。

　　善人為冠（寇），惹下災殃[44]？〔只在〕各人心中[45]，定準住（主）意：一不可殺害生靈，二不可殺害黎民。要把黎民傷害，自（只）在各（個）人存心有意[46]。體（休）要放火殺人，莫貪人家的財物。

　　《家譜》〔第〕七品傳留實話：趁賊搶奪，好好燒香；借仗

勒佛繼承佛位。彌勒成道時在華林園龍華樹下，繼承佛位時仍將來此處開法會，普渡人天，故稱龍華大會。白蓮教據此引申為青陽、紅陽、白陽三個時期之末都將有一個龍華會，謂之一會龍華、二會龍華、三會龍華，三會龍華時無生老母的九十六億原佛子都將於會上相逢與老母團聚。《藥師如來本願功德寶卷》，「定生龍華三會，接續長生，諸佛相逢，永不退屈。八十億劫不生不死之鄉，標名在極樂世界。」

[41] 眼見〈第〉十四品——「第」字為衍文。《家譜寶卷》後部共十四品，此句意為能夠見到《家譜寶卷》。

[42] 遇（與）他——河北省西南部方言，「與他」猶「找他」、「向他」、「和他」、「跟他」。

[43] 若到甲申……——這是《家譜寶卷》後部的保密期限。這個期限說明這部寶卷是寫成于甲申年（崇禎十七年，1644年）年初之前。

[44] 善人為冠（寇），惹下災殃——這是一個反詰句，即：入了道的人「為寇」，會不會惹下災殃呢？「為寇」一詞提法不當，這是作者一時邏輯混亂所致。

[45] 〔只在〕各人心中——這以下是上面反詰句的答案。參照前後文句，「各人心中」之前補「只在」二字。

[46] 要把黎民傷害……——意為如果傷害了黎民，那就要看是故意的還是誤傷了。

惡人，罪世界大便（變）[47]。諸師至，湊天湊地人輪（倫）湊[48]，浮雲自散，光明自現[49]。皇胎為冠（寇）。亦要搶奪[50]。一體（休）殺人，二體（休）放火，三體（休）要欺偏（騙）婦女，四休要婦女衣服，五休要拋撒五古（穀）[51]。白天放搶，夜完（晚）念佛[52]。二六時中[53]，功上加功，保你准赴龍華三穀（會）。若到

---

[47] 趁賊搶奪……──這幾句話是龍天道號召其徒眾進行革命鬥爭的重要說教。意為入道的人也要趁著那些無組織紀律的地方民變集團的人們起來搶奪的機會去搶奪，但入道的人不要忘了好好燒香；那些人是惡人，入道的還要借仗他們的聲勢一道行動，這樣才能使這個罪惡的世界大大變樣。

[48] 諸師至……──意為無生老母、彌勒佛等佛祖師尊臨格的時候，一切天上河漢星斗、地下幽冥鬼魂、人間有情萬類都將得到超拔，因為他們都是在九六原子之數的。這也是白蓮教的一條重要教義，所謂「普渡」或「三曹齊渡」。

[49] 浮雲自散，光明自現──意為一切魔障都消散了，光明（極樂世界）即將臨格。《普明如來無為了義寶卷·那羅延如來分第二十三》：「天地形影在空懸，鳥聲音樂鬧鬧喧喧。退盡浮雲光明現，清淨為樂透長安。」

[50] 皇胎為冠（寇），亦要搶奪──這是再一次強調即使是入了道的皇胎兒女，也必須去搶奪。與前注一樣，「為寇」一詞提法不當。

[51] 休要拋撒五古（穀）──這一品中反復宣佈了龍天道的各項紀律，都是不准殺人放火，不准欺騙婦女，不准貪人家的財物之類，這並不與鼓勵搶奪的精神矛盾。「休要拋撒五穀」這一條解釋了這一矛盾：搶奪時只許搶五穀（不准搶其他財物，特別是婦女的衣服），還要特別注意搶來之後不准任意拋撒，這樣的搶奪就是合法的。

[52] 白天放搶，夜完（晚）念佛──與上文「上馬掄槍，下馬燒香」，「趁賊搶奪」，……都是龍天道號召其徒眾進行革命鬥爭的重要說教，這一條尤其是他們將革命與宗教結合起來的典型思想。

[53] 二六時中──指一天十二個時辰，也作「十二時中」。《弘陽至理歸宗思鄉寶卷·悲歎風塵難斷品第二》：「二六時中緊加功，好歹煉成佛性。」

那時年，不由自己，城隍、土地推趕，土地查名。

　　魔王出世[54]，借假修真[55]，呈（稱）孤道寡，混亂世界，折剉黎民。晝閣調（彫）探（樑），盡都火焚。先是土寇，反亂爭亂（戰），後有二十八宿[56]保真主[57]，一統華佛[58]。燕南趙北[59]，立下新京[60]，放下雲城[61]，折（拆）〔開〕《家譜》，內有佛寶。

又《悟道尋蹤不見品第七》：「若肯十二時中苦煉身心，自然如（而）然，可成聖道。」

[54] 魔王出世──指「土寇」或「賊」，即各地小股民變集團的動亂。

[55] 借假修真──本佛家說教。《禪宗集要》：「借妄顯真，借真覺妄。」「借假修真」，意為借著肉體（假相）修煉靈魂。這裏由於作者一時思想混亂錯用了這個術語，按作者的意思應作「以假亂真」。《銷釋真空掃心寶卷》（不分品）：「把直鉤，釣賢良，借假修真。」

[56] 二十八宿──古代天文學家觀測天象及日、月、五星的運行，在黃道帶與赤道帶的兩側繞天一周，選取二十八個星官作為標誌，稱為二十八宿。這些星官後來都成為道教的神祇。白蓮教的一些教派吸收後常以其教中某些領袖，或在起義時指稱其某些將領或是指稱當時朝廷中某些顯赫的文武官員為二十八宿下凡。這裏指明末農民起義軍領袖李自成左右的一些將領。

[57] 真主──指李自成。

[58] 華佛──疑有錯誤，如作「華夷」解可通。

[59] 燕南趙北──指以趙州（今河北趙縣）為中心的地區，戰國時期屬燕國之南、趙國之北，即中山國所在地。明清時期是白蓮教派一些秘密宗教的中心之一，因此「燕南趙北」一語已成為他們的慣用語。

[60] 立下新京──龍天道提出革命勝利之後的建都地點要在燕南趙北。前明在北京，真主──李自成推翻明朝之後將在這裏另立新京。當然，龍天道及其會眾只是一股早就流傳在這一帶的民間宗教組織，他們不可能替李自成確定建都地點，這個提法只能說明他們具有這種天真的幻想並以此號召其徒眾參與革命鬥爭而已。

[61] 放下雲城──新立下的京城就是天上的雲城降到燕南趙北來的，那將是

皇胎參見未來古佛[62]，撥轉八卦金丹[63]，安上佛名[64]，才是年盡法滿，三陽世界[65]。有福的善人[66]，前來聽老母[67]寶卷。

一個理想的、天堂般的新世界。對於當時渴望得救的群眾來說，這是龍天道所宣傳的一種魅力很大的宗教思想，自然也是革命思想。參閱前注「雲城聖地落下」條。

[62] 未來古佛——本佛教佛名，即彌勒佛。白蓮教中稱過去是青陽時期，由燃燈古佛掌教；現在是紅陽時期，由釋迦古佛掌教；未來是白陽時期，由彌勒古佛掌教。《普靜如來鑰匙寶卷・鑰匙佛開三乘分第十八》：「過去燃燈，三氣受相；現在釋迦，五氣受死；未來彌勒，十氣受返。」

[63] 撥轉八卦金丹——猶「斗轉星移」或「斗轉天回」。「撥轉」有總攬意，「八卦金丹」本道家語，可做多種不同解釋。《長春祖師語錄》：「金丹即宗門真訣也，摩頂者此也，受記者此也。」此處可做宇宙間的一切解。全句意為彌勒佛降世後，天上人間的一切道務都將由他總攬，所謂「總收圓」。

[64] 安上佛名——據佛家語「安名」而來。《禪關口訣》：「若言無名，更為一切萬法安名之父；若言無相，更為一切萬物立相之母。」（這兩句話似是解釋《老子》：「無名，天地之始；有名，萬物之母。」）這裏指改換新天之後，各種佛的職掌也要重新安排。《苦功悟道卷》第十四參：「威音王已前時（按：指天地混沌時期），本無佛名，……本無成佛位，本是自在無名體。」

[65] 年盡法滿，三陽世界——「三陽時期」即青陽、紅陽、白陽三個時期。白蓮教的一些支派稱三陽時期都過後即將重新開闢天地，所以說是年盡法滿（有的支派說法與此略有出入）。

[66] 有福的善人——善人就是入了道的有緣分的人，自然也都是有福分的人。白蓮教很強調有緣分和有福分，這也是吸攬信眾的手段之一。《銷釋授記無相寶卷》（不分品）：「有福千金入妙道，無福地獄悔後遲。」

[67] 老母——即無生老母，白蓮教的最高崇拜。她是造物主一級的神靈，世界萬物、人類的締造者。也有的支派如紅陽教把她降為第二級，叫她聽命於造物主混元老祖。白蓮教把無生老母說成是賦予人類靈魂的至仁極慈的「先天母親」，而生身的母親是後天的，與子女的關係只是撫養肉體，

修行不知裏外明，幾時為陰幾時陽。

度人不知未來卷，前人□□後火（人）坑[68]。

有老母，傳一步（部），《家譜寶卷》[69]；

　　曉「四會」，男合女[70]，盡都之（知）文（聞）。

入道的人死後靈魂都要回到無生老母的身邊，永享幸福，不再受六道輪迴之苦。這樣的說教是很成功的，這就是越在亂世荒年白蓮教各種支派的傳播越盛的主要原因。

[68] 修行不知裏外明……——這是一首七言韻文。意為：

修行不知道中的道理怎麼可以？

至少該懂陰（凶）陽（吉）總是交替！

渡人不知《家譜卷》怎麼可以？

那豈不是前人把後人欺！按，一般寶卷每品的結構大致是先有一段白文，然後是兩句、四句或八句七言或五言韻文，以後是十言韻文（又名十字亂彈、十字經、十字佛），白文和十言韻文可長可短，這以下是一段很短的偈贊或白文，有時用對句，也可能叶韻，最後是曲牌，曲牌多是一個，也可以翻幾番。這是說的比較規範的格式，但變格的情況是很複雜的。這部《家譜寶卷》後部的結構很規範，上面解釋的這首詩就是介於白文與十言韻文之間的七言韻文。

[69] 有老母……——這部寶卷第七品的開頭曾以作者的口氣說他「滿斗焚香，陳稟天地，洩漏天機……」，即這部寶卷是他寫的，而這裏又是說老母流傳的，下文還有兩處也是這種提法。這就是說作者是代無生老母傳播福音的。寶卷的內容都是作者接受老母的啟示而寫的。這種寫作的方式成為清中葉之後流行的以扶乩直接請來無生老母等神靈勸講、頒諭、著經的先河。

[70] 曉「四會」，男和女——前文有「留傳四本，各會一本」字樣，這裏又說「四會」，可證龍天道接受《家譜寶卷》後部宣傳的這一支確是分成四會的。從一般文獻記載看，這種「會」的人數由一、二百人到四、五百人不等，所以龍天道的這一支不過是個一二千人的小股部隊。又從「男和女」一語看，這支部隊的戰士有男也有女。

七品卷，皇胎子，正借蠟燭；

　　一二人，半夜看，側耳細聽。

會中人，念一便（遍），兵劫不遇；

　　合會人，聽一聽，都得安寧。

提放（防）著，牛八王，坐朝問事；

　　下甲子，往後看，百病來侵。

甲子年，乙丑歲[71]，遼東先動[72]；

　　丙寅年，丁卯[73]春，一半年景。

戊辰年，己巳[74]歲，流冠（寇）作反[75]；

　　天下人，胡談論，添上鄉兵[76]。

庚午年，至辛未，人民遭難；

---

[71] 甲子年、乙丑歲──指天啟四年、五年（1624、1625）。

[72] 遼東先動──「動」指地動，即地震。遼東先動指崇禎十一年（1638）
九月的遼陽地震。

[73] 丙寅年，丁卯春──指天啟六年、七年（1626、1627）。

[74] 戊辰年，己巳歲──指崇禎元年、二年（1628、1629）。

[75] 流冠（寇）作反──指崇禎元年（1628）「陝西饑民苦加派，流賊大起，
分掠鄜州、延安」及二年（1629）「流賊犯三水，游擊高從龍戰歿」事（《明
史・莊烈帝紀》）。這是明末農民大起義的濫觴，但寶卷的作者當時並沒
有總結這段歷史的觀點，因此沒能認識到這個事實；而且，當時李自成
還沒有擔任領導，他的名字直到崇禎七年（1634）之後才開始從河南顯
赫起來，因此作者稱崇禎元年、二年的陝西民變也叫「流寇」。

[76] 鄉兵──指各地由官方指使編練的民間武裝，用以配合官軍鎮壓農民起
義軍，河南地方的鄉兵尤為反動，但卻是不堪起義軍一擊的。《綏寇紀略》
卷1：「先是豫中有毛兵，有鄉兵，不過七千，賊犯覃懷失數百，犯武安
亦如之，犯濟懷失千人，至是再犯武安，三犯清化，額兵折亡殆盡，左
良玉一旅之師，勢成孤注。」

壬申年，癸酉歲，人去三分。

甲戌（戌）年，乙亥春，河南大亂；

潼關路，阻隔住，不通北京[77]。

丙子年，丁丑歲，達子作反[78]；

你不信，看戌（戊）寅，都是胡兵[79]。

庚辰年，至辛巳，人民難過；

人吃人[80]，黃糧貴，斗米千文。

壬午年，至〈辛巳〉癸未，世界兵治；

---

[77] 甲戌（戌）年……——指崇禎七年、八年（1634、1635）高迎祥、李自成部自終南山東出河南，連陷陳州、靈寶、氾水、滎陽一線之後，阻斷了自陝西、河南通往北京的道路。

[78] 丙子年，……——丙子、丁丑指崇禎九、十年（1636、1637），達子作反指清軍進襲明朝內地。《明史·莊烈帝紀》：「（九年秋七月）己未，大清兵入昌平，巡關禦史王肇坤等死之。……是月，大清兵入寶坻，連下近畿州縣。八月癸酉，括勳戚文武諸臣馬。……是月，大清兵出塞。」崇禎十年清軍進擾朝鮮，未至明朝內地，這是寶卷作者的失誤。

[79] 你不信……——戊寅指崇禎十一年（1638），此下遺漏己卯年即崇禎十二年（因下句為「庚辰、辛巳」）。胡兵與達子義同。《明史·莊烈帝紀》：「（十一年九月）辛巳，大清兵入牆子嶺，總督薊遼兵部侍郎吳阿衡死之。癸未，京師戒嚴。」「十二年春正月……庚申，大清兵入濟南，德王由樞被執，布政使張秉文等死之。戊辰，劉宇亮、孫傳庭會師十八萬於晉州，不敢進。丁丑，改洪承疇總督薊遼、孫傳庭總督保定、山東、河北。二月乙未，劉宇亮罷。大清兵北歸。三月丙寅，出青山口。凡深入二千里，閱五月，下畿內、山東七十餘城。」

[80] 人吃人——有關明末史實的文獻中，人吃人的記載是很多的，這裏特別提到庚辰、辛巳，即崇禎十三、十四年（1640、1641），按這兩年情況特別嚴重。《綏寇紀略》卷12：「十三年兩京、山東、河南、山西、陝、浙旱蝗，河南北數千里白骨縱橫，民父子相食。」

準備著，甲申年，推到北京。

甲申年，四月裏，木子兵冶（治）；

牛八王，文共武，無影無蹤。

木子兵，盜真寶，煥（還）同（回）西去[81]；

民無主，有達子，隨到西莊，雨下不行[82]。

十三省，兩值（直）隸（隸）[83]，土寇為首；

你呈（稱）孤，我到（道）寡，都是為君[84]。

處（初）起手，當戲言，打家在（截）道；

次後來，成了群，放火殺人[85]。

有善惡，去放搶，都不分明；

善是善，惡是惡，鬧鬧哄哄[86]。

---

[81] 木子兵⋯⋯——這是寶卷作者根據當時關於李自成起義軍動向的傳聞而做的推測。這個傳聞和推測是很可靠的，自成軍進入北京後，確實搜括了大量金銀等戰利品，準備「還都關中」。《懷陵流寇始終錄》卷18：「舊賊多陝人，欲還都關中。⋯⋯闖賊改圖曰：『陝故鄉，十燕京不與易也。』戊辰集諸賊於宮中，斂內庫銀及拷掠所得並諸器物盡鎔之。千兩為一餅，幾數萬餅，以伺西奔。」

[82] 民無主⋯⋯——按十言韻文格律，此句衍出四字，或係有十六字脫漏，則成為另一對上下句。

[83] 十三省、兩直隸——明代全國行政區劃。《明史‧地理志》：「終明之世，為直隸者二：曰京師、曰南京。為布政使司者十三：曰山東、曰山西、曰河南、曰陝西、曰四川、曰湖廣、曰浙江、曰江西、曰福建、曰廣東、曰廣西、曰雲南、曰貴州。」

[84] 你呈（稱）孤⋯⋯——參閱前注「王位遍地」條。

[85] 處（初）起手⋯⋯——這兩句是錯簡，原卷在「民無主，有達子⋯⋯」句下，現已改正。

[86] 有善惡⋯⋯——意為：那些正在搶劫的人們，鬧鬧哄哄地好像分不清好人壞人，其實善是善、惡是惡，是十分清楚的。

五渾（葷）人，到村莊，殺人放火；

　　行善人，去放搶，積下陰功[87]。

土寇賊，白棒子（手）[88]，欺偏（騙）婦女；

　　劫山寨，功（攻）城池，到處無情。

有調（彫）樑，好房屋，盡都火花（化），

　　二千五，造（遭）劫數[89]，莫怨天爺。

早回頭，癸（發）誓願，〈言〉放安求道[90]；

　　龍虎窩[91]，展大道，功上加功。

---

[87] 五渾（葷）人……——五葷，為持齋人所戒的五種氣味辛臭的蔬菜。《本草綱目・蔬菜》：「五葷即五辛，謂其辛臭昏神伐性也。練形家以小蒜、大蒜、韭、芸苔、胡荽為五葷，道家以韭、　、蒜、芸苔、胡荽為五葷，佛家以大蒜、小蒜、興渠、慈蔥、茖蔥為五葷。」五葷人即不持齋、不忌五葷的道外人，這裏指殺人放火的土寇。這兩句話的意義很深刻：不忌五葷的土寇到村莊殺人放火就是犯罪、作惡、要下地獄，而道中人同樣是到村莊中去搶奪，卻是積下陰功，可以上天見無生老母。《泰華山紫金鎮兩世修行劉香寶卷》（不分品）：「他說道：吃素念佛的人竟似乎好上西天的，我們吃五葷的呢，都要墮落地獄。」

[88] 白棒子（手）——一股地方民變武裝集團的名稱。卷中多處提到它，還說他們到過北京，可見他們不是一般的小股地方武裝，但仍舊被龍天道視為「土寇賊」。

[89] 二千五，造（遭）劫數——即前文二千五百年盡時將遭劫數之意。

[90] 放安求道——意為一心一意地求道。放安，作者自造的詞，是「放心」和「安心」的簡化。

[91] 龍虎窩——龍虎，本道家語，指丹藥、氣功之屬。《周易參同契考異》：「水火、龍虎、鉛汞之屬，只是互換其名，其實只是精氣二者而已。」王喆：《立教十五論》：「神氣是性命，性命是龍虎，龍虎是鉛汞，鉛汞是水火，水火是嬰姹，嬰姹是陰陽，真陰真陽即是神氣。」由於這些說法都比較玄虛奧妙，被白蓮教吸收後具體地指為身體的某個部位，故稱龍虎窩。《銷

乙酉年，丙戌（戌）歲，人吃談（淡）飯；

　　三四村，婦（歸）一村，人死於（乾）柴。

丁亥年，至戊子[92]，婦女多較（姣）；

　　有九女，爭一夫，不是人形。

精靈出，魔王顯，世人難躲；

　　到那世，想修行，兩下為人[93]。

甲子年，升太平，眾人不信；

　　戊寅年，來惠我，萬兩黃金[94]。

修行人，遇《家譜》，前有德行；

　　聽一聽，問一問，亦是修行。

甲午年，白龍口，毒龍出頭[95]；

釋接續蓮宗寶卷・紅梅四杆品第十三》：「怎麼成就金丹一粒？祖有妙訣，
各人下手鍛煉一番。在須彌山上半山坡中立下八卦太玄爐，安上鼎罐，
用東方青龍窩中汞四兩，用南方朱雀窩中硃砂四兩，用西方白虎窩中金
母四兩，用北方玄武窩中先天鉛四兩，用中央戊己二土作丹頭，用東方
甲乙木為柴，用南方丙丁火鍛煉，四四配成一斤之數，晝夜火候，九九
功完，自然成丹。」

[92] 丁亥年，至戊子——應指順治四、五年（1647、1648）。

[93] 到那世……——意為應該趁著這一次生為人身時趕快進道，不要等到下
一世，因為下一世不一定還能轉生為人，如果不能，要想修行就來不及
了。

[94] 甲子年……——這兩句話意義晦澀，不易理解，但從語氣看像是宣道者
和聽眾在打賭：現在是下元甲子（從天啟四年算起），必然是個亂世，要
想太平，非要到了下一個甲子年，即再過四十年，這場劫數才能過去，
天下一定會太平，你們信不信？到時你們就知道了。如果真是這樣，你
們可要輸我一萬兩黃金，我不忙著要，到戊寅年再給不遲！

[95] 甲午年……——甲午年應指順治十一年（1654），白龍口，不詳。毒龍出
現與海眼出水，獅子吐火，塔起神風等都是當時民間附會某些似是而非

正（真）定府，三海眼，滾滾波津[96]。

有蒼（滄）洲（州），鐵獅子，口中吐火；[97]

景洲（州）塔，神風起[98]，到處無情。

上〈天〉通天，太皇宮[99]，娑羅樹下[100]；

的怪異現象而起的迷信傳說，所謂「妖言惑眾」的「妖言」。《家譜寶卷》後部寫於崇禎末，此處預言十年以後事，更屬無稽。

[96] 正（真）定府……──正定多泉，最大的是大鳴泉。《（光緒）正定縣誌》卷5，《山川》：「大鳴泉，在縣西北三十里，即韓河上源，有泉數十穴，大者如車輪，溉田百餘頃。少東有小鳴泉。又有彤橋泉，在縣西二十里，源出大鳴泉，凡四十五穴。」看來大鳴泉又是與小鳴泉，彤橋泉同屬一脈的。縣誌所載《重修大鳴泉神廟記》描寫它的水勢時說：「滲湧突出，波蕩瀠回，聲徹數里。」正像寶卷中所說的「滾滾波津」。因此所謂「正定府三海眼」似指此處而言。

[97] 有蒼洲（滄州）……──滄州鐵獅子指河北滄州著名古跡唐開元寺的鐵獅子。《（康熙）滄州新志》卷2，《古跡》：「鐵獅子在舊城開元寺，今寺廢。相傳周世宗北征，有罪人善冶，輸金鑄獅鎮城贖罪。高一丈七尺，長一丈六尺。」據考該獅鑄於後周廣順三年（953），經我至現場實測高5.3米，寬3米，長6米。這個鐵獅子一向有許多神異的傳說，連一些文人寫的詩裏也承認這個事實。如《新志》卷15，《詩類・舊滄州鐵獅》：「吼風泣雨縈愁劇，負燕冠鴉受侮多。」又《中城鐵獅》：「行人舉手不敢捫，守護常疑有鬼神。」但這裏說的「口中吐火」無記。

[98] 景州塔……──景州塔指河北景縣著名古跡隋開福寺古塔。《（乾隆）景州志》卷3，《古跡》：「古塔在州治西北開福寺內，累十有三級，高二十二丈，闊八丈。……盤回可登，遠通洞戶，四望極目。北方浮圖之制無以踰者。相傳為隋文帝建。」這樣重要的古跡自然不免神異傳說，但「神風起」無記。

[99] 太皇宮──彌勒佛（世尊）居住的地方。《大乘意講還源寶卷》（不分品）：「行至太皇宮殿，參見古佛原身。」《彌勒佛出西寶卷・王佛囑咐品選第二》：「……同進太皇宮中奏請世尊。」

塵世上，花紅景，無影無蹤[101]。

怕的是，水火風，三災下界；

他三人[102]，無情意，折害眾生。

太平年，訪知識，指點明路；

〔尋〕訪來，真經典，不怕三災[103]。

說七十二傍（旁）門，度（都）是小教[104]；

不曉的，時年到，蓋世翻騰。

上囑對（咐），皇胎子，加功進步；

十四品，漏天機，前後說明。

庚午年，就該去，婦（歸）山躲避；

好寨岩，留下些，修好賢人[105]。

---

[100] 娑羅樹下——娑羅樹又名七葉樹，印度的一個樹種。相傳拘尸那城阿利羅跋提河之邊，有二株雙生娑羅樹，佛在二樹中間入滅。此處指在無生老母居住的地方也有娑羅樹。《太陽開天立極億化諸佛歸一寶卷・太陽化無量菊定光如來歸一品第二十一》：「西王母娑羅樹下擺宴，古佛在七寶林中說法。」

[101] 上〈天〉通天……——這兩句是錯簡，原在「真定府，三海眼，滾滾波津」句下，現已改正。

[102] 他三人——指水、火、風三災。

[103] 太平年……——太平年，與前注「升太平」意義不同，此處有難得的機會之意：訪知識，找到傳道師；指點明路，請傳道師點道後就可以得到升天的大道；真經典，指《家譜寶卷》後部。

[104] 說七十二……——參閱前注「三十六位假收源」條。這裏意為除了龍天道之外，所有教派都是妖魔邪法、旁門左道。《普靜如來鑰匙寶卷・鑰匙佛如來開蘊空妙法分第十六》：「劈妖魔，去邪怪，除掃邪氣；掃旁門，收雜法，顯吾獨尊。」

[105] 庚午年……——庚午年指崇禎三年（1630）。這兩句話說明了龍天道必是在山區農村中盛傳的，庚午年可能就是該道進山的年度。作者在埋怨不

平山男（縣），女（男）共女，苦中〔下〕苦；

　　軍馬到，無處〈縣〉躲，去了三魂[106]。

甲申年，乙酉歲，著堪世像[107]；

　　有父母，顧不下，你東（西）我西（東）。

萬家財，父合（和）子，誰能作主；

　　兒想狼（娘），娘想兒，大放悲聲。

早晨間，一家人，團園（圓）聚會；

　　到年間，軍馬到[108]，有死有活（生）。

百般物，無有主，誰能不顧；

在山區的人們為什麼不早就到山中去皈教，那裏不只有美好的岩寨，還盡是些修好的「賢人」。

[106] 平山男（縣）……——上句原脫一字，據《苦功悟道卷・序文》：「苦中下苦不放舍，忽然參透天外天」補「下」字。聯繫上文看，這兩句話揭示了一個重要史實，即所謂盛傳龍天道的山區，就是指的平山縣一帶，這裏龍天道的虔誠信徒是很多的。義軍開到這裏後，自然也會受些驚擾，所以說「去了三魂」。這正是如實地反映了《家譜寶卷》後部的寫作背景。這段史實也恰與文獻記載相符。查《（康熙）平山縣誌》卷1，《地理志・事紀》：「（崇禎十七年，1644年）春三月二十三日，天鼓大鳴，闖賊經過，民大亂。即順治元年夏五月，井陘土寇入，城垣破壞，殺掠焚劫。殺死士民，殺典史解國卿。」這是記的崇禎十七年三月及五月的事。從後文及有關文獻記載考證，自成軍別部進取北京前於過真定時曾在平山一帶山區中駐紮至少是一個月以上，所以這裏的三月二十三日不是義軍剛到的日期，而是駐紮了一段時間以後的事。

[107] 著堪世像——「著堪」一詞不解，如作「看一看」解可通。

[108] 到年間，軍馬到——從上文的「甲申年，乙酉歲，著堪世像」一句直到這段十言韻文之末都是預言或一般說教來看，這裏的「到年間」似指乙酉年（順治二年，1645年）底，因此下文的「有死有生。百般物，無有主，……」都是沒有什麼意義的了。

眼爭爭（睜睜），一家人，命見閻君。

持察（齋）人[109]，上了馬，輪（掄）槍式（舞）刀；

下了馬，燒香拜，謝〔謝〕龍天[110]。

末劫年[111]，四會荒（慌）[112]，魔王出世；

十三省，府洲（州）縣，變作血坑。

《家譜寶卷》，嘉靖年間，傳開抄寫[113]。言說末劫年。指明

---

[109] 持察（齋）人——龍天道指稱道外人為「五葷人」（見前），指稱道內人為行善人，修好賢人，這裏又稱為持齋人。按白蓮教的絕大部分支派都是嚴格遵守不茹葷酒這條戒律的，有的甚至只吃「白齋」，即只吃淡菜、粗糧。《靈應泰山娘娘寶卷・施財刊板功德無量品第十二》：「為父親，吃白齋，誰不知道；二年整鹽和醬，不入腹中。」

[110] 持察（齋）人，上了馬……——這兩句話是前文「上馬掄槍，下馬燒香」的展開。

[111] 末劫年——參閱前注「劫數」條。末劫即末一次劫數。白蓮教分宇宙的歷史為青陽、紅陽、白陽三個時期，每期之末都要降劫，末劫即白陽時期之末所降的劫，故又稱「白陽劫」，也稱「末後一著」。這次劫要比前兩次都更厲害，因為是最後一次大掃蕩（有的支派說末劫來時將有「罡風掃世」），要把所有的妖魔鬼怪全部掃除淨盡，所有的原佛子都要得救。末劫之後要重開新天，那將是一個理想的太平世界。《皇極金丹九蓮正信皈真還鄉寶卷・彌陀領法臨凡品第三》：「愁的是末劫時年，愁的是三災八苦乾坤變，愁的是水火相煎，愁的是龍爭虎鬥人民亂，愁的是小兒謠言，愁的是魔強法弱難行善，愁的是真假難言，愁的是貪霸盜（道）、人心變。」

[112] 四會荒（慌）——意為「四會」的龍天道徒都著了忙，因為時值末劫，魔王出世，龍天道渡人的任務就要繁忙起來了。

[113] 嘉靖年間，傳開抄寫——嘉靖年間（1522－1566）距《家譜寶卷》後部寫作時（1644）已是一百年上下，而且《後部》的內容都是明末時事，絕不可能寫於嘉靖年間，因此所謂「嘉靖年間，傳開抄寫」必是指的其《前部》寫作年代。

卜路[114]，四會同傳。各會一本。

〔主（駐）雲飛〕[115]

甲申年[116]，心內思想，大劫翻騰，誰能得之（知）？母傳下，真妙意，趙洲（州）為聖地[117]。佛傳法，但有原人，有分的皇始（胎），同把《家譜》愚（遇）[118]。原是彌城彌勒[119]，這時年幾

---

[114] 卜路——即前途，作者自造的詞。

[115] 〔駐雲飛〕——民間曲牌名。在宣講寶卷時，這是唱的部分。可能還有笙、管、笛、鼓、鈸、鐘等伴奏。據《九宮大成譜》《駐雲飛》的正格字數為四、七、五、五、一、五、四、四、五、七共十句四十七字，末句可複唱或加迭句。由於寶卷作者的水準較低，兼之三百年來在民間傳抄，已完全走樣。

[116] 甲申年——指崇禎十七年（1644）。《駐雲飛》曲牌各闋所述內容編年排列，計自甲申年直到甲午年（順治十一年，1654 年），十分明顯，由於是預言，這些內容大都是宗教性的語言，很少涉及當時社會現實。這是《家譜寶卷》後部必是寫於甲申年之初的一個間接證據。

[117] 趙洲（州）為聖地——趙州，今河北省趙縣，在明清時代是河北省西南部的重鎮之一（清代晚期京漢線修建後，石家莊才逐漸取代了趙州的地位）。當時以趙州為中心的地區包括石家溝（今石家莊）、真定（今正定）、獲鹿、井陘、寧晉、鉅鹿、順德（今邢臺）等地。從「趙州為聖地」一語看，可知龍天道是流傳在這一地區並以趙州為中心的。明清時代白蓮教其他一些教派也以這一帶最為盛傳。《破邪詳辯·序》:「癸巳（道光十三年，1833 年）冬初，調任鉅鹿，又為邪教出沒之藪。」又《又續破邪詳辯·序》:「鉅鹿為邪教淵藪。」又《破邪詳辯》卷 3:「邪經所言地名，不一而足。……所言及者，俱係虛捏。其非虛捏而實有此地者，惟直隸境內而已。於直隸地名，有歷歷言之者，惟趙州橋一處而已。」《立世寶卷》（不分品）:「紅陽佛，掌乾坤，世界已滿；老祖爺，要掃盤，改換乾坤。無生母，上表章，祖爺准本；又差下，彌勒佛，來到紅塵。彌勒佛，下凡來，趙州所管；轉在了，寧晉縣，龐莊村人。」

[118] 佛傳法……——白蓮教傳教時十分強調被宣傳的對象必定是原人，不是

會盡[120]？達子木（不）交兵，土寇為首。當村也不能認親戚。

乙酉年，思量天下人民，幾盡（經）遭殃，因為你把善人來譭謗，五百年間遭末（魔）障[121]。早回頭，燒好香[122]，怕的是刀兵槍。要來了，遮天樣，躲了三災八難見明王[123]。這二年，換

原人就不會遇見有人向他傳教的機會，所以傳教者一旦看中某個對像決定向他宣傳之後，這個對像就一定要入教，否則傳教者即將千方百計地說服，直到同意入教。佛傳法……這幾句話就是講的這個道理。《勅封空王古佛如來寶卷》（不分品）：「有緣之人總好度（渡），無緣對面不相逢。」《靈應泰山娘娘寶卷·施財刊板功德無量品第十二》：「道在目前，矇人學不會，要是原人，逕赴龍華會。」

[119] 原是彌城彌勒——「彌城」一詞不通，全句與上下文義均不連屬，疑有脫誤。

[120] 這時年幾會盡？——意為這樣的年頭兒什麼時候才能過去呀？什麼年頭兒呢？就是下文的三句話：什麼時候「達子不交兵」？「土寇為首」的局面什麼時候過去？「當村也不能認親戚」的局面什麼時候過去？

[121] 五百年間遭末（魔）障——參閱前注「二千五百年盡」條。這裏意為又到五百年了，又該遭劫了。《彌勒佛出西寶卷·玉佛囑咐品選第二》：「末劫眾生受苦難過，此去五百年一小劫。」

[122] 燒好香——燒香是龍天道最重視的儀節，這是該教的一個特點。這部寶卷中即曾多次強調燒香，如「下馬燒香」、「上了馬，燒香拜」、「好好燒香」等。《銷釋接續蓮宗寶卷·紅梅六枝品第二十四》：「龍天道度下會首，米老母認祖歸宗。……龍天（道）傳修行，拜香發願文。」

[123] 明王——本摩尼教對其教祖的稱謂。《釋門正統·斥偽志》：「（摩尼教）不根經文者，謂《佛佛吐戀師》、《佛說啼哭大小明王出世經》……」摩尼教混合於白蓮教後「明王出世」之說與彌勒教「彌勒降生」之說合而為一。在一般寶卷中「明王」一詞並不多見，這部寶卷中使用「明王」一詞說明龍天道是一種比較原始的白蓮教支派。《定劫寶卷》（不分品）：「燕南趙北聚賢良，孤宿神村拜明王。」

了五七帝[124]，知（只）因為你把善人來詆謗。終是遭不（下）末劫，婦夫（女）被賊人搶。賊人成群趕出去，羞恥不顧，不怕得生（甚）[125]。

到丙戌（戌）年，躊躇的，有（又）是精靈，有（又）是鬼怪。老母臨凡下世[126]，傳留真實號。意（逆）佛者，有九女守一夫。學之人，有神佛獲救[127]。世上人等，准有七分人不跟老母行好修道[128]。你說，又是木子，又是胡兵，又是土寇，淨是作反[129]。

---

[124] 這二年……——這二年指崇禎末年，當時全國義軍蜂起，建元稱帝的自然不在少數，「換了五七帝」正是記載這種事實的。參閱前注「王位遍地」條。

[125] 不怕得生（甚）——河北省西南部方言，由「怕個甚」（怕什麼）變化而來，意猶什麼都顧不了了。當地「生」與「甚」同音，故誤「甚」為「生」。

[126] 老母臨凡下世——老母即無生老母，她雖然是白蓮教的最高崇拜，有時也是要臨凡下世的，如據《續刻破邪詳辯》：「明朝嘉靖末年投入中原，化為女身，自稱無生老母。」又《破邪詳辯》卷3：「邪教王法中案內供稱，無生老母於康熙年間轉世在清苑縣之國公營。」也有的教派以為她的地位過於尊崇，不宜直接出頭露面，於是讓她化為其他神靈臨凡下世。《普度新聲救苦寶卷・卷首》：「諸祖滿天聖賢神祇，惟有無生老母為尊。菩薩即是老母，老母即是菩薩。」《佛說離山老母寶卷》：「無生老母在靈山失散，改了名號，叫離山老母，往東京汴〈國〉涼（梁）城王家莊度化王員外。」（轉引自《續刻破邪詳辯》。）這裏說「老母臨凡下世」，再一次說明龍天道是一種帶有原始性格的白蓮教支派。

[127] 意（逆）佛者……——「學之人，有神佛護救」一句是錯簡，從句式看，它與「逆佛者……」是對仗的。原卷在「……行好修道」句下，現已改正。

[128] 世上人等……——各種宗教的傳教者莫不認為傳教是一種很艱難的事，吸收一個信徒進來，莫不認為是一種很大的功德，白蓮教也是如此。「世上人等……」這句話就是龍天道的傳教者在慨歎世人多數是不肯跟老母

善女子被惡人搶去，又一處惡（餓）死人，也可無怨[130]？你是行善之人，一不許殺人，二不可放火，三不許欺編（騙）女人。有神佛保佑，護救善人。

要到了丁亥年，好心焦，二十八宿亂交交。有真主，才來到[131]。彌勒佛打（搭）天橋[132]。皇胎子，要佛寶。老母合同，才

行好修道的。他們還時常假借老母的口氣招喚她的兒女們，說話時總是痛淚漣漣地恨她的兒女們不醒悟，不進道。《玉露金盤·純陽祖師十哀辭》：「十哀兮，淚漫漫，哭人不肯上慈船。老母傳書常來喚，各各狐疑怕異端。閒時細把殘零（靈）算，百人難轉一二三。」《銷釋科意正宗寶卷·五氣朝元見當人品第十二》：「《歎世卷》，八件解，度盡男女；為眾生，不醒悟，苦口叮嚀。」

[129] 你說，又是木子……——木子、胡兵、土寇三者並提，並說「淨是作反」（自然是對明王朝「作反」），這是作者概括地、典型地描述了明末的社會現實。明末之前及亡後都沒有過這種局面——崇禎朝之前沒有「木子」，之後的「胡兵」只有對人民進行統治和鎮壓，那就無所謂「作反」了。值得注意的是土寇問題，這是卷中屢屢言之的。它反映了當時人們的實際感受。原來所謂明末農民大起義，並非「木子」一家，他不過是比較突出的一支，而到處都是的、足以影響他們的現實生活的卻是「土寇」。

[130] 善女子……——在這部寶卷中多處談到婦女，在這兩段《駐雲飛》中就提了三次。這反映了傳道者對婦女工作的注意。歷來崇拜宗教的，女人多於男人，龍天道的傳道者也抓住了這一環。請看他們的說教：婦女被人搶去後成群地被趕出去，什麼羞恥都不顧了；男人都要死了，九個女人守一個丈夫；善女子被惡人搶去，集中在一處餓死。要怎樣才能躲避這些最叫人難堪和可怕的災難呢？那就是趕快進道。——這樣的宣傳方法當然是會很有實效的。

[131] 要到了丁亥年……——丁亥年應指順治四年（1647），作者預言這一年真主李自成才來到，這與卷中其他幾處預言都不一致，而且跡近荒唐。

[132] 彌勒佛打（塔）天橋——白蓮教中彌勒佛的地位是很高的，他是白陽時

對上直（真）查號。有瑚璋，合手卷，休缺少。七十二教像，度（都）說真是，將才叫門才知道[133]。前後（人）的來音（蹤）明（去）路，就是後人的知口。超生了死，死後之事。你為度人成佛，你各（個）人的人身亦是難得[134]。

戊子年，憂愁外道門，無處躲藏投本（奔），無投無本（奔）。滿（埋）怨青天，不肯臻到。〔劫數〕要是來了，無神佛保佑。外教傍（旁）門淚交〈交〉流[135]。有精靈，無齊（其）數。有寶

期執掌天盤辦理末劫總收圓的佛祖，因此各種教派的領袖常要指稱是彌勒佛受無生老母之派下世的，就是要救渡九十二億原來子都必須經過彌勒佛的接引，所以說「彌勒佛搭天橋」。《修行原由‧九天應元雷聲普化天尊壇訓》：「眾仙友，體母意，抄寫傳曉；自有那，值日神，暗記功勞。喚得轉，原來客，同歸一道；慰母心，了佛願，勝搭天橋。」

[133] 七十二教像……──參閱前注「說七十二旁門都是小教」條。「叫門」指進了道，猶叫開了門。全句意為七十二種旁門雜法都說自己是真的，等你進了龍天道之後就知道誰是真誰是假了。

[134] 前後（人）的……──這幾句話語無倫次。原作「來音明路」，據後文改為「來蹤去路」。全文意為你要以前人修道而得超生為榜樣，以不修道而墮落輪迴為鑒戒。為了超生了死，必須懂得這些道理。要趕快渡人入道，須知你個人得到人身，進了道，是多麼可貴呀！《苦功悟道卷》第十六參：「有智人，信得急，前後思想；淚如海，骨堆山，轉到如今。前尋思，無量劫，生死受苦；後尋思，墮落了，永不翻身。……作下業，失落了，人身難得；貪名利，墮落了，永不翻身。」

[135] 憂愁外道門……──全文意為我在替那些仍在相信外教旁門的人憂愁，劫數來了時他們將無處投奔。到那時他們只知埋怨青天，其實是由於他們自己不肯入教（「臻到」的「臻」與上文「湊天湊地」的「湊」字同義，猶齊集，這裏指入道）。不肯入教的到那時沒有神佛保佑，那就只有痛哭而已。這種說教是白蓮教各支派間彼此貶抑而抬高自己的慣用手法。《苦功悟道卷》第六參：「這雜法，到臨危，都無用處；說破了，不是實，無

貝皇胎，趙洲（州）出[136]。己丑婦（歸）衣（依）燕趙北，上天剃（梯）[137]。度皇胎，早出世。未來表章，見彌勒。是傍（旁）門遠離，木子進道[138]。在世間人，打查對號。對不對有三婦（歸）五戒[139]。

　　庚寅年，受熬箭（煎），有分皇胎上法船[140]。苦海內，無邊

　　處投奔。愁得我，每日家，煩惱不住；無心腸，過日月，眼淚紛紛。」

[136] 有精靈……——意為各地都是精靈，唯有趙州才出現寶貝（指他們傳的道）皇胎（指他們的信徒）。參閱前注「趙州為聖地」條。

[137] 己丑婦（歸）衣（依）……——己丑應指順治六年（1649）。全句意為到己丑年大家都要歸依到以趙州為聖地的燕南趙北來進龍天道，這才得到上天的階梯。《目連救母出離地獄升天寶卷》：「一身若作惡，身死墮阿鼻（地獄名）；一生修善果，便得上天梯。」

[138] 是傍（旁）門遠離，木子進道——龍天道排斥旁門雜法，自稱是木子的正道。木子即李自成，他們尊奉李自成是紫微星降世，是真主。所以進了龍天道才能躲劫的實質是加入李自成的起義軍就能解脫當前的饑饉和天災人禍。

[139] 三婦（歸）五戒——本佛家語。「三歸」也作「三皈」、「三歸依」、「三歸戒」、「皈依三寶」。即歸依佛，歸依佛寶而為師；歸依法，歸依法寶而為藥；歸依僧，歸依僧寶而為友。白蓮教吸收這條教義之後，只是在某些印本寶卷的開頭仿照佛經形式也印上「歸依佛法僧」之類的字樣，實際上另有他們自己的解釋，即所謂關、訣、印（參閱前注「休失同壇」條）。「五戒」即不殺生、不偷盜、不邪淫、不妄語、不飲酒。這條教義白蓮教吸收後是嚴格執行的，這從《家譜寶卷》後部中多次宣佈的各項紀律中就可看出。一般寶卷中也多提及，如《指路寶筏》卷中：「立三皈，合（和）五戒，廣收原人。三皈依，佛法僧，最是要緊；立五戒，頭一條，就戒殺生。是偷盜，合（和）妄語，概要除盡；絕邪淫，還需要，除酒斷葷。」但各教在實行時很靈活，很少雷同，大多是根據自己的具體條件對三歸五戒做出新的解釋，或對條款有所增刪。

[140] 法船——或稱法舟、法航、寶筏，本佛家語。佛教謂佛法能渡人出離生

岸，有佛寶就是未未（來）仙[141]。我的佛阝（爺），擺一各（個）龍華在眼前。頭行人[142]，放心寬，有真寶的原是未來仙。有了真寶緣（才）把真見仙（仙見），有了真寶才把真佛見[143]。

辛卯年，好心酸，天降嚴霜草木乾。天下人，吃談（淡）飯，又坐雲□顯佛前[144]。這才到時年。蓋世刀兵亂，無數精靈瞞（滿）世間。

壬辰年，開法船。下甲子，輪流轉。癸巳年上才落凡。二十八宿保住大駕，來坐中天[145]。四正佛，親口選[146]。叫皇胎，來

死苦海，使到涅槃岸（即道行高深的佛教徒所達到的境界），因此比喻為船筏。《淨土傳燈歸元鏡・受囑傳燈分第三》：「彌陀方便實中權，直指眾生上法船。」白蓮教吸收後意義沒有什麼發展。《普明如來無為了義寶卷・卷首》：「古彌陀，觀見他，十分難忍；駕法船，遊苦海，普渡眾生。」

[141] 未來仙──白蓮教的「天運三變」說是從佛教的過去、現在、未來三世或三際說來的。正在傳教的時期是白陽時期，即未來世，故稱為未來仙。

[142] 頭行人──龍天道組織的職稱之一，地位較高，詳後。

[143] 有了真寶……──「有了真寶」和上文「有佛寶」義同，都是說的得了道的頭行人。只有頭行人將來才能在佛爺擺的龍華會上見到真仙、真佛。

[144] 又坐雲□顯佛前──「雲」字後似脫「端」或「頭」字。這句話指紫微星之類的星宿將在天空出現。

[145] 癸巳年上……──上述辛卯年在雲端顯現的紫微星，癸巳年上才落到凡間（前文已經預言真主將在丁亥年落凡，這裏又說癸巳年，那就更是無稽了）。他將由二十八宿保駕，在中國坐天下。中天，指中國或中原，這是從「四相」、「五行」、「九宮八卦」來的。《古佛天真考證龍華寶經・戊己安身品第十》：「弓長祖，坐中央，安身立命；安四相，立五行，戊己為尊。諸佛祖，臨凡世，都有聖地，按八卦，和九宮，佛坐中心。」《定劫寶卷》（不分品）：「爾時彌勒佛言，到此時年將至，中天中國，不論貧富，但念彌勒尊號，都得逍遙快樂。」

[146] 四正佛，親口選──「四正佛」又稱「四正文佛」。佛教中佛名有所謂「文

引（飲）天廚飯[147]。外道傍們（門）造（遭）水渰（淹）。

甲午年，時來到，眾皇胎賢良，各（個）個才穿上蹬雲鞋[148]。早來到安陽寨[149]，賢良門（們）好赴金街[150]，才把真佛拜。見

佛」者，如釋迦文佛、治德文佛等等，其中四個正宗的文佛謂之「四正文佛」（從任繼愈先生說）。這裏說的「親口選」指紫微星落凡，二十八宿保駕等事是「四正佛」親口所定。按「四正佛」或「四正文佛」一詞不見於一般寶卷中，但除本卷外，尚有一種寶卷《三佛應劫統觀通書》，亦用了這個名詞：「清朝以盡，四正文佛落在王門；胡人盡，何人登基；日月複來屬大明，牛八原來是土星。」（《諭那彥成將石佛口王姓為首傳教者照律問擬》，見《清代檔案史料叢編》，第三輯。）不僅如此，從寫作風格看，《三佛》和《家譜》兩種寶卷還是很相接近的，可能它們有著血緣關係，但兩者的時代必定相距很遠，因為它們在對待明朝的態度上是大相徑庭的。《三佛》是反清復明的，《家譜》是反明擁李的。

[147] 來引（飲）天廚飯——天廚，星官名，屬紫微垣，共六星，在天龍座內，主盛饌。龍天道以李自成為紫微星降世，因此入了教擁戴李自成的皇胎們，也能享受天廚裏做的飯。這段話透露著一種思想，即入道的就有飯吃，而且是盛饌。《銷釋接續蓮宗寶卷・紅梅十五枝品第三十三》：「俺那裏，有天廚，送妙供，受用無窮。」

[148] 蹬雲鞋——與前文「上天梯」之類的術語義同。穿上這種鞋，就能以「駕雲」代步了。

[149] 安陽寨——（一）從這部寶卷後文中所揭示的李自成起義軍進入直隸後的進軍路線來看，可證這個安陽寨即河南安陽。當時安陽必是龍天道的另一個傳播中心。（二）白蓮教借用佛教對天堂稱安養國一詞，也稱無生老母住在安養國。如是這種解釋，則「陽」字是「養」字之誤，從這句話的上下文來看，這種解釋也是可通的。但「寨」字在這兩種解釋中都是不通的，可能只是為了這一闋《駐雲飛》是壓的「懷來轍」，即要與鞋、街、拜、胎、載叶韻之故。

[150] 金街——也作「金階」，義同。西方極樂世界的街道或臺階。此處借指踏上赴無極理天的道路。《歎世無為卷》第十五際：「靜想西方地觀成，金

《家譜》，救皇胎，三日（會）龍華萬萬載。

街金道坦然平。黃金世界黃金布，步步金光耀眼明。」《銷釋印空實際寶卷·動用菩薩無邊品第九》：「黃金階砌滿珊瑚，眾菩薩相隨接引，直來西方，西方淨土。」

時年印號有准[1]第八品

　　老母留傳寶卷，時年有准。皇胎兒女，提（堤）防牛八天盡，五百年間[2]。古月又募（沒）了一位，暗煥（換）朝綱[3]。天下大亂。下甲子，遼陽先動一次，河南又動，山西在（再）動，山東兩直隸都動，潼關、山西、陝西[4]。紫微顯名，再打西來。男

[1]　時年印號有准——印號，猶徵兆、跡象。上一品按年序敘述當時的現實（包括預言），這一品也是按年序專敘當時社會的一些怪異現象，作者認為這些徵兆、跡象都在預示著即將發生的某些事變，而且一定是很準確的。實際上，這一品和上一品的體例大致上是一樣的，即也涉及許多現實，特別是有關義軍動向問題。

[2]　牛八天盡，五百年間——意為朱明王朝的天數（氣運）已經到頭了，它將隨著這五百年的大限而覆亡。《定劫寶卷》（不分品）：「菩薩問曰：大明多少天分？佛言：五百年之天福。」

[3]　古月……——「募」字應作沒，音 mú，河北西南部方言，意思是沒有了。古月又沒了一位，暗換朝綱當指崇禎十六年（清崇德八年，1643 年）八月清太宗皇太極死，順治帝福臨即位。

[4]　下甲子……——這是崇禎十一年（1638）以來全國各地的地震紀錄。經查，這裏所記與有關明末史事的文獻資料完全相符。

女造（遭）起魔障[5]。後來昏沙罩氣，天昏地暗，五方齊動，旱澇不收。人民造（遭）起塗炭，死去七分。小米子上一百大錢一升，鹽算（升）上一吊錢一斤[6]。皇胎急急著（找）尋一條出身之路，找尋《家譜》，防（訪）求知識，代寶合同。再打漠（鄚）洲（州）[7]地面；名山洞府[8]，好躲避家眷苦難橫死之災[9]。下元甲子，三年五載，百病其（齊）侵，父逃子散，夫婦不能想（相）顧。十三省洲（州）城府縣店道鄉村，人民都作無頭之鬼。人吃人肉，白骨便（遍）地。富貴〔亦是〕貧賤，黎民苦中只苦[10]。

---

[5] 紫微顯名……──上句指李自成自西安進入河南、山西、河北之後的形勢。《明史·李自成傳》：「（崇禎七年 1634 年）自成等陷於興安之車箱峽。……賊甫渡棧即大譟，盡屠所過七州縣。而略陽賊數萬亦來會，賊勢愈張。奇瑜坐削籍，而自成名始著矣。」「男女遭起魔障」以下幾句都說的是人民塗炭的情況，作者的目的還是為了宣傳劫數觀念，但他的文字表達能力有限，如與上句連讀，頗易誤會為這些塗炭都是李自成帶來的。卷中這類敘述不只一處，讀時應予分明。

[6] 小米子……──據文獻上「斗米千錢」、「斛谷萬錢」的記載（參閱前注「壬午年糧米」條），可知寶卷中這個小米價格是很準確的。文獻中罕見鹽斤的單價紀錄，寶卷中這個資料還是很珍貴的資料。

[7] 漠（鄚）洲（州）──戰國趙邑。今河北任丘縣北，白洋淀東岸鄚鎮。

[8] 名山洞府──本道家語，或稱洞天福地。道教宣揚中國的一些名山勝地都受神仙管轄。查上文所稱鄚州地面並沒有名山勝地，可能是指當地的一座特大道教廟宇藥王廟而言。《彌勒佛出西寶卷·僧道受劫品選第五》：「彌勒古佛展開天書觀看明白，只見天下僧道住的名山洞府……」

[9] 好躲避……──這是義軍戰略的一部分，即起義大軍自真定一帶攻打北京的中途先打下鄚州地面，找到安全地帶（名山洞府），安排下家眷，然後繼續北進。

[10] 富貴〔亦是〕貧賤……──意為富貴人尚且變為貧賤，黎民就只有苦上加苦了。「亦是」二字據前文「員外之家亦是貧窮之家」補。

每年道（倒）有七八十樣損（捐）項[11]，說出人民難過。田地拋慌（荒），牛羊死盡，苦上加苦。鐵牛瞿（鋤）地[12]，牛羊甚貴。又三門四戶把人累死，人人受熬煎[13]。眼前度（都）盼反（返）家來，反（返）家來了，把眾黎民白（百）性（姓）殺死[14]。休盼反亂，要是來了，無處躲閃，休盼反亂[15]。休怨〈休怨〉天地，賢良急急回頭[16]。單等來到[17]，諸人不信，有二十八宿落九耀（曜）星[18]都在世上，呂祖[19]保駕，殺偏（遍）天下，牛八急滅，木子

[11] 每年道（倒）有⋯⋯——明末各樣加派及苛捐雜稅名目之多是歷史上很典型的，但尚不及七、八十樣，此處是修辭上的誇張。河北西南部方言常以「七八十來x」形容事物之多或頻繁。

[12] 鐵牛瞿（鋤）地——「瞿」應作「鋤」，河北西南部方言瞿與鋤同音。但鐵牛鋤地語意仍不清楚，亟言其生產條件之艱苦而已。

[13] 又三門四戶⋯⋯——意為家庭戶戶有人被累死，活著的也是活受罪。

[14] 眼前度（都）盼⋯⋯——從這幾句話可證當時這股龍天道的部隊是離鄉背井地聚集在一個地方的。他們盼回家，但又怕回家之後力量會解體，那就經不起「土寇」之類暴亂的擾害了。

[15] 休盼反亂⋯⋯——反亂，指土寇之類擾民的暴亂。從這幾句話可證上文「把眾黎民百姓殺死」的正是指的這種土寇。

[16] 休怨〈休怨〉天地⋯⋯——作者號召信徒把怨恨都要集中在土寇身上，「休怨天地」，而且號召「賢良急急回頭」——趕快入道。

[17] 單等來到——疑有脫漏。應指「紫微星」李自成的革命隊伍來到。《定劫寶卷》（不分品）：「二十八宿降在秦州地上，保護紫微大帝，⋯⋯都在中天中國，單等時來，收聚中原。」

[18] 九曜星——和二十八宿一樣，亦道教神祇。據《北斗七星延命經》謂七星為貪狼、巨門、祿存、文曲、武曲、破軍、廉貞，加上左輔、右弼合為九星，也稱九曜星。另據《雲笈七籤》卷24，謂九星為天樞、天璿、天機、天權、玉衡、闓陽、搖光、洞明、隱元。白蓮教一些支派吸收後也指教內某些上層領導或當朝權貴。這裏指明末農民起義軍領袖李自成

行兵，大鬧幽洲（州）。皇胎加功進步，急急訪尋未來的道法，佛祖保佑。丟一分實善男女人等[20]，好赴雲城，皇胎可信。

　　有詩為證

　　一背（輩）修行九背（輩）明[21]，一法通來萬法通[22]。

　　左右一些將領。《先天原始土地寶卷·神兵大戰品第七》：「（玉帝）傳令忙把天兵點，為首左右二天蓬，二十八宿跟隨定，九曜星官不消停。」

[19] 呂祖——道教神仙，相傳原為唐京兆人，名嶽，字洞賓，號純陽，道教徒稱為呂祖、純陽祖師、孚佑帝君，奉為全真道北五祖之一。白蓮教各支派多以他為無生老母派下掌教的佛祖之一，與彌勒、觀音、關聖、濟公等身份相同。由於相傳他曾經浪遊江湖，在江淮斬蛟、岳陽弄鶴，所以被看成是武將，在戰爭中呂祖總是指揮、前導、護駕的地位，因此在一些教派中其威信高於其他神靈。

[20] 丟一分……——下文有「這裏邊，考虔誠，剩去二分，……天下人，剩一分，實善兒孫」，可證這裏的丟與剩義同，意為篩選。實善男女、實善兒孫與皇胎兒女義同。

[21] 一背（輩）修行九背（輩）明——本宗教性語言，與民間諺語「一人得道九族升天」義同。白蓮教某些支派中十分重視這句話，他們除了用以誇飾入道的重要作用之外，還用來做為拉進入道者的全家人以至已經死去的家族（用超度亡靈方法）的理由。《泰華山紫金鎮兩世修行劉香寶卷》（不分品）：「一子若成真佛道，九宗七祖盡超升。」

[22] 一法通來萬法通——本佛家禪宗說教。《禪關口訣·岩頭禪師參禪同契》：「到不明處，無一法可得為定；從無可得處，建立萬法為慧。然萬法為用，一法為體。」（原注：「定、慧即是生、死，生、死即明、暗，明、暗為體用。」）白蓮教對這句話的解釋是只要進入道中，得到了道中的「法」——「三寶」之類，就一切都通曉了，不管是佛教、道教、儒教以及其他所有教派的奧妙，都不必再去參悟修持了。這句話在白蓮教各支派中是常見的。《東嶽泰山十王寶卷·破地獄分第二十》：「好修行，好修行，一法通來萬法通。」《靈應泰山娘娘寶卷·國泰民安萬民樂業品第七》：「明了心來見了性，一法通來萬法通。」光緒末年開始發展起來的白蓮教最

賢良不愚（遇）《家譜卷》，往（枉）駕法船去度（渡）人。

有老母，傳一步（部），《家譜寶卷》；

　　找未來，真經文，打救殘生（零）[23]。

這《家譜》，定時年，應驗有准；

　　不孝的，賢良子[24]，難躲災星。

下甲子，至丙寅，想（相）連四載[25]；

　　這四年，不收呈（成），就起刀兵。

丁卯年，戊辰歲，己巳來到；

　　有六賊[26]，初起首，殺害黎民[27]。

大的一個支派一貫道，在其入道儀式中有一個程式叫點道，即點傳師用手指向入道者兩眉中間一指，就算入道了。指的時候口念兩句真訣：「一指中央會，萬法得超然。」在其某佛堂中有一幅對聯：「玄牝谷神於此領悟，性理天道可得而聞。」（見《現在華北秘密宗教》第 84、76 頁）這些都體現了「一法通來萬法通」的精神。

[23] 殘生（零）——指尚未入道的原佛子。《無極天尊玉經》（不分品）：「有地府，眾生們，牽纏不盡；有地獄，這殘零，長困幽冥。」（原注：「殘零即先天下世神子未能歸根也。」）原卷中他處尚有「殘生」一詞，但另有意義，這裏應作「殘零」或「殘靈」為是。

[24] 不孝的賢良子——不聽無生老母話的，不入道的原佛子。與前注「殘零」義同。

[25] 下甲子……——甲子至丙寅應是三年，這裏說相連四載，係與下句「丁卯年」算在一起，即指天啟四、五、六、七（1624－1627）這四年。

[26] 六賊——（一）本佛家語，指色、聲、香、味、觸、法，因這六者通過感官可使人生出種種嗜欲，故稱六賊。《泰華山紫金鎮兩世修行劉香寶卷》：（不分品）「人人自有真佛性，皆因六賊失原因。」此處用來泛指當時各地擾民的土寇，也像人身上的六賊一樣。（二）「六賊」可能是「土賊」的筆誤，指陝北首義的某些民變集團。

[27] 殺害黎民——參閱前注「流寇作反」條。

種五穀，早種收，完（晚）種不收；
　　不是汗（旱），就是澇，添上皇（蝗）蟲[28]。
看庚午，合（和）辛未，壬申來到；
　　有達子，三五次，越過北京[29]。
癸酉年，至乙亥，丙子來到；
　　有達子，白棒手，又起北京。
洲（州）城縣，合（和）鄉村，搶奪少女；
　　好牛羊，好騾馬，趕進山中[30]。
眾皇胎，見《家譜》，加功進步；
　　一晝夜，十二時，休要放鬆[31]。
看《家譜》，應時年，前呈（程）早進；
　　拜知識，求龍天[32]，保佑安寧。

---

[28] 種五穀……——上句原在下句之後，錯簡，現已改正。

[29] 有達子……——參閱前注「丙子年」條、「你不信」條。此處特別提出「三五次越過北京」，這也是與史實相符的。查清軍的確多次兵臨北京城下或近畿地區，如德勝門、安定門、永定門、蘆溝橋、通縣、昌平等地，京城多次宣佈戒嚴。

[30] 好牛羊……——清軍進擾明朝內地後確實有到處掠奪情事，牛、羊、騾、馬是其主要掠奪對象。《明史·莊烈帝紀》：「（崇禎九年，1636 年，秋七月）是月，大清兵入寶坻抵下近畿州縣。八月癸酉，括勳戚文武諸臣馬。」《清史稿·太宗本紀》：「（崇德元年，崇禎九年，1636 年，秋七月）辛酉，阿濟格等會師出延慶州，俘人畜一萬五千有奇。……（九月）己酉，阿濟格等奏我軍經保定至安州（今河北安新），克十二城，五十六戰皆捷，生擒總兵巢丕昌等人畜十八萬。」

[31] 眾皇胎……——這兩句原卷在「有達子，三五次，越過北京」句下，錯簡，現已改正。

[32] 龍天——即天，龍是天的定語。語本《周易·乾》：「飛龍在天。」龍天

看丁丑，戊寅歲，己卯來到；
　蓋世賊，瞞（滿）世兵，鬧鬧哄哄（烘烘）。
父在南，子在北，夫婦不顧；
　娘哭兒，兒哭娘，疼殺人心。
五方動，有准應，皇胎可信；
　拜龍天，才得了，寶貝合同。
再不信，看庚辰，辛巳來到；
　餓死人，倒在地，狼虎齊吞。
父吃子，子吃父，偏（遍）地都有；
　夫吃妻，妻吃夫，不想恩情。
有白骨，如乾柴，人頭亂滾；
　這二年，刀尖過，怨天不收[33]。
看山西，猛縣城[34]，六月霜降；
　把天（田）苗，枯乾了，又不收呈（成）。
賢良子，看時年，應驗不錯；

一語在一些寶卷中是常用的，但在《家譜寶卷》後部中用得較多，因為它是龍天道的經卷。

[33] 再不信……——「再不信，看庚辰，辛巳來到」以下六句都是說的庚辰、辛巳（崇禎十三、十四年，1640、1641 年）這二年因天災人禍而至於人吃人。查這段敘述與正史記載是完全相符的。如《明史・五行志》：「（崇禎）十三年，北畿、山東、河南、陝西、山西、浙江、三吳皆饑。」《明史紀事本末》卷 75：「（崇禎十四年）二月，徐、德數千里白骨縱橫，又旱荒大饑民父子相食，行人斷絕。」

[34] 看山西猛縣城——山西無猛縣，當系山西孟縣之誤。本春秋時晉大夫祁氏邑，在今山西陽曲縣東北八十里。庚辰、辛巳（崇禎十三、十四年）六月降霜事無記。

今（緊）加功，再拜佛，從訪明師。

壬午年，癸未春，甲午（申）來到；

　　潼關路，山西府，鬧鬧哄哄（烘烘）[35]。

先二年，有神狼，偏（遍）地出現；

　　石獅子，生出毛，哭喪世人[36]。

這印號，都來到，諸人不信；

　　五渾（葷）人，不知死，鬧鬧昏昏（哄哄）。

癸未年，看精靈，幽洲（州）出現；

　　叫一聲，人就死，無了真魂。

有一各（個），謠言歌，是人作怪；

　　門頭上，占（貼）烏牛，弓箭鮮紅[37]。

---

[35] 壬午年……——壬午、癸未、甲申即崇禎十五、十六、十七年（1642、1643、1644），十五、十六年時各地大起義形勢已經如火如荼，特別是陝西、山西等省。寶卷寫於十七年初，當時的實際情況是：李自成軍自潼關進入山西，陷汾州、太原、潞安、代州等地之後長驅東進，這些事實作者把它概括到寶卷中，就是：「壬午、癸未已經過去，甲申已經到來了，看吧，潼關、山西……都鬧成什麼樣子了！」

[36] 先二年……——神狼遍地、石獅生毛，這就是作者所說的「印號」，實際當然是謠言。這種謠言在社會動亂的時候格外盛傳。作者對這種謠言基本上是持肯定態度的，因此這裏和下文都提到很多事例。這種內容在其他寶卷裏也曾見過。《立世寶卷》（不分品）：「彌勒佛，說後照，太極殿，火燒了，春雷吼動金雞叫，涼灰又把豆子爆，臘月石榴才紅了，這件事，世上人兒誰知道？」

[37] 有一各（個）……——「門頭上，貼烏牛，弓箭鮮紅」即用黑紙剪成牛形，再用紅紙剪成弓箭形，一齊貼在門頭上。這是利用民間流行的迷信風習的方式以咒罵敵人和鼓動群眾起義——用紅色的弓箭去射擊那黑色的「牛八」。民間類似的迷信風習從來流傳很廣，方式很多，都是臨時編造的，如傳抄什麼碑文、偈語，佩帶什麼符籙、衣飾，在什麼地方放置

賢良子，看印號，訪求道友；

　　有異事，要准了，《家譜》有應[38]。

牛八王，江山位，甲申乙酉；

　　有王位，先受驚，隱名（姓）埋性（名）[39]。

牛八王，過甲申，難過乙酉；

　　可惜那，君王位，不德（得）超生[40]。

幽洲（州）城，皇城內，刀槍亂響；

　　殺皇娘，共國母，哭（苦）痛喪（傷）情[41]。

二十八，保真主，十八一了；

什麼「鎮物」等。這裏所揭示的例子都不同於一般，它反映了當時社會的人心所向，有著濃厚的政治內容和強烈的戰鬥氣氛。儘管寶卷的作者表示反對這種做法而指責它是謠言，是人作怪，是精靈出現，但那只是為了突出他的《家譜寶卷》的作用，即要大家相信寶卷，不要相信那些貼烏牛、弓箭的做法。實際上民間那種做法與寶卷所宣傳的內容是一致的，因此作者又不得不在後文承認「門頭上，貼烏牛、弓箭鮮紅」是「謠言歌，應《家譜》，世人難遇（逢）」。

[38] 賢良子……——「賢良子……」一句原卷在「有異事……」一句之下，錯簡，現已改正。「有異事，要准了，《家譜》有應」意為有許多怪異的事情，《家譜》裏都已「應驗有准」了。這是叫人們不要再相信那些精靈和人的作怪了。

[39] 牛八王……——意為朱明王朝的江山只是一兩年之內就要完蛋了，那位皇帝老官將要被趕下寶座當百姓去了。

[40] 可惜那……——意為沒有法子啊（對不起啦），雖然你是個君王，也不得好死！「可惜那」不能理解為作者對「君王」的惋惜，這是作者的文化水準很低，遣詞不當所致，不是作者的立場問題。

[41] 幽洲（州）城……——這兩句話還是預言或想像，因為這裏說的是「殺」皇娘、國母，實際上一個也沒殺，都是她們自己要死的。「哭痛傷情」是指那些皇娘、國母們的哀號，不是作者在「傷情」。

呂純陽，當頭將，抖起威風[42]。

陝西有，三座府，呈（稱）孤道寡，

　　有黎民，十分苦，造（遭）害土平[43]。

甲申年，陝〔西〕府，人民遭難[44]；

　　大同府，五臺山，乘（插）箭領（嶺）行。

有固關，井　　（陘）、獲鹿縣造（遭）難[45]；

---

[42] 二十八……──這是這部寶卷中對「真主」李自成的全部描寫的最精彩的兩句話，它活靈活現地畫出了威風凜凜的大順皇帝及其隨從文武將官們的形象。紫微星、二十八宿以及呂純陽等星宿神祇的形象，由於信徒們見過廟宇裏的塑像、壁畫，經卷上的插圖，以及「馬張」等，因而是有印象的，借用它們來描繪李自成的形象自然是很成功的。事實上這種描寫也是十分貼切的，僅以《明史‧李自成傳》的記載來說，其中就多處使用「金鼓動地」、「所至風靡」、「望風送款」之類的詞語，尤其是對自成進入北京時那個叱吒風雲場面的描寫，更可與寶卷的這兩句話做一對照：「自成氈笠縹衣，乘烏駁馬，入承天門。偽丞相牛金星，尚書宋企郊、喻上猷，侍郎黎志陸、張嶙然等騎而從。登皇極殿，據御座，下令大索帝后，期百官三日朝見。……」

[43] 陝西有……──這是作者在追溯明末農民大起義初期的情況：首先發難的是在陝西延安府、慶陽府、平涼府一帶，他們當時就有稱王的，如闖王（高迎祥）、大樑王（王大樑）等。起義的原因是當地人民受災嚴重，生活極其困苦所致。

[44] 甲申年……──這是說的現在和即將來到的情況。現在的情況是陝西人民仍在遭難，因此人們在甲申年要進行一次遠征，下文就是遠征的路線（詳下注）。這兩條路線與正史的記載對照都大體與義軍向北京進發時的別部所經路線相符，但也有的不盡相符，因此這裏所記可以做為正史的補充。

[45] 大同府……──這兩句話是說的遠征的第一條路線：從陝西出發，到大同，經五臺山、插箭嶺到固關，再經井陘、獲鹿到達會師地點──真定，插箭嶺在邯鄲西北二公里。

　　說河南，投潼關，兩下齊兵。

說淮（懷）慶，衛耀（輝）府，磁洲（州）兵至；

　　大明（名）、廣、順德府，人死苦情[46]。

正（真）定府，至保定，定州說過；

　　上幽冥（州），蘆溝橋，屯住凶（雄）兵[47]。

賢良子，看時年，應驗有准；

　　這裏邊，考虔呈（誠），剩去二分[48]。

丙戌（戌）年，至丁亥，戊子來到；

　　又是精，又是怪，叫戶巡門。

己丑年，庚寅春，辛卯來到；

　　天下人，剩一分，實善兒孫[49]。

甲午年，風火起，大水裹天[50]；

---

[46] 說河南……──第一句話「說河南……」點出了這次遠征是分兩道路線
的，下面介紹第二道路線：河南的義軍以集中在潼關的為中心（或主力），
先向東進經懷慶（今河南沁陽）、衛輝（今河南汲縣），以下必然經過安
陽進入直隸，但這裏未提。卷中另處提到「安陽寨」，疑即安陽。進入直
隸後先到磁州，然後經大名、廣平、順德（今河北邢臺）到達會師地點
──真定。

[47] 正（真）定府……──這兩句說的是兩路大軍在真定會師，然後一同北
進，從真定經保定、定州到達北京，到北京前在蘆溝橋還要住屯。

[48] 賢良子……──這兩句話是向入了龍天道的徒眾們宣佈：你們聽見沒
有，上面講的事都要應驗，但是能否成功，還要看大家信道的虔誠程度
如何，不虔誠的要淘汰，最後大約只能剩下二分吧，實際上，剝去這些
話的宗教色彩，作者是在號召大家堅定信心，不要掉隊。

[49] 天下人……──這句話即前文「丟一分實善男女人等，好赴雲城」的重
複。

[50] 甲午年……──這句話和上文自「丙戌年」以後的四句話一樣，都是無

新京城，七百里，放下雲城[51]。

有緣人，男共女，找尋《家譜》；

　放（訪）知識，呈牒表，進表升文。

《家譜卷》，骨髓經[52]，天機洩漏；

　無緣人，遇不著，後會難逢。

汴樑（梁）城，南北下，皇（黃）河一道[53]；

　不久得（的），紫微星，困住北京[54]。

《家譜寶卷》，不是輕傳，賢良永（用）意叅（參）。時年定就，眾人好難。人民苦死，斗米萬千。刀兵齊至，甲申乙酉年。

稽的預言。「風火起，大水稟天」即「水火風三災」。「稟」或系「漂」之誤，但「漂天」也不甚通，應作「連天」。

[51] 新京城……——前文已有「燕南趙北，立下新京，放下雲城」一語，這裏更進一步指出在「七百里」的地方建立新京，這個距離正是從趙州一帶到北京的距離。《（康熙）趙州志》卷1，《地理》：「趙州……至京師七百四十里。」由此可證天道確是預卜在離北京七百里的趙州為「牛八退位」後的建都地點。

[52] 骨髓經——意為所有經卷裏的最精華。《靈應泰山娘娘寶卷·善惡分明果報無差品第五》：「泰山卷，真實話，平言實語；盡都是，真骨髓，無字真經。」

[53] 汴樑（梁）城……——黃河自汴梁（今開封）以下轉為南北向，可見作者的地理知識是較豐富的。但此句與下句不相銜接，疑有脫漏。

[54] 不久得（的）……——這句話再一次證明寶卷寫作的時間在打進北京之前。參照前文「上幽州，蘆溝橋，屯住雄兵」來看，作者估計李自成軍打進北京之前要有一個相當長的圍困過程。

〔耍孩兒〕[55]

說過你眾賢良，末劫急緊。大男小女遭末（魔）障，兵戈人馬不住亨（停）。江胡（湖）河海，一齊反亂。不住的進（換）朝岡（綱）[56]。蓋世刀兵搶，瞞（滿）地遮天樣。幼年、男女持齋好善，才遇著了《家譜卷》，就是天堂；後來不遇《家譜卷》，即是一各（個）迷人。東西不曉，悶悶昏昏。往（枉）將齋戒，往（枉）燒香火，急急就合（和）外道一般。傍（旁）們（門）外教[57]。

《家譜卷》，時年現，有牛八，坐金鑾，五百年間天下亂。三烘四暗二江[58]正無真主，以後都是一樣反亂年。洲（州）城府縣都搶便（遍），怕的是下元甲子年。往後看，年春不收呈（成），人遇魔難。每年間生下賊子賊孫。五百年間造下孽，對大眾是實說[59]。是人不知明暗裏（理）合（和）晝夜，天昏地暗人怎曉[60]？

---

[55] 〔耍孩兒〕——民間曲牌名，據《九宮大成譜》《耍孩兒》的正格字數是七、七、七、六、七、七、三、四、四共九句五十二字，這裏已完全走樣。

[56] 進（換）朝岡（綱）——「換」字據後文「大換朝綱」改。意為因天下大亂危及明王朝政權，朝廷內部一團混亂。

[57] 傍（旁）們（門）外教——語意未完，此下疑有脫漏。

[58] 三烘四暗二江——疑有錯誤，如作「天下的大好江山」解可通。據《弘陽秘妙顯性結果經·見天闕品第十一》：「再說中元（原）之事，五湖四海三江，……」《佛說明宗顯性科儀》：「東南西北四方，各有八山、八王子……三明四暗……」（轉引自《續刻破邪詳辯》）以及上文「江湖河海，一齊反亂」注釋。

[59] 每年間……——意為為什麼每年都有新一代的「土寇賊」產生呢？告訴你實話吧，這都是人們自己造下的孽，現在又到五百年大限，是該遭報的時候了。

旱澇不收，莫怨天地。刀兵人馬世上亂，無休息，盡怨自己。造（遭）苦難，顛倒顛[61]，知識瞞（埋）怨，來到末劫年[62]。刀兵瞞（滿）地搶，眾人難過，三年五載，百病齊侵，十分知（之）人剩一分實善男女。你可曉的（得）未來的經文？你之（知）內裏邊事？你曉〔得〕時年大煥（換）朝岡（綱），世界大亂？甲申年四月間，牛八急盡。五月間，白棒手起[63]，親戚也是不能想（相）認。

　　將時年記住真假，將大道共統一家[64]。牛八到來，只在下元甲子年盡。丙子年，丁丑歲，出賊寇偏（遍）地。等戊寅、己卯大翻滕（騰）。庚辰辛己傳信音。怕只怕壬午、癸未年。現出妖魔怪。又動刀兵大亂[65]。說胡（湖）廣汴樑（梁）地[66]，臥牛城

---

[60] 是人不知……——意為你連什麼是明暗、晝夜的道理都不懂，那還怎麼懂得什麼是「天昏地暗」呢？

[61] 造（遭）苦難，顛倒顛——意為遭到顛沛流離的苦難。

[62] 知識瞞（埋）怨……——意為對於世人的遭到顛沛，連受過天命的傳道師們都感到遺憾，但是沒有辦法，因為是末劫年來了。

[63] 白棒手起——原卷作「起手」，誤。

[64] 將大道共統一家——白蓮教各支派間常是貶抑別人，抬高自己。一些根基比較深厚的教派大半都以自己是辦理末後總收圓的正宗來標榜，因此一切教派都要歸到他們的教中來。「將大道共統一家」一語體現了龍天道的這種精神。

[65] 丙子年……——這幾句話是自丙子年（崇禎九年，1636年）到癸未年（十六年，1643年）的概述，因過於抽象，不知何所指。

[66] 說胡（湖）廣汴樑（梁）地——汴梁即開封，在河南。依《家譜寶卷》的語法，此句應解釋為「湖廣的汴梁」，誤。按，明代建置「湖廣」指湖南、湖北的兩布政使司，不包括河南。

內著水淨（淹）[67]。城裏人度（都）要死淨[68]，河南八府[69]人橫死。潼關一（以）上，一路刀尖紅[70]。陝西八府[71]人橫死，眾人造（遭）困。甲戌年間，貴洲（州）人受苦難[72]，一各（個）個喪了殘生。下甲子以後，人死大半。世上人不知其中意，童子只是瞞（埋）怨天[73]。八府里[74]，人受驚。有達子，亂洪洪（哄哄），

---

[67] 臥牛城內著水淨（淹）——臥牛城為開封的別稱。《如夢錄·形勢紀》：「汴梁地脈，原自西來，故惟西門直通，餘四門皆屈曲旋繞，恐走洩旺氣也。勢如臥牛，故名臥牛城。」「臥牛城內著水淹」指崇禎十五年（1642）水淹開封事件。

[68] 城裏人度（都）要死淨——據記載，崇禎十五年水淹開封事件，「士民溺死者數十萬人」，雖非「都要死淨」，但能倖免者已經廖廖無幾了。

[69] 河南八府——明代建置，河南領府八：開封、河南、歸德、汝寧、南陽、懷慶、衛輝、彰德。

[70] 潼關一（以）上……——「潼關以上」指潼關一帶或經潼關的一路。明末農民起義軍起兵以來確曾多次轉戰於潼關一帶或路經潼關東進北上，故稱。

[71] 陝西八府——明代建置，陝西領府八：西安、鳳翔、漢中、延安、慶陽、平涼、鞏昌、臨洮。

[72] 甲戌年間……——甲戌年指崇禎七年（1634）。查《（康熙）貴州通志》卷27，《事紀》崇禎六年至八年除「蝦蟆數萬匝湄潭城外，一日夜忽散」外，別無其他災異記載（《事記》編年記事，該條系於六年，共四條。但下接九年，疑脫年份，此條應為七年或八年事）。又查《事紀》崇禎十一年（1638）「五月貴陽大水，漂沒廬舍，溺死者八千餘人」；十二年四月「大風拔木，屋瓦皆飛」；十三年「思南地震」。這裏所說「受苦難」云云當指此而言。「甲戌年間」應作「自甲戌年起」解。

[73] 童子只是瞞（埋）怨天——「童子」，猶不懂道理的人。前文多次提到不要怨天或怨天地，這裏又一次指責怨天的人不懂事，可能這與龍天道的特別注重對「龍天」的崇拜有關。

[74] 八府里——原卷作「里府八」，「府」、「八」兩字有顛倒符號，「里」字下

洲（州）城府縣度（都）搶淨。有牛馬，殺了無其數。婦夫（夫婦）婦（父）女、父子，不顧性合（和）命。騾馬牛羊裏邊，度（都）同吃盡。

說山東，共六府[75]，有達子，來往走，男女殺的無其數，將騾馬全然趕淨，全奪了去。把牛羊一其（齊）殺淨[76]，房屋一其（齊）被火燒了，大男小女無處路（住）。早提（堤）防著辛巳、壬午、癸未年[77]，苦中只苦。這幾年通州阻糧，但（阻）斷山東、河南、山西[78]，人民遭苦難，不得安寧。

說牛八，大數急盡。有木子，去投凡。紫微大帝，四正佛親

有一斜道，似也為顛倒符號，故改為「八府里」。八府依前文指河南或陝西兩省。

[75] 說山東，共六府——明代建置。山東領府六：濟南、兗州、東昌、青州、萊州、登州。

[76] 把牛羊一其（齊）殺淨——寶卷中提到損失騾馬牛羊的地方很多，如：「牛羊死盡」、「牛羊甚貴」、「好牛羊、好騾馬，趕進山中」、「有牛馬殺了無其數」、「騾馬牛羊裏邊都同吃盡」、「將騾馬全然趕淨、全奪了去、把牛羊一齊殺淨」，以及「雞犬豬羊都同吃淨」等。這是由於趙州一帶地方從來是以盛產這類牲畜著稱的，寶卷中這樣強調提出這個問題，真實地反映了當地的生產情況和人民的思想感情。《（康熙）趙州志》卷3，《物產》：「獸類：牛、羊、驢、騾、犬、豕，在此田牧，素稱蕃庶，而惟馬尤良。」又，井陘、獲鹿縣誌均有《馬政》專卷，謂自明洪武即由國家命令在這一帶養馬。種馬、兒馬、騾馬均有定額，牧馬場的地畝、稅銀、籽粒也均有規定。

[77] 壬午、癸未年——原卷作癸未、壬午年，誤。

[78] 這幾年通州阻糧……——指崇禎十四、十五年間發生阻斷漕運事件。《明史·莊烈帝紀》：「十五年春正月……是月山東賊陷張秋、東平，劫漕艘。」張秋、東平都在運河上，那裏被劫，山東、河北、河南等地的漕運即陷於癱瘓，漕糧不能運到京、通，故稱「通州阻糧」。

口選。四正佛，真主現，二十八宿才臨凡。純陽洞賓老祖現，一切星宿保住大駕不遭難。怕的是癸未、甲申、乙酉、丙戌年。准立中天中國[79]，中原中京[80]，擺一各（個）萬善同歸，天舉大場。叫天下眾賢良人等，答查對號[81]。保定府京兵來到[82]，紫微星君大兵齊至正定府，住棨太州（行）山後[83]，胡（湖）廣、四川、

---

[79] 准立中天中國——「中天」，天的中央部分，有最正、最佳、極隆、極盛之意。「中國」，中天下面的這個國度。白蓮教宣傳「人身難得，中國難生，大道難逢」，意為能夠生在中國這是前生修來的，生在中國不僅能享受榮華富貴，還能遇上大道，死後升入天堂見無生老母。《鎖釋准提複生寶卷・李氏前則到枉死城中品第十》：「轉為人，生中國，福壽高增。」《李氏問鬼使善惡之因品第十一》：「善者金童送往人天道，脫生中國享受榮華。」《古佛天真考證龍華寶經・戊巳安身品第十》：「各家祖師領定失鄉兒女都到中天中國，認祖歸根。」又承上文，此句還有紫微星李自成要在中國稱帝之意。紫微星本道教神靈，全稱「高上紫微中天北極大帝」（見《敬灶全書》），中天中國正是紫微大帝所轄。

[80] 中原中京——「中原」也指中國。「中京」。也有指中國之意，但又似指首都或前文所說的「放下雲城，立下新京」之意。

[81] 擺一各（個）……——「萬善同歸」，本佛家語，意為集合一切善事。「天舉大場」意為上天舉辦的大型道場，即龍華大會。那些入了道的「賢良人等」都將通過答查對號的檢驗而參與大會。《古佛天真考證龍華寶經・戊巳安身品第十》：「中天中國立道場，戊巳二土安身命，菩提彼岸釣賢良。……末後一著龍華會，諸佛萬祖來搭查。」

[82] 保定府京兵來到——此句之前疑有脫漏。京兵鎮壓起義軍而經保定南下的事是不少的。如《明史・莊烈帝紀》：「（崇禎）十五年（1642）正月癸未孫傳庭為兵部侍郎，督京軍救開封。乙酉，（總督保定侍郎）楊文岳援開封。」

[83] 紫微星君……——指崇禎十七年（1644）初李自成軍別部自山西入河北駐紮於真定及其附近山區中事。《（光緒）正定縣誌》卷7，《事紀》：「（崇禎）十七年二月丁丑闖賊陷固關，己卯命內監方正化等分據正定要害。

山東大兵齊至北京[84]，拿住了牛八、京兵歸順[85]，這活殺人的[86]！
甲申年，四月間，看年春[87]。

李自成已陷太原，遣將分趨正定，故有是命。……三月賊將任繼榮入據
正定，偽撫馬重喜，偽道白足長、秦鏡，偽守張晉明，偽理刑許文耀，
偽令秦邊獻相繼而至。」

[84]　胡（湖）廣四川……──明末農民大起義暴發以來轉戰西北、西南、中
　　　原各省，由於其部隊聚散分合不定，成分自然十分複雜。這裏說的湖廣、
　　　四川、山東大兵，具體指哪支部隊不詳，但可說明最後進入北京的李自
　　　成軍是包括從這些地方來的。

[85]　拿住了牛八……──這是作者的預言，當時大軍還沒有到北京。這個預
　　　言不很準確，因為後來牛八並沒有拿住，他已經在煤山自縊。

[86]　這活殺人的──猶「活該死的」、「挨千殺的」。用這樣樸素、大膽的語言
　　　指署當今皇帝，這充分說明作者確是一位果敢、無畏的革命領導者。

[87]　甲申年……──意為上述事實斷在甲申年四月間，一開春就看出來了。
　　　這也是預言，但比較準確，大軍進入北京就在三月十九日。

妖邪正在世間第九品

　　《家譜寶卷》流傳在世，妖魔出現，混亂世人[1]。白草成精，泥神出廟，鬼毫（嚎）呼叫，一切火燒。荒亂頑峰（蜂），毒蠍、陽龍吐霧，飛虎入宅，神狼、惡虎猾豹[2]，這些各（個）怪物都

---

[1]　《家譜寶卷》……——既有《家譜》又有妖魔，自然是對立的，意猶「道高一尺，魔高一丈」。

[2]　白草成精……——崇禎年間由於社會極度混亂，民間關於「白草成精」之類的傳說十分流行，歷史記載上也頗為多見。如《明史・五行志・草異》：「崇禎四、五年（1631、1632）河南草生人馬形，如被甲持矛馳驅戰鬥者然。十三年（1640）徐州田中白豆多作人面，眉目宛然。」
　　「泥神出廟」之類，如《綏寇紀略》卷 12：「（崇禎）十五年（1642）十一月黃梅孔壠鎮地藏菩薩目出淚，一縷循晷而下，拭而復出。」
　　「鬼毫（嚎）呼叫、飛虎入宅、神狼惡虎猾豹（猾可能係貘字之誤，貘即豹）」之類，如《綏寇紀略》卷 12：「（崇禎）十二年（1639）蘄州各街道，每夜鬼哭咆哮，聞之有聲，逐之有影。」「十六年（1643）上將祭廟，鹵薄已設，忽見黑氣自空而墜，如有婦人白衣者疾飛入宮，軍人皆見之。是年人見太廟中鬼皆嘯呼而出。」「十六年京師黑眚見，宮中常見如豕如犬者，黑色，行作鬼聲。」
　　「一切火燒」之類，如《綏寇紀略》卷 12：「（崇禎）九年（1636）丹徒

要喪（傷）人，世人難遇蓋世精靈。賢良早訪未來的經書，內有諸王佛寶[3]，玉篆靈符[4]，未來的表章。三元二會，一年二治（至）[5]，四位二治，二度二分[6]，吞符飲藥，佩代佛寶[7]，逼（避）住

田野火光燭天。十五年（1642）蘄州樹杪火發，焚其木殆盡。十六年（1643）正月初五日大內諸殿眷（脊）及各門樓煙起，閣臣皆出，疑有火災，視之冉冉若炊煙而微淡，久而乃息。」《明史・五行志・火異》：「（崇禎）十三年（1640）六月壬申，鎮安火光如斛，自西墜地，土木皆焦。」

「毒蠍陽龍吐霧」之類，如《（光緒）正定縣誌》卷8，《災祥》：「（崇禎）十六年（1643）二月，城東南赤色，白地起大風，城頭軍器俱出火，旋繞西北，抵西南，逾時不散。中閃爍如龍蛇狀。先有數物似兔，膚有紋縷，葳蕤繪裂遊地上。」

[3] 諸王佛寶——本佛家語。諸王，諸釋法王也，指佛。佛寶，佛是世之真寶，故稱。被龍天道借用後泛指其經卷中的奧秘，也指符籙之類的宗教迷信品。

[4] 玉篆靈符——本道家語，玉篆又稱雲篆，道家用來書寫符籙的一種特殊文字。靈符即符籙，以硃砂用雲篆寫於一小張黃表紙上，張貼或焚化。據《雲笈七籤》卷7說它是「以道之精氣布之簡墨，會物之精氣以卻邪偽，輔助正真，召會群靈，制禦生死，保持劫運，安鎮五方」。白蓮教吸收後沒有什麼發展。《銷釋接續蓮宗寶卷・卷首》：「無生老母掐定玉訣，手持玉篆靈符，用真氣一口吹在虛空，乃是飛符請聖。敬請西方教主、阿彌陀佛，駕道圓光，同來治世。」

[5] 三元二會，一年二治（至）——指龍天道信徒要舉行某些宗教性儀式的節日，即上元、中元、下元、蟠桃會、朝元會以及夏至、冬至。《銷釋接續蓮宗寶卷・紅梅九枝品第二十七》：「（無生老）母曰：是家鄉古佛自從初分立下三元二會，一年五大會，修造當來，福慧雙修，不落頑空。正月十五日乃是上元良辰，……三月初三日乃是蟠桃聖會，……七月十五乃是中元良辰，……九月初九日……乃是朝元聖會，若到十月十五日乃是下元良辰。」

[6] 四位二治，二度二分——「四位」即「四維」，指東南西北四個方位，「二

妖邪，急（驅）出千里。不遇《家譜》，不通未來的典章，你（休）想修佛，你各（個）人得（的）人身也是難得。

各個度人呈（逞）高強，不知修行枉落悞（忙）[8]。

不通未來一各（個）字，準備妖魔混的慌[9]。

《家譜卷》末劫年，人遭大難；

治」指上下、天地。寶卷中常用「四維上下」一語，義同。「二度二分」為古代曆法用語。古代曆法分周天為三百六十五度四分度之一，每宮三十度，合十二宮。又按黃道、赤道、經緯度，各宮星宿各時期均有其運行的度數分數。據《明史・天文志》引徐光啟《崇禎曆書》，二度二分約當軍市一星的黃道經度。這部寶卷作者的文化水準不高，援引這些曆象的名詞不過故弄玄虛，不可能有什麼實際意義。但與上文聯繫起來看，當指在一年的七大節日時信徒們要集會誦經，舉行儀式，祭告天地日月星辰之事。

[7] 吞符飲藥，佩帶佛寶──本來也是道家和民間的一些宗教迷信活動，白蓮教的各種支派也有行之者。吞符即將寫在黃表紙上的符焚化後吞飲其炭灰。飲藥即飲丹藥，但不一定是道家用硃砂等煉製的丹藥，多半是一般中草藥單方。佩帶佛寶指將畫好的符佩帶在身上或額前。《古佛天真考證龍華寶經・末劫眾生品第十八》：「此乃真正護體靈符一道，吩咐會下男女頭頂身佩，自然三災八難永不相侵。」

[8] 各個度（渡）人……──渡人進道是很值得誇耀的事，但如果不懂自己修煉的道理還是一場空。白蓮教一些支派將信徒的修持分為內功外功兩種，內功是自己修煉，外功是渡人進道（參閱《現在華北秘密宗教》第68頁）。《無極天尊玉經》（不分品）：「受化民，十二戒，最是要緊；先正己，然而後，方可正人。果能夠，修其身，品行端正；才引他，動渡人，靜渡己身。」

[9] 準備妖魔混的慌──此句文理不通，據下文「這妖魔，普天下，盡都混起；無佛寶，一各（個）個，喪了殘生。……準備著，妖魔怪，喪了他命；人死的，無其數，混亂世界」揣測，意為在妖魔製造的混亂中喪生。

又千生，合（和）萬死，不能遇著。

遇不著，《家譜卷》，勞而無功；

　　千妖魔，萬鬼怪，各樣精靈。

精靈出，妖魔怪，沿門普化；

　　叫一聲，人就死，喪了殘生。

不向善，你不歸，不得好處；

　　瘟瘟（蝗）侵，妖魔廣，蓋世不安（寧）。

只因為，伍百年，造（遭）下苦難；

　　諸般佛[10]，世上人，心中不平。

這妖魔，普天下，盡都混起；

　　無佛寶，一各（個）個，喪了殘生。

有群狼，合（和）猛虎，巡門遶戶；

　　修行人，無佛寶，九死十（一）生。

準備著，妖魔怪，喪了他命；

　　□□□，□□□，□□□□[11]。

人死的，無其數，混亂世界；

　　是真假，就一（以）後，白骨屍靈[12]。

要持齋，找尋著，未來經典，

　　遇《家譜》，見一見，也是前生[13]。

---

[10] 諸般佛──原卷作「諸佛般」，誤。本佛家語，意為一切佛。

[11] 準備著……──「準備著，妖魔怪，喪了他命」是上句，應有下句，脫漏。

[12] 是真假……──意為如果真是假的（指旁門雜法），以後就會變成白骨屍靈。

[13] 遇《家譜》……──只要能見一見《家譜寶卷》也是前世修來的。《靈應泰山娘娘寶卷‧善惡分明果報無差品第五》：「大眾人，你不信，街頭觀

見《家譜》，聞一聞，黃金萬兩；

　　聽一聽，也該遇（與），白陽（銀）二斤[14]。

皇胎子，見一面，超生了死；

　　老母造，《家譜卷》，打救殘生（零）。

癸未年，有精靈，便（遍）地出現；

　　門頭上，帖（貼）烏牛，弓箭鮮紅。

在世人，不知道，來東（蹤）去路；

　　謠言歌，應《家譜》，世人難遇（逢）[15]。

甲申年，乙酉歲，精靈大顯；

　　紫微星，領雄兵，困住北京。

十三省，兩直隸，刀兵出現；

　　瞞（滿）世界，亂烘烘（哄哄），不知清渾。

囑〈住〉咐你，賢良們，加口（功）進步；

　　拜龍天，皇胎子，各爭功呈（成）。

舍錢財，求經書[16]，明人指點；

看；萬樣人，不相同，都是前生。」

[14] 見《家譜》……——上句「黃金萬兩」似為「黃金十兩」之誤。《佛說皇
極收元寶卷》：「聞一聞修行要黃金十兩，聽一聽寶號要白銀二斤。」（轉
引自《又續破邪詳辯》）

[15] 謠言歌……——意為門頭上貼烏牛、弓箭的做法，大家並不知道是怎麼
回事，其實這種謠言正應了《家譜寶卷》所說的，這倒是很難遇見的巧
合。

[16] 舍錢財，求經書——施財、印經向例被各種宗教視為功德，龍天道也不
例外。但《家譜寶卷》這種宣傳革命的經書是絕密的，前文說只有四本
抄本，因此這裏只能「求」經（下文還有「找」經），而不號召印經。《弘
陽至理歸宗思鄉寶卷・歎地府品第十二》：「砌橋印經功德大，喜舍資財
福無窮。」

訪知識，找經書，未來經文。

天降下，魔王出，住在世上；

世上人，也難存，定要善跟（根）[17]。

□□□，□□□，□□□□；

人不曉，不知者，日夜進心[18]。

找尋著，《家譜卷》，得了佛寶；

好逼那，邪精靈，魔王在世[19]。

存佔住天下，殺不平之人[20]。

有福德（的）來遇著《家譜寶卷》[21]。

---

[17] 天降下⋯⋯——意為魔王在世的時候，必須前世種下善根的人才能存
在。《鎖釋印空實際寶卷·（失題）第一品》：「也是俺，多劫中，善根機
（基），今才遇著善知識。」《觀音菩薩證明品第三》：「生前種善根，今
生遇真僧。」

[18] 人不曉⋯⋯——這是下句，還應有上句，脫漏。這句話意為對於入教的
道理不曉不知的人，應該多多用心鑽研。

[19] 找尋著⋯⋯——這部寶卷從始至終在渲染著《家譜卷》的重要，它是
老母傳下的、預示未來天機的，伏魔降妖、鎮服蓋世邪精靈的唯一法寶。
這兩句話是這段十言韻文的最後兩句，也是這種宣傳的最高峰，就著這
樣氣勢，下文緊接著提出了龍天道的戰鬥口號。《鎖釋印空實際寶卷·證
道菩薩顯真品第六》：「乘慧劍，殺怨賊⋯⋯把魔王，逼拶的膽戰心驚。
好一個，大丈夫，高強了地；不顧生，不顧死，戰退魔軍。」

[20] 存佔住天下⋯⋯——這兩句原抄本與以上十言韻文連寫，誤。按寶卷體
例，這兩句話應是十言韻文之後的偈贊，故上句的句式為五、五，並非
三、三、四。「存佔住天下，殺不平之人」這兩句話的氣勢雄偉，一字千
鈞。它是龍天道的兩句革命口號。

[21] 有福德⋯⋯——這裏再一次強調能入道，遇見《家譜寶卷》，必須是有福
德的人，從而說明其可貴。《泰山東嶽十王寶卷·呂祖立地基分第五》：「舍

〔傍妝台〕[22]唱云：

好傷情[23]，賢良子，各（個）個不找尋。燒香、打坐、用功、白費心。末劫年，精靈瞞（滿）世行。巡門遶戶，你可難躲避，不遇《家譜》一場空。

思量起來好傷歎，殺人賊難躲避，著（找）尋著知識救殘生。眾賢良，末劫時年至，今放次[24]，空（恐）怕賢良，失迷了道路，這才古傳留《家譜》。賢良找尋著知識、代寶，就是真傳實授，能以躲了無場（常）[25]。

皇胎子，痛悲傷，怕只怕，劫數到是一場空。眾賢良，持五

資財，同結果，各人福德；皇爺家，能費了，咱的幾文。」「有福德」也作「有福的」，義同。《巍巍不動太山深根結果寶卷‧這妙法不著無量大福遇不著品第三》：「這個妙法不著無量大福不得遇著妙法。有緣千里來相會，無緣對面不相逢。薄福小人，遇著也不參道。」

[22] 〔傍妝台〕——民間曲牌名。據《九宮大成譜》〔傍妝台〕的正格字數是七、七、七、七、七、三、三、三、七共九句五十一字，這裏已完全走樣。

[23] 好傷情——這類詞語在寶卷中多用於韻文的開頭，特別是曲牌的開頭。這是因為無生老母或其他辦道佛祖看到皇胎兒女不好招喚，所以生出這種感情。《家譜寶卷》後部的前兩品由於著重分析當前形勢，講道理較少，這一品重點是講道理，所以應用了這種慣用的形式。這一曲牌的下兩關還用了「好傷歎」、「痛悲傷」。《藥師如來本願功德寶卷》（不分品）：「子母相逢痛傷情，猶如枯木再逢春。」《清源妙道顯化真君二郎寶卷‧老祖顯化品》：「老祖歎，好傷慘，迷人不認母親娘。」

[24] 今放次——疑有錯誤，如作「這一次」解可通。

[25] 無場（常）——世俗謂陰間閻羅王派來勾攝生魂的鬼使。《鎖釋印空實際寶卷‧覓道菩薩勇猛品第二》：「無常至，好傷悲，一失人身萬劫裏，串輪回。」

戒，要不找尋《家譜》，〔休〕祥（想）修行。不善通道[26]，不拜龍天，不叩頭，妖精在世難躲藏。卻說龍天道道不真[27]，愚癡子，早放（訪）尋。你不曉的（得）未來後事枉度人。

眾頭行，誰是領眾[28]？在（再）不謗（訪）尋未來的寶貝、經書、代寶，在（再）不訪尋知識、代寶[29]。真傳實授之人，他能知道《家譜寶卷》來蹤去路。你有（要）訪尋著代寶、瑚璋、手卷、文表，真是佛寶在世存，妖魔見了影無蹤。

世上的領袖眾頭行，許多不三[30]，千魔萬怪，巡門遠（遶）戶，當作知識，到後來都要閃定下去。賢良善人細細聽[31]

---

[26] 不善通道──「通道」，作者自造的詞，即修道。「不善通道」意為不好好修道。

[27] 卻說龍天道道不真──「卻說」，河北西南部方言，猶偏說、非說、硬說、反說、誰說。全句意為指責某些道外人對龍天的誹謗。《銷釋接續蓮宗寶卷·紅梅八枝品第二十六》：「小乘之人退了道，反說祖家道不真。」

[28] 眾頭行，誰是領眾──頭行、領眾是白蓮教某些支派所用職稱，頭行高於領眾。如龍天道分四會，每會的領袖稱為頭行，會下再分小的基層組織，負責人即稱領眾。《古佛天真考證龍華寶經·末劫眾生品第十八》：「吩咐三宗五派頭行，九杆十八支領眾，都到祖意經堂聽祖傳法。」

[29] 在（再）不謗（訪）尋……──這裏連續兩個假設關係的複合句分句「（如果）再不訪尋……」，但都只有上半個分句，而沒有下半分句，即「那就……」，疑有脫漏。

[30] 許多不三──疑有脫漏，「不三」如作「不三不四」解可通。

[31] 世上的領袖……──這是〔傍妝台〕曲牌的最後一闋，也是全卷的結尾。內容很重要，是作者對信徒們的最後一段告誡。他說：世上那些自命為領袖、頭行的人，有許多是不三不四的人，他們實際上是千魔萬怪，他們也在巡門遶戶地冒充是受過天命的傳道師（知識），你們將來都會吃他們的虧，賢良善人們：你們要小心了！

《家譜寶卷》後部七、八、九品研究

一、兩種不同性質的寶卷

寶卷的名稱初見於明正德年間，極盛時代是萬曆崇禎等朝。它是被當時流行的一些白蓮教派數以百計的秘密宗教如無為教、大乘教、紅陽教、龍天教、收源教、圓頓教、金丹道等所利用的經典。

當時這種秘密宗教分支繁多，它們基本上可區別為兩種類型，一種是流傳在民間的，這是原始形式的秘密宗教；一種進入了社會上層，直到朝廷裏的一些中下層人士之間，如太后、妃子、公主、太監、宮女等，這是變了質的秘密宗教。在此以前，自東漢五斗米道以下，歷代莫不皆有秘密宗教的傳播。它們大都是潛流在民間的，很少公開印造經卷，所以明代以前的，屬於秘密宗教本身的經典，不論是抄本或印本迄未發現過——不是根本沒有。明代的秘密宗教，隨著它們的空前盛傳，大量產生了自己的經典，例如成化年間就曾因「擒獲妖人」，一次就追出八十三種「妖書圖本」來，並將其名目「榜示天下，以曉喻愚民」（余繼登：《典故紀聞》卷15）。正德年以後，秘密宗教的傳播更盛，在

經卷的編寫方面，由於受到傳統的變文、說經、詞曲、戲文以及民間說唱形式的技藝的影響，體制為之一變，這就是雜糅說白、七言韻文、十言韻文，及詞調（曲牌）於一體的「寶卷」。

上述兩種類型的秘密宗教都有這種寶卷。其進入社會上層的一類，由於地位變了，他們擁有一些粗識文墨的信徒和印刷機構——官方的「經廠」，坊間的「經房」、「刻字鋪」之類，又得到那些上層人物們的資助，因此其寶卷都是刊版印造的，今天所能見到的大約一百種多些的明版——「經廠本」的寶卷就是這一類（清初還有這種刊本）。它們印製得非常精美，經皮卷套（有的是摺裝）都用錦鍛裱褙，首尾大多刻印神像和「當今皇帝萬歲萬萬歲」的龕式龍牌（有的是泥金寫繪的），空白多加尾花點綴。字體款式也無異於經廠本的佛、道教經典。這種寶卷的內容自然不能違背統治者利用宗教愚化人民的宗旨如單純地說一些天運將變，大劫臨頭，無生老母、彌勒佛降世，開道救渡善信，信道者能升真空家鄉以及一些荒誕不經的、宿命論的道理，以誘使信徒盲目向善，妄想超升，看不到有什麼積極意義在內。再就是一些對皇帝以及朝廷文武官吏的極盡其諂媚之能事的歌頌文字[1]，那就更為

---

[1] 《苦功悟道卷・卷首》：「倚托天地覆載，父母生身，食著國王水土、五穀、道糧，護國功臣，文武大臣護法，以此我得安穩參道。」《弘陽秘妙顯性結果經・卷首》：「上祝皇天聖壽，下祈萬民納福，聖主洪福齊天，才有出世明師。」《混元紅陽飄高祖臨凡經・開經偈》：「皇圖永固千千載，帝道遐昌萬萬春。一報大明山河穩，二報勳臣定府恩，不是我王龍牌護，誰敢發心轉法輪。不是定府國公護，誰敢天下普流通。文武大臣來護教，成佛功德永無窮。」《太陽開天立極億化諸佛歸一寶卷・太陽化諸佛如來歸一品第三十六》：「上天不負男兒志，《出身寶卷》代天題，幸際康熙真明主，丁未孟春上元期……康熙主，有道君，《出身寶卷》下天宮。」

無聊了。

而那種仍然留在民間的秘密宗教，所用寶卷則只能是抄本，這是由於他們常要以之做為策動起義的宣傳品，其內容充滿革命、反抗意識，而且他們沒有什麼知識份子，所編詞句自然都是粗鄙不文、錯訛百出的。既不可能刊版印行，也就很難流傳和保存。另外，在官方查禁一些犯上作亂的秘密宗教組織時，如果啟獲了這種抄本寶卷，發現了它的那些「狂悖已極」的內容後，常是十分震動，以至皇帝也要親自過問，興師動眾地「務期銷除淨盡」[2]，這也是這類抄本寶卷不易存世的原因。所以今天除了在一些實錄、上諭、奏摺、案犯供詞、筆記之類的文獻資料中尚能窺見其一鱗斗爪[3]之外，如果還能見到比較完整的這類寶卷，縱

---

[2] 嘉慶二十年直隸總督那彥成在盧龍縣王克勤家剿出一本《三教應劫總觀通書》（按：一作《三佛應劫統觀通書》，這也是一種抄本寶卷），發現其中「詞語狂悖已極」。這件事驚動了嘉慶皇帝，連下上諭叫各地總督、巡撫張貼告示，收繳這部寶卷，結果一無所獲，只是在各地繳到一些其他抄本、刊本寶卷，事見嘉慶二十年《諭直隸等省出示收繳〈三教應劫總觀通書〉》等上諭、奏摺（《清代檔案史料叢編》第三輯。中華書局，1979年版）。

[3] 嘉慶二十年《諭那彥成將石佛口王姓為首傳教者照律問擬》這篇上諭曾引出從案犯王克勤家中啟獲的《三教應劫總觀通書》裏的幾句話：「清朝以盡，四正文佛落在王門；胡人盡，何人登基；日月復來屬大明，牛八原來是土星。」嘉慶皇帝還說：「前年林清滋事，持此書惑眾，揚言為應劫起事。……方榮升偽造《萬年書》，亦由此邪說而起。」（《清代檔案史料叢編》第三輯，第36頁）這幾句引自卷中的話，雖然已經被支解，但它依舊保存了策動農民起義的抄本寶卷的原始風貌。請與《家譜寶卷》後部第七、八、九品中相應的幾段文字來做一對照，如：「說牛八大數急盡，有木子，去投凡，紫微大帝，四正佛，親口選。」「你不信，看戊寅，都是胡兵。」「不久得，紫微星，困住北京。」

使是後代的過錄本，也是難能可貴的。四十年來我所收藏和見知的寶卷一類白蓮教派秘密宗教的經卷都數千卷，然屬於這樣性質的甚鮮，《家譜寶卷》後部就是其中之一，而且是年代最早的一部。（有的抄本寶卷是從印本過錄的，這裏說的不是那一種）

舉個具體例證來說明上述兩種不同性質的寶卷的區別。如白蓮教派一些秘密宗教中都有紫微星下凡時將由二十八宿、九曜星等保駕，紫微星將登皇位，各星宿就是滿朝文武這種說法，而在已經進入朝廷的教派的印本寶卷和仍在民間策動農民起義的抄本寶卷中就完全是性質不同的兩種解釋。前者例如黃天道的《普靜如來鑰匙寶卷·鑰匙如來開雷音分第二十六》：

> 度皇宮，他本是護國人佛，在世間，受磨難，諸佛回宮。
> 文武官，俱都是隨佛下降，二十八，宿將神，九曜星君。
> 滿朝內，都是那，諸佛諸祖，飲珍饈，吃百味，隨下生靈。
> 諸佛祖在世間，受難萬載，按天堂，修宅舍，九品蓮宮。

從這段話可以看出黃天道必然已經打入皇宮，他們說皇帝是「護國人佛」降世，文武百官是隨佛降世的星宿，但因他們都曾在人間「受難萬載」，所以現在就該當他們飲珍饈，吃百味，按天堂修宅舍。很顯然，這是黃天道在為統治階級的驕奢淫逸來辯解。與此相反，同樣是這種說教到了龍天道的《家譜寶卷》裏就完全變了樣。它說：

> 癸巳年上才落凡，二十八宿（下文還提到九曜星）保住大駕來坐中天，四正佛，親口選，叫皇胎，來引（飲）天廚飯。

這句話很樸素，它在號召入教的所有皇胎，大家都來擁戴那位紫

微星李自成的大駕（詳後），並且共同去享用天廚的盛饌。

又，還是這位李自成，在《家譜寶卷》後部裏就尊稱為紫微星、真主、木子、十八一了；在另外一部也是策動過農民革命的抄本寶卷《定劫寶卷》裏則尊稱之為「姓李諱自成為之王……」、「李王」、「十八孩兒兌上生（坐）」。而變了質的進入社會上層的秘密宗教所編印的寶卷《佛說崇禎爺賓天十忠臣盡節寶卷》稱李自成為「逆叛」、「奸雄」、「賊寇」「賊李自成」。可見統治者和農民的兩種性質不同宗教及其經卷的階級性是多麼鮮明。

那種印本寶卷後來也曾大量流入社會下層的秘密宗教之中（一般也只限在其宗教組織的領導集團當中，廣大信眾是不大可能見到的），因此，特別是清代以來，官方在剿辦秘密宗教組織時，也常能啟獲這種寶卷。辦案的官吏們往往認為它是和那種「狂悖已極」的抄本寶卷同樣性質的東西，及至看了它們的內容，才發現原來根本不是一回事，題本奏報時也只得承認：「奴才伏查此類經卷，尚無悖逆詞語」，或是耍上一個筆花[4]，馬虎了事。有時皇帝非要看看實物，於是諭令封送京師，及至經過「宸覽」，也是一樣感覺。於是又只好貯庫存檔。至今我們還能見到一些這類奏摺、硃批中附有這種印本寶卷原件的，大半就是這樣來的。

---

[4] 嘉慶二十一年《直隸布政使錢臻為送交查獲佛經事致軍機處呈文》說錢臻在灤州石佛口一座破廟裏發現了五種寶卷：《銷釋木人開山寶卷》、《觀世音菩薩普渡授記皈家寶卷》、《銷釋收圓行覺寶卷》、《銷釋顯性寶卷》、《銷釋圓通寶卷》，收繳後封送軍機處。按這五種寶卷都是明末或清初刊本，現均存世。錢臻在呈文中說這五部寶卷「語多荒謬」，這顯示了他的遣詞是很有分寸的，因為這五部寶卷都是那種變了質的印本寶卷，他找不出什麼「狂悖」、「邪悖」、「狂妄」、「違礙」、「違逆」的內容，因此只好說了個「荒謬」蒙混過去（《清代檔案史料叢編》第三輯，第59頁）。

　　這個事實也同樣給予我們的治農民起義史的同志們留下一個難題，即當他們要找出那些明明是「尚無悖逆詞語」或至多是「語多荒謬」的印本寶卷和那些可歌可泣的旨在推翻皇帝、反抗封建統治以至帝國主義的英勇戰鬥的史實之間究竟有什麼內在聯繫時，往往也是無從索解的。儘管有人也曾從宗教思想的角度，引據一些哲學理論，參比著佛、道等宗教的教義，甚或以外國歷史上發生的由宗教策動的戰爭為例，試圖分析那些印本寶卷以及其他文獻中關於秘密宗教的記載，從而得出一些結論，如認為秘密宗教不同於一般的正規宗教，它是潛流於民間下層的，是維護農民階級利益的，有人民性的，有革命性的，或是與此相反，認為農民起義與宗教沒有什麼關係，但是，這樣的論證過程只能是從理論到理論，有時還是想當然的，所以是沒有什麼說服力或容易引致爭議的。殊不知這個問題是完全可以從明清時代流傳於民間秘密宗教的抄本寶卷內容得到完滿解決的。在這個方面，《家譜寶卷》後部為我們做出了獨到的貢獻。

二、《家譜寶卷》是龍天道的經卷

　　判斷一部寶卷是屬於哪種秘密宗教的，首先應該掌握秘密宗教或寶卷的某些特點，譬如白蓮教派各種秘密宗教的名稱大部分是來源於代表白蓮教教義中一些基本概念的專用名詞。常常是一位佈道者由於他對某些教義有著特殊心得，因此在他佈道時或編寫寶卷時對某些名詞就用得特別多，久之，其中的一個（有時還是兩三個）就成了它的教名（或形成一教多名）了。有時在一本寶卷中經常使用的某些名詞並不十分集中，這就還要根據其他條

件來判斷[5]。

秘密宗教（其實不只秘密宗教）中還有一種現象，即它要提高自己的威信以招徠徒眾，就不惜貶抑或詆謗其他教派，最後的結論是：別的都假，唯有他真。如河南淮陽白蓮教支派真空道的一個佛堂裏有一副對聯：「人和天地人六合中齊來復本；道參儒釋道三教外獨立為尊。」就充分體現了這種精神。有時我們也可以利用這個特點來判斷一種寶卷的歸屬。[6]。

《家譜寶卷》後部是屬於哪種秘密宗教的呢？卷中沒有說明，試根據上述兩種方法進行一些分析。

《家譜寶卷》後部各品中都有這樣的話：

> 下了馬，燒香拜，謝〔謝〕龍天。
>
> 看《家譜》，應時年，前程早進；拜知識，求龍天，保佑安寧。……五方動，有准應，皇胎可信；拜龍天，才得了。寶貝合同。

---

[5]　《三祖行腳因由寶卷》說：「羅祖自歎，為人在世，有甚風光。我今在此流浪家鄉，不免拜謝龍天，我今名下軍丁退了，子孫頂當，一心修行辦道，頓悟真經，忽然悟出無為真人，心花發現。」這段話中一次提到「龍天」，一次提到「頓悟」，一次提到「無為」，按龍天，頓悟、無為都是明末秘密宗教的名稱，但因它還提到羅祖，羅祖是無為教的，因此可以斷定它是無為教的寶卷。

[6]　《修行原由》（別題《祖派源流》）卷下，《道魔源流》中說：「三花五氣，魔黨疊出，難以盡敘，分為四十八門，皆稱『金丹』。……第六囑，認道魔，修行捷徑，切不可，信魔話，便宜難成。假五行，假西華，三花莫信，假彌勒，假收圓莫後胡行。」根據這段話，再參照卷中許多「壇訓」的降壇時期和地點，就可以斷定這本經卷是屬於清末流行於河北、山東各地的金丹道（又稱金丹八卦教）的。

　　囑咐你，賢良們，加工進步；拜龍天，皇胎子，各爭功
成。

　　不拜龍天不叩頭，妖精在世難躲藏。卻說龍天道，道不
真，愚癡子，早訪尋。

　　這幾段話裏多次提出「拜龍天」、「龍天道」字樣，按「龍天」
一詞在其他寶卷裏這樣連續使用的情形較為少見，可能這和《家
譜寶卷》所屬的教派名稱或中心神靈是有關係的。又按，明末所
流行宗教確有龍天道（教）一種，而文獻記載中甚為稀見，只是
在個別奏摺、上諭中偶見提及。如《明實錄》神宗萬曆四十六年
九月庚戌條掌河南道事、御史房壯麗在奏摺中說：「當今綱紀淩
夷，風俗怙侈，把棍遊僧，橫行充斥。……大乘、無為、龍天等
教，無處無之。」而某些寶卷裏卻有提及的。如在《古佛天真考
證龍華寶經》的《天真收圓品第二十三》中說：

　　龍天教，立法門，度下兒女，米菩薩領徒眾，龍華相逢。

　　另一種寶卷《銷釋接續蓮宗寶卷》的《紅梅六枝品第二十四》
中也說：

　　龍天道度下會首，米老母認祖皈宗。……龍天傳修行，
拜香發願文。

　　如果上述的判斷是對的，那麼上引奏摺裏《龍華寶經》和《蓮
宗寶卷》裏說的龍天教與《家譜寶卷》後部裏說的龍天道就是一
回事。又，《家譜寶卷》後部裏十分強調「下馬燒香」、「好好燒
香」、「下了馬燒香拜」、「夜晚念佛」。這與《蓮宗寶卷》所說的
龍天道的特點是「拜香發願文」（該卷第二十四品中分別介紹了

各種教派的特點，如說西大乘教最重坐功運氣，皇天教最重採補，……）恰好是一致的，因此越發可以證明《家譜寶卷》可能是龍天教的經卷。只可惜龍天教的教主米菩薩或米老母在卷中沒有什麼反映（卷中有幾處「老母」或「母」字樣，有的固然可以解釋為「米老母」，有的則只能解釋為「無生老母」，既然如此，還是把它統一於後者為是），否則我們就可以做出完全肯定的判斷了。

那末，這部寶卷是否還會屬於其他秘密宗教呢？是的。它所屬的教派名稱還可能是收源教。先請複按《家譜寶卷》後部的目錄：

三十六位假收源第十一品

第十品以下是闕文的，但一望便知其「三十六位假收源」的內容一定是說別的收源教都是假的，只有他這個收源教才是真的。但這個證據畢竟不如前者為有力，因此我認為這部寶卷寧可說它是屬於龍天道的[7]。

如所周知，明清時代白蓮教派各種秘密宗教的名稱十分混亂，宗支關係十分錯綜複雜，是一個很不容易理清的問題。那麼，龍天道和收源教又有什麼關係呢？是否它們本來就是一個教派的兩個名稱呢？這種可能是不能排除的。因為白蓮教的教義中主

---

[7] 《家譜寶卷》後部本來是我得自混元門即紅陽教的，這裏又說它是屬於龍天道的，這並不矛盾。因為明清以來的秘密宗教都是白蓮教的各種支派，它們所宣傳的教義內容大同小異，所用經卷更是彼此通假，而且持有者大多不識之無，並不深究是哪個教派的，只知道是祖輩傳下的「天書」、「真經」，秘藏起來就夠了。因此晚近時期各種民間秘密宗教中相容並蓄各派所用經卷的情況較以前為尤甚。

要的一條就是：無生老母在三期末劫的時候派下彌勒佛來救渡九十二億皇胎兒女都得回到真空家鄉去歸根認母，這就是「收圓」，或叫「總收圓」。辦理收圓任務的就是收圓教。這個「圓」字後來又轉變成「源」、「元」、「緣」，所以又出現了「收源教」、「收元教」、「收緣教」等名稱。由於白蓮教的各種教派都信奉這條教義，所以他們不論稱為什麼教，也都不排斥「收圓」這個字樣，有些多名的教派，本名之外的別名即多有叫收圓教的。但他們的習慣又都是誇稱自己的教是真傳的、正統的，別的教都是左道旁門，小教雜法，因此又都以辦理總收圓為己任。《家譜寶卷》後部將來如能發現其他證據（如找到了後五品），證明它確屬「收源教」的，當然那是最準確的。否則那就是說龍天道也是號稱辦理總收圓的「收源教」而排斥其他「三十六種假收源」的一個教派。

三、《家譜寶卷》後部七、八、九品
可視為一部完整的著作

我所得到的《家譜寶卷》後部七、八、九品是一個殘本，它既缺前六品，又缺後五品，而只有後部的前三品。我當然希望所缺的部分是存世的，將來還會發現，但在沒有發現之前，則我認為這個殘本是完全可以做為一個完整的著作來看待的。何以言之？先就所缺的前六品和後五品問題做些分析。

卷中說：「《家譜寶卷》，嘉靖年間傳開抄寫」，雖然在民間秘密宗教中作偽、托古是他們慣用手法，雖然《家譜寶卷》後部的三品中所記都是明末十來年間的事，而這句話也不能完全視為偽

託之詞。因為《家譜寶卷》要分為前部、後部，很可能是由於並非成於一個時期，這裏說的嘉靖年間（1522－1566），焉知它不是其前部的成書年代？查嘉靖年間正是白蓮教派各種秘密宗教方興未艾的時期，龍天道興起於何時文獻不足，它的名字在萬曆晚期的一通奏摺中出現過，在寫於明末刊於清初的寶卷《古佛天真考證龍華寶經》和《銷釋接續蓮宗寶卷》中出現過，《家譜寶卷》後部也提到了「龍天道」字樣，而且說：「《家譜寶卷》，嘉靖年間傳開抄寫」，據此我認為可以斷定龍天道即興起於嘉靖年間或略早一些，它的經典就是《家譜寶卷》或者叫《家譜寶卷前部》。但這個「前部」的內容、性質與「後部」不會是雷同的，因為嘉靖年間及其前後創興的一些教派安善的居多，當時寫作寶卷蔚為風氣，由於國家承平，內容屬於勸懲的居多；而且，據後文的考證《家譜寶卷》後部成於崇禎十七年（1644）年初，與其「前部」相去已經百年上下，因此除了它們的名稱相同，同屬龍天道的經卷這一點之外，很可能是兩部各不相屬的著作。

至於《家譜寶卷》後部的後五品，我認為本來就不一定有，後五品的存目只是作者的寫作計畫，未及屬文就罷手了。理由是：第一，僅就其前三品來看，雖然它的文字水準和邏輯性都很低劣，但它有頭有尾，包羅宏富，說理清晰，思想性很強，可以視為一部結構完整的獨立的著作；第二，它是一種一時性的號召群眾參加革命的宣傳品，必然是在不很長的時間內完成的「急救章」[8]或「討賊檄文」[9]，不可能寫得太長；第三，從存目看，

---

[8] 這部寶卷占了將近萬字的篇幅，內容十分豐富，涉及的問題很廣，作者又非知識份子，如果說它是一個在不很長的時間內完成的「急就章」，這可能嗎？回答是：可能。原來白蓮教派各種秘密宗教的傳道師們（包括

其後五品的內容於前三品中基本上都已涉及，因此就無庸詞費了。

下面再看一下《家譜寶卷》後部前三品的具體內容，以說明它確實可以視為一個完整的獨立的作品。

在前三品之前有一段「應驗後事」，它是一個卷首，類似序言，又似總綱，十分簡煉地說明了這部寶卷的寫作目的和所預期

晚近時期我親眼見到過的這種人）大半是一些資質慧黠的人物，他們講起道來常是口若懸河、滔滔不絕，而且極富辯才；他們不只使用白文，還有韻文，不只說念，有時還要唱。黃育楩在《破邪詳辯》卷3《邪經之演戲》中對於這一點就有所反映，他說這種人在宣讀寶卷時像唱「蓮花落」、打「什不閑」的一樣。《家譜寶卷》後部雖是道內的一種秘籍，似乎應該精彫細刻，但從其中某些文字來看，絕類這種傳道師所宣講的內容和所用語言，因此可以肯定這部寶卷就是他們「宣卷」時的腳本，也可說是他們的宣講紀錄。他們紀錄或編寫這種東西時一般速度很快（印本寶卷不可能這樣），有時下筆千言不能自休，在特殊緊急的情況下，托稱神靈附體或扶乩時更快，像這樣一個不加文字修飾的原始紀錄式的本子，是很可能在不長的時間內揮灑而成的。

[9] 在農民起義時，發出「討賊檄文」之類的文件以號召群眾、鼓勵士氣、製造輿論、打擊敵人是常見的事。如《萬曆武功錄》卷1，《王登列傳》載：王登，東昌人也。與邑中子黃恩、李茂禎、董明池善，居恒謀欲反。會丙戌星變（按：丙戌為萬曆十四年，1586年，《明史·天文志·星變》是年無記），歲大旱，登等相與謀曰：以此時起可乎？於是黃恩以左道惑里中，而明池乃為檄。檄大書軍情密柬，即付梓人彫之。從《家譜寶卷》後部看，它既有黃恩「惑里中」的「左道」之類的內容，又有董明池「大書軍情密柬」之類的內容。董檄文付梓了，必是由於字數不多，文字比較考究；《家譜寶卷》後部只有四部抄本，因為它的篇幅還是太長（雖然只有萬言），而且錯誤百出，義例難通。但二者的性質卻是一樣的，它們都是臨時寫起來的討賊檄文。

的效果。它說，這部《家譜寶卷》後部是「諸佛產業之骨髓」，如果能把「經有之理，細參細解」，並且「勇猛急急」、「恒心支住」就能「永在天堂，再也不臨凡了」。按這種「應驗後事」的形式在白蓮教的寶卷中很少見，而是多見於民間流傳的宗教性的勸懲書即善書中，《家譜寶卷》後部採用了這種形式，說明作者為了迅速取得效果是能夠俱收並蓄的。

以下就開始了本文《時年有准顯應第七品》，在這一品的白文部分作者首先交代了這是他在「洩漏天機」，什麼天機？就是當前「虎狼相爭，風雨不調，天下作反，蓋世不安寧，人民遭劫，苦中只苦，百病齊侵……」的悲慘現實都是「二千五百年盡」，要交「下元甲子」，即「劫運」來臨，「牛八」就要退位的緣故。要怎樣躲過這場劫運？必須入道，「一人進道、值得黃金萬兩」，還要「收住《家譜》」，「這才能過三災八難」。最後由二十八宿保住「真主」一統天下，在燕南趙北「立下新京」、「放下雲城」，彌勒佛將降臨世上，那就是一個理想的「白陽世界」了。在這一品裏還提出了一個重要問題，即作者鼓動信徒們在遵守一定的紀律和存在好心田的條件下必須去搶奪，這樣不僅能夠沾到實惠，還可以「名揚四海」。因此卷中反復宣佈了很多條紀律和注意事項。

在這一品的十言韻文部分，又以編年體列舉各年度所發生的歷史事件，計自甲子年（天啟四年，1624 年）直到戊寅年（清康熙三十七年，1698 年）。由於這部寶卷寫於甲申年（崇禎十七年）初，所以在此以前部分確是「時年有準」或較準的，以後部分就不準或很不準了。曲牌〔駐雲飛〕部分共是九番，也是以年次為序，計自甲申到甲午共十年，這部分因為都是預言，除了復述前面所列舉的事實，如「又是木子，又是胡兵，又是土寇，淨是作

反。善女子被惡人搶去，又一處餓死人……」之類外，大半都是宗教性的語言，這類語言看來像是無稽之談，而對於當時的信徒和一般知識不多的群眾來說，卻能起著極大的宣傳鼓動作用。如它竭力宣揚三災八難到來後的恐怖情景，只有入了道，接受了無生老母臨凡傳留的「真查號」才能超生了死。更要警惕不要誤入外教旁門，一定看準了是「木子」的道才進。「木子」是「四正佛」親自選派的真主，進了他的道，現在可以一起「來飲天廚飯」，將來可以在龍華大會上與無生老母團聚。這一段說教十分重要，這九番〔駐雲飛〕可以視為這部寶卷的核心。

《時年印號有准第八品》，這一品的主要內容也是以編年體，敘述一些社會上傳聞的怪異現象，作者稱這些現象為「印號」即徵兆或跡象，它預示著將要發生的某種事變，而且一定會很準確。實際上這一品的內容早已超出這個範圍而是涉及許多現實問題，特別是義軍動向問題，即它不僅是宣傳鼓動，還揭示了參加革命之後的具體行動方案。

所謂「印號」，並不限於「六月霜降」、「石獅生毛」、「神狼遍地」、「門上貼烏牛、弓箭」之類，而是包括各地連年地震，黃河決口，旱澇不收，物價上漲，苛雜加派，夫妻、父子相食，清軍進擾，遍地土寇等等。如何可以解脫這些災難？那就是「皇胎急急找尋一條出身之路，找尋《家譜》，訪求知識，代寶、合同」——還是入道，即參加革命隊伍。然後「再打鄭州地面。名山洞府，好躲避家眷苦難橫死之災」——安頓好家屬。以後就是「單等到來」——紫微星李自成的義軍到來，再隨著「木子行兵，大鬧幽州」。

在十言的韻文部分主要是結合「印號」來敘述天災人禍，民不聊生的種種事實，其中值得注意的是作者介紹了李自成起義軍

別部的兩條行軍路線，這是足可供治明末農民戰爭史者參考的重要資料。最後再一次申明革命勝利後即將在離北京七百里的地方，即以趙州為中心的地區「立下新京」，「放下雲城」。

在曲牌〔耍孩兒〕部分共是四番，前兩番都是說的「江湖河海，一齊反亂」，「五百年間天下亂」，「以後都是一樣反亂年」，「世界大亂」，「又動刀兵大亂」，第三番重點敘述了清軍進擾山東和「通州阻糧」的事，第四番則是指出李自成到來後，各路大軍將打下北京的光明前景。

《妖邪正在世間第九品》是三品寫得最為簡煉的一品，篇幅尚不及前兩品之半。這一品的特點是由始至終一直扣緊主題——當前的世界是一個「精靈滿世行」的世界，必須入道即參加革命才「能以躲了無常」。值得稱道的是這一品的曲牌〔傍妝台〕部分的最後一番，也是全部寶卷的最後一段，它語重心長地指出，在打下北京，拿住「牛八」之後一定要注意那些冒濫「知識」的假革命，他們實際上是些不三不四的「千魔萬怪」，他們招搖過市。如不警惕，早晚會吃他們的虧！在三百六十年之前，駐在趙州、真定、平山一帶的這支起義軍，在即將拿下北京勝利在望之際，他們的領袖對其下屬和戰士居然也能發出這樣的諄諄告誡，實在是難得可貴的了。從結構上說，這樣一個有力的結尾，嘎然而止地煞住了全文，由於它的戰鬥性很強，益發烘托了全部寶卷的戰鬥氣氛，卷中本來有些十分鬆散或是邏輯不通之處，也因而顯得緊湊起來。我之所以認為《家譜寶卷》後部前三品可以視為一個有頭有尾、結構嚴謹的獨立作品，這也是其中的一個理由。

至於它的後五品，從存目所能推測到的內容，可以說基本上都已在前三品中有所涉及。例如《雲城聖地落下》，即在前三品中每品都曾提到，「立下新京，放下雲城」，「好赴雲城」，還有與

雲城同意的「金階」、「龍華大會」，也曾多次出現。又如《三十六位假收源》，雖然前三品中未見這個數字，卻多次提到「七十二旁門」、「七十二教像」以及「憂愁外教門」等等，其意義自然是相同的。《休失同壇牒表瑚璋藥珥收源》及以下兩品的同樣詞語在前三品中也曾多次提到，雖然「同壇」一詞未見，但「有分皇胎」、「眾賢良」、「實善兒孫」等這些代表多數教徒的用語實際上就是同壇的意思了。

我並不認為後五品一定是作者未及著筆就罷手了，我希望他已經寫出來，不定哪天就能找到它。但我們並不需要「雲城聖地」、「三十六位假收源」之類的說教，這些東西在其他白蓮教的寶卷中已經是歷歷言之了，需要的是夾雜在那些東西當中的鼓吹革命的內容和紀錄現實，分析形勢的內容，這是不見於一般寶卷中的寶貴資料。

為了更好地理解和使用《家譜寶卷》後部中的資料，下面再就它的作者和寫作技巧做些分析。

龍天道可能創興於嘉靖年間或更早一些，傳到明末已有百年上下的歷史，《家譜寶卷》後部的作者當是一位克承師業的優秀傳人。他精通白蓮教的教義，全部作品始終沒有離開演講白蓮教，而且又能靈活運用，他根據當時的社會現實和政治的需要，主要是災荒、饑餓、反亂、異族入侵等等，宣傳了革命道理，以至釐定革命紀律、軍事方案。宗教與革命被他巧妙地結合在一起，在文字上有時固然像是「硬山擱檁」，但有時確實也能做到天衣無縫。《家譜寶卷》後部開創了前所未有的寶卷體例，成為後世利用宗教進行起義宣傳、撰著革命經卷的師範。

作者的文化水準不高，可能只具有在私塾裏讀過《論語》、《詩經》的學歷，這是從寶卷的第一句「夫看景止之法」看出來的，

這句話分明是用的「景行行止」的典故，出自《詩經》,《論語》裏也引用過。但作者卻有著特殊的才智，他的知識面很廣，不只是白蓮教和革命的道理，他還博通歷史、地理、政治、軍事、社會經濟直到天文曆算各種門類的學問。不但此也，作者儘管居於窮鄉僻壤，他竟是一位能夠洞察當前形勢，關心新聞報導的消息靈通人士，譬如卷中所記的許多有關義軍、土寇和清軍的動態，有關災情、地震以及社會傳聞等等，一般說都是比較確鑿的，也是比較及時的，有的就是當時的實錄。所以《家譜寶卷》後部的內容稱得上是包羅宏富了。

由於作者的文化水準不高，因而文理不通，邏輯混亂之處很多，這當然是個問題。但我們也必須看到，正是由於如此，作者才可以不假雕琢地、運用他所熟悉的樸素的語言（包括方言）盡情發揮。所以看來是嚕嗦、重複、顛倒，實際上都是聽者——廣大農民群眾所最容易和樂於接受的，它的效果只是使聽者不斷加深印象，有動於衷，最後則是跟上他行動起來。怎樣認識這個事實，是認為它「文辭淺俗，顛倒舛謬，不類聖人之旨」（《隋書‧經籍志》）而棄如蔽屣呢？還是當作三百六十年前純粹出自勞動人民之手的革命文獻而視同瑰寶呢？這是一個實質性的問題。

四、《家譜寶卷》後部七、八、九品
是秘密宗教教義與農民革命思想相結合的範例

以我所見，有些研究農民起義與秘密宗教關係問題的文章，其所以不能得到完滿的解釋或使人信服的結論原因即在於第一，對於指導我們研究宗教問題的理論不能做全面的理解，對於

這些理論所產生的依據也不深加研究，因此對於這些理論的應用時限和範圍也就不加考慮了。這就是某些偏激的結論的根源，如認為農民利用宗教發動起義是導致其失敗的主要原因，或是認為農民起義不可能由宗教來發動等等。第二，對於被封建官府或頑固的文人搞得支離破碎以至意在誣陷而偽造的秘密宗教資料信以為真，或是專門從那些印本寶卷，如《羅祖五部經》中去搜索策動農民起義的章句。這實在是一種緣木求魚的做法──刻印著「當今皇帝萬歲萬萬歲」的寶卷是怎麼也找不出把皇帝叫做「活殺人的」（「活該死的」、「挨千殺的」）這樣的字眼來的！這個問題，我想《家譜寶卷》後部是可以解決的。

從《家譜寶卷》後部的內容來分析，可以得到這樣一個結論：用宗教號召和組織起來的農民革命戰爭，宗教在其中起著很大的作用，它是這個革命戰爭的主宰、動力；不管這個革命戰爭是由於統治階級的昏庸腐朽，階級、民族壓迫，內憂外患，天災人禍……什麼原因而起，都被解釋為神的安排；這個革命戰爭的目的，即完遂其政治的、經濟的要求和願望，大都寓於其宗教教義之中；那些革命的領袖──倡教的祖師或傳道師，常是以神的名義號召人們參加革命隊伍，以至規定他們的組織紀律、行動綱領、進軍路線、戰鬥口號、建都地點，指示他的徒眾們應該擁戴誰、打倒誰；等等。革命和宗教原是可以很自然地、巧妙地結合在一起的。在沒有先進的階級及其政黨的領導，沒有科學的革命理論指導的時代，在某些農民革命戰爭中，宗教組織及其教義代替了它們的職能。以下試就幾個方面做些考察：(1)劫數和躲劫──革命與宗教相結合的根本契機；(2)用宗教形式規定了義軍的組織、紀律、戰鬥口號；(3)紫微與魔王──義軍的領袖與革命對像；(4)放下雲城──建立新社會的理想。

(1)卷中用了很多篇幅描寫起義當時的社會背景，和人民生活的痛楚情況，而這種現象全被解釋為天數或劫數使然。卷中說：「大數急盡」，「天降下，魔王出」，「遍地精靈」，「劫數來了嚇死人」，「水火風三災下界」，「人死大半」，「雞犬牛羊都要吃淨」，「末劫年……十三府州縣變做血坑」，「風雨不調」，「旱澇不收」，「五方齊動」，「百病齊侵」……

無生老母為了叫她的皇胎兒女，躲過這場劫數，就親自「臨凡下世」，並且叫「彌勒佛搭天橋」，又派了一位紫微星「木子」，由二十八宿保駕，呂純陽做「當頭將」，這個「木子」將要「坐中天」要「立下新京」，要叫這個「罪世界大變」！這些「天機」是怎樣傳播在人間的呢？就是由於「有老母，傳一部，《家譜寶卷》；曉四會，男和女，盡讀此文」。

要加入龍天道不是很簡單的事，因為「世上人倒准有七分人不跟老母行好修道」，因此首先他（她）必須被確認是一個皇胎兒女。判斷皇胎兒女的標準就是看他（她）是否是個「有緣人」，即使自覺地與龍天道裏的人接觸，能遇到「知識」（受過天命的傳道師），能遇到《家譜寶卷》，能履行入道的一些手續。卷中說：

> 有緣人，男共女，尋找《家譜》；訪知識，呈牒表，進表升文。《家譜卷》，骨髓經，天機洩漏；無緣人，遇不著，後會難逢。

所以龍天道的佈道方法不是公開的、廣泛地進行宣傳，而是很慎重地「各只單傳、暗行暗調」。更重要的是一定要叫這些有緣人們知道「旁門遠離，木子進道」，就是說必須認清是真正紫微星「木子」的道再進，進道就是「上法船」，上了「法船」才能「躲了三災八難見明王」。所謂「木子」的道，當然就是龍天道。進

了龍天道,實際上也就是參加了革命隊伍。

參加龍天道之後,還必須「勇猛急急」,「功上加功」除了燒香、念經、持齋、拜龍天這些必行的功課之外,第一要緊的是必須去搶奪。卷中說:

> 上馬掄槍,下馬燒香,雖說搶奪,善人實沾,家中名揚四海。……趁賊搶奪,好好燒香;借仗惡人,罪世界大變。……皇胎為寇,亦要搶奪。……白天放搶,夜晚念佛。……五葷人,到村莊,殺人放火;行善人,去放搶,積下陰功。……持齋人,上了馬,掄槍舞刀;下了馬,燒香拜,謝〔謝〕龍天。

這就是說搶奪是合法的,不只「善人實沾」其惠,而且「家中名揚四海」,還可以「積下陰功」,儘管是「皇胎為寇,亦要搶奪」。值得注意的是「趁賊搶奪」和「借仗惡人」,但又與「賊」和「惡人」有別,因為他們是不持齋的「五葷人」,他們不免要殺人放火,欺騙婦女,我們絕不允許。我們必須要在恪守許多嚴格的組織紀律的條件下才能進行搶奪,譬如「上馬掄槍,下馬燒香」,「白天放搶,夜晚念佛。」這樣搶奪與燒香、念經、持齋、行善這些本來是不能調合的矛盾就調合起來了。這是要躲避劫數、渡過三災八難,目前最迫切的解決活命問題的最現實最有效的辦法,那些無告的、嗷嗷待哺的「皇胎兒女」們怎麼會不像史書裏記載的「樂於影從」、「將盡為賊」呢?這就是革命與宗教互相結合的根本緣由。

(2)卷中還說:「《家譜寶卷》,為傳抄寫,……祝定天地,留傳四本,各會一本收住,好度皇胎兒女。」此外還有多處提到「四會」字樣,可知接受《家譜寶卷》後部宣傳的這一支龍天道組織

是分「四會」即四個戰鬥單位的。說這部寶卷只有四部抄本，也很可能，因為當時的時艱紙貴，會寫字的人不多，誰去抄寫？卷中又說：

> 這十四品，人少再看，怕洩漏天機，惹下禍殃。只是一二三人看，半夜再看。人多了要匪看，與他要十石糧。若到了甲申、乙酉年，白天黑夜看也無妨。

這段文字指出《家譜寶卷》十四品是義軍的「天機」即絕密資料，只允許極少數人在夜間才能看，保密的期限是甲申、乙酉年之前。卷中還宣佈了如下一些條款：

> 一不可殺害生靈；
> 二不可殺害黎民；……
> 休要放火殺人；
> 莫貪人家的財物；……
> 一休殺人；
> 二休放火
> 三休要欺騙婦女；
> 四休要婦女衣服；
> 五休要拋撒五穀。……
> 一不許殺生；
> 二不可放火；
> 三不許欺騙女人。

這些條款當然是義軍的紀律和注意事項，內容是對於殺人、放火、女人、財物、衣服、糧食各方面的一些規定，其中再三強調的是殺人、放火、女人三項，這些確實都是一支素質優良的部隊

所必須凜遵勿違的。《家譜寶卷》後部所以異於一般印本寶卷，這是重要標誌之一[10]。

有一個問題需要注意，即上文提過龍天道的信眾入道後是允許並且必須進行搶奪的，這與上列條款是否矛盾呢？沒有矛盾。而且如果與卷中開列這些條款的上下文聯繫起來看一下，就可知道這些條款恰恰就是為了鼓勵人們去搶奪所加的注腳，即不准搶的是財物、婦女、婦女的衣服，而五穀並沒說不准搶，自然就是准許搶，只是搶來之後，「休要拋撒五穀」。只要按照這個原則去搶奪，還要「各人心中定準主意」、「只在各人存心有意」，那就不僅搶奪是合法的，而且還是一種功德[11]，最後必然會「浮雲自

---

[10] 類似這樣的條款在印本寶卷裏也是有的，但與農民起義軍宣佈的紀律完全是兩回事。試舉《銷釋南無一乘彌陀授記歸家寶卷‧忠孝全德如來功行品第十》裏所引的一些條款來做一比較：

一不得殺生害命理；
二不得偷盜邪心起；
三不得淫欲失真道；
四不得捏怪妄戲語；
五不得吃肉並飲酒；
六不得斗秤將心昧；
七不得妄拜學邪法；
八不得狂言雜是非；
九不得嗔怒無膽（名）起；
十不得肆意傷天理。

[11] 秘密宗教組織號召徒眾起義時所宣佈的紀律裏允許並鼓勵去搶奪糧食不只龍天道為然，中國第一歷史檔案館所藏軍機處錄副奏摺中有一份告示，就是與龍天道同樣性質的組織所發，告示的開頭說：「示諭佛門引進（按：白蓮教派秘密宗教也常自稱『佛門』；『引進』猶『介紹人』）及弟

散，光明自現」，「保你准赴龍華三會」、「參見未來古佛（即彌勒佛）」，「才是年盡法滿，三陽世界。」簡單說吧，就是活著可以吃飽飯享幸福，死了可以上天堂了。革命軍隊的紀律本來是十分嚴肅的、十分現實的「人事」，這裏卻也變成了宗教性的律條。

卷中還有這樣十分重要的話：

> 只因為，五百年，遭下苦難；諸般佛，世上人，心中不平。
> 存佔住天下，殺不平之人！

這兩段話翻成白話第一段就是：因為又到五百年一次的劫數了，人們又要遭受那些魔王、精靈製造的苦難了，真是天怒人怨，憤憤不平啊！第二段是：要奪取並保衛住全國政權、鎮壓那些令人不平的人！這是多麼氣魄的戰鬥口號[12]啊！但是，它卻是在渲染

子人等知悉：照得時屆末劫，統蒙聖道普及，人天自應守分，保固姓（性）命，不致虧損。是以集眾一隊開列各條。嚴加管約，以便畫一協辦。特諭。」以下計開列紀律十條，其第七條是：「出陣焚屋搶糧，務依頭目號令，必須空出飽入，如有空身回營者，重責四十板。」（《康雍乾時期城鄉人民反抗鬥爭資料》，中華書局 1979 年版，第 734 頁）

[12] 「戰鬥口號」一語是現代語言，寶卷作者的頭腦裏當然不會有這個概念。這裏使用它是從俗。這一點必須加以說明，因為過去有人把陶宗儀《南村輟耕錄》裏的「《扶箕詩》」天遣魔軍殺不平，不平人殺不平人，不平人殺不平者，殺盡不平方太平」當成元末農民起義軍的戰鬥口號，有人就提出異議（見《歷史研究》1978 年第二期、1979 年第 4 期楊訥文，《中國農民戰爭史論叢》第三輯，1981 年，河南人民出版社，陳高華文）。《家譜寶卷》後部裏的「殺不平之人」恰好也與《扶箕詩》裏的詞語雷同，我怕也會有人把寶卷與扶箕等量齊觀而反對我的戰鬥口號說。殊不知《家譜寶卷》後部固然也有不少宗教迷信成份，但作者還是在神智清醒、洞

著濃厚的宗教色彩中提了出來的。

(3)卷中還有多處提到這樣一些話，它們雖也渲染著濃厚的宗教色彩，卻是說的他們要擁戴的領袖和要打倒的敵人：

> 木子當來，牛八退位。
>
> 說牛八大數急盡，有木子去投凡。紫微大帝、四正佛親口選。四正佛真主現，一切星宿保住大駕不遭難。
>
> 牛八王，過甲申，難過乙酉；……二十八，保真主，十八一了；呂純陽，當頭將，抖起威風。
>
>
> 潼關、山西、陝西紫微顯名，再打西來。
>
> 紫微星君大兵齊至正定府，駐紮太行山後；湖廣、四川、山東大兵齊至北京，拿住了牛八，京兵歸順，這活殺人的。
>
> 甲申年，乙酉歲，精靈大顯；紫微星，領雄兵，困住北京。

這裏說的牛八，十分明顯指的就是朱明王朝，他們說牛八王的大數急盡了，過了甲申也過不了乙酉了，還說牛八王是魔王、精靈、是「活殺人的」。按「牛八」一詞，有清一代在利用秘密宗教策動的反抗鬥爭中曾多次出現過，但那些大都是擁戴牛八以反清復

察革命形勢和充滿政治激情的條件下寫的；而扶箕，除了做偽的之外，一般都是術者在「人格變換」（chang of personality）情況下的一些「下意識」（subconciocusness）活動，其詞語與寶卷自是不可同日而語的。從而也說明一個問題，既然「殺不平之人」可以做為明末農民起義軍的戰鬥口號，而何其相似乃爾的「不平人殺不平人」云云就不能作為元末農民起義軍的戰鬥口號嗎？可見陶宗儀所記以及一些史家的指為戰鬥口號必也是事出有因的。

明的，這裏卻獨獨不然，它是反明的。

卷中說他們的真主是從西來的十八一了，說他是紫微星臨凡，是四正佛親口選的，護衛他的將軍們是二十八宿臨凡，先鋒官是呂純陽轉世。這裏所說的「十八一了」或「木子」從其時間、地點、人物以及其他條件來看，它不可能是指的其他姓李的，而只能是李自成。按「十八一了」、「十八子」或「木子」一詞在明清兩代由秘密宗教所發動的農民起義中也曾屢見不鮮，從明初開始即曾有所謂「十八子之讖」和「李繼朱之讖」（吳偉業，《綏寇紀略》卷 12），本來它們都是別有所指的，後來就附會為由唐裔（李）繼承明朝（朱）天下。此後自稱唐裔號召起義的領導層迭起，直到李自成起義時也曾使用了類似手法相號召，當也是這種流風所被。文秉《烈皇小識》記載：

> 十四年四月自成屯盧氏，盧氏舉人牛金星來歸，又薦卜者宋獻策，獻策長不滿三尺，見賊首陳圖讖云：「十八孩兒兒上坐，當從陝西得天下。」自成大喜，拜為軍師。（並見《明史·李自成傳》及《明季北略》）

因此《家譜寶卷》後部中把「十八一了」說成是紫微星降世，而且也說是從潼關、山西、陝西來的，與此是有所關聯的。

(4)卷中還有這樣一些話：

> 後有二十八宿保真主一統華佛（夷），燕南趙北立下新京，放下雲城。……
>
> 新京城，七百里，放下雲城。
>
> 母傳下，真妙意，趙州為聖地。
>
> 木子兵，盜真寶，還回西去。

第一段話如果把它做為宗教性的語言並聯繫它的下文來解釋，那就是紫微星等天上星宿將臨凡下世，「雲城」即將降臨在燕南趙北地區，即在那裏建立一個理想的、天堂般的世界。彌勒佛也會來到這裏總攬道盤，接受人們的朝拜，整個乾坤都將大變樣。這種思想很重要，它是白蓮教派秘密宗教的教義體系中的核心，這種思想是形成白蓮教教義體系的三個主要來源之一的摩尼教襲自古代歐洲的一些教派如猶太教、早期基督教等的教義而來，即所謂彌賽亞降世千年王國來臨等等。這種思想很容易被解釋為起義軍革命勝利後將建立一個新的理想的都城。這個都城是天上指派的或符合神意的。以下兩句話就更具體地指明這個新都將在離北京七百里的趙州一帶（按現制度量比七百里略少，依舊制則略多）。第四句是作者預斷李自成軍打進北京盜了真寶後並不想佔下，還要回西去。趙州一帶在北京的南偏西方向，可能他指的還是回到這裏建都。

《家譜寶卷》的作者和龍天道的會眾只是後來歸附自成軍的，他們自然不能左右自成的戰略部署，更不能代他選擇建都地點，他們所以在寶卷中這樣提出，這說明他們擁戴和宣傳李自成還是以他們自己的根據地、自己的宗教信仰為基礎的，他們世代紮根在這塊地方，他們熟悉這裏，熱愛這裏，他們選擇這個地點建都實際上是他們自己的思想，即他們有在這裏建立政權，並且「存佔住天下，殺不平之人」的理想。

從卷中一些敘述來看，寶卷的作者除了表示絕對推戴聲勢最顯赫，實力最堅強的李自成為紫微星、真主之外，其他的小股起義軍統統目為土寇、土賊、土寇賊、流寇、流賊，似乎除了自成軍外就只有龍天道這一支隊伍的根子最正了，連它的兄弟教派也被斥之為旁門外道，民間流行的代表人民意志但帶有宗教迷信色

彩的傳說、活動也都被斥之為精靈、妖魔、鬼怪、謠言。看來寶
卷的作者這位宗教領袖還是頗富政治頭腦也頗有著雄心壯志的
革命領袖──他本身就是宗教與革命相結合的典範。

　　總之，農民起義時何以常是利用宗教作為組織、鼓動群眾的
工具，這一千真萬確的歷史現象，也是一個聚訟紛紜的理論問題
到底如何解釋，從以上分析的幾個方面似可窺識端倪。囿於封建
時代農民的知識範疇，這種工具首先不可避免地要把某些宗教教
義向積極的方面去附會，使一向為統治階級用作在精神上奴役勞
動人民和鞏固其剝削秩序的道理賦予新的生命力[13]；但是，並非
只有這些。在他們所使用的宣傳品──抄本寶卷一類的經卷裏，
原來是有著極為豐富的政治內容，有著鮮明的現實意義，有著強
烈的戰鬥精神的。在他們的宗教教義裏交融著革命理論，有時達
到天衣無縫的程度。就《家譜寶卷》後部的內容來說，它既有著
十分完整的白蓮教派秘密宗教的教義體系，又有著十分完整的策
動農民起義的革命思想體系，通過這部寶卷，我們看到了農民自
己的、社會下層的秘密宗教的一個典型。當然，在當時農民的頭
腦裏不可能有什麼「思想」、「理論」、「哲學」、「主義」這些概念，

---

[13] 由於印本寶卷也大量為起義農民所利用，因此儘管是這些寶卷裏的純宗
　　教性說教也常會被當做戰鬥的理論，這就全看當時的需要和解釋者的用
　　心了。例如下錄這段經文，本來都是使用擬人手法說的個人修持的事，
　　但如果這部寶卷也為一個戰鬥組織所利用，肯定這些內容都是會被解釋
　　為戰鬥的指導思想的。《銷釋印空實際寶卷‧慧眼菩薩降魔品第四》：初
　　交兵，不承望，魔強法弱；戰的我，身乏力，強打精神。又添了，六個
　　賊，歸魔助力；只三合，敵不過，走路無門。把我來，圍困住，昏迷寨
　　裏；眾官員，頭目將，順了魔軍。意將領旨，兵卒隨跟，主人公坐中堂；
　　智將保駕，惠定先鋒，堅至不退，勇將前攻；寶劍舉起劈碎諸魔兵。

他們只知道有龍天道、無生老母……這就是他們的哲學，他們的主義，就是這些慰藉了他們的心靈，也得到了革命的力量。這部寶卷之被譽為「骨髓經」，良有以也。

五、《家譜寶卷》後部七、八、九品 是一部明末史事實錄

或曰：只是根據《家譜寶卷》後部中支離滅裂的，有時是含糊其詞的宗教性的敘述就斷定它是與明末李自成起義有關的寶卷，得勿郢書燕說之嫌乎！不然。

在《家譜寶卷》後部裏有著大量材料足可證明它不只與李自成起義確實有關，它還是明末所寫的一部記載當時社會現實的歷史實錄[14]。而這項實錄如果與有關明末史實的典籍互相印證一

---

[14] 著名的寶卷《古佛天真考證龍華寶經》寫於明末，刊行於清初，其《末劫眾生品第十八》中也恰好有這樣一段紀錄：「下元甲子災劫到了，辛巳年饑荒旱澇又不收成，山東人民人吃人年（肉），人人扶牆而死。夫妻不顧，父子分離。來在北直又遇饑餓而死。……壬午年〈好〉復能好過，又遇災劫勞（癆）病年成，山搖地動，黃河水潮淹死人民，蝗蟲荒亂，陰雨連綿，房倒屋塌，無處安身。……癸未年間，又遇瘟疫流行。」清道光黃育楩著《破邪詳辯》卷一《古佛天真考證龍華寶經》條裏評論這段話時說：「邪經所謂下元甲子，惟指明季而言。明季天啟四年交下元甲子，至辛巳為崇禎十四年，癸未為崇禎十六年。此時饑餓瘟疫並流賊為禍最烈，邪教即乘此機會阿附太監，捏造邪經，痛惑愚民。」這段話是很正確的，可能黃氏對《龍華寶經》的寫作和成書年代也是有所考訂的。《家譜寶卷》後部對明末社會的描述與《龍華寶經》的描述異曲同工，這一方面說明它們確實都是同一時期所寫的當時的真實紀錄，一方面也說明了在寶卷裏反映現實是秘密宗教的固有傳統。

下，很多都是相符的。有的雖不相符，或者寶卷裏的敘述在有關史乘中不可查找，這也並不能說明寶卷在妄說，相反，恰恰可以補足有關史乘的闕遺。以下即就卷中幾個方面的敘述與相應的歷史記載列為表格以資對照。

寶卷記載	有關文獻記載
……壬申、癸酉刀兵亂起，再看甲戌、乙亥、丙子、丁丑、戊寅、己卯、庚辰、辛巳天下著慌。 再不信，看庚辰、辛巳來到；餓死人，倒在地虎狼齊吞。父吃子，子吃父，遍地都有，夫吃妻，妻吃夫，不想恩情。有白骨，如乾柴，人頭亂滾；這二年，刀尖過，怨天不收。 十三省州城府縣店道鄉村，人民都做無頭之鬼。人吃人肉，白骨遍地。 田地拋荒，牛羊死盡。 種五穀，早種收，晚種不收；不是旱，就是澇，添上蝗蟲。 旱澇不收人民遭起塗炭，死去七分。	《明史·五行志》：（崇禎）五年（1632年，壬申年），淮揚諸府饑，流殍載道，六年（癸酉年）陝西、山西大饑。淮揚洊饑……七年（甲戌年），京師饑，御史龔廷獻繪《饑民圖》以進，太原大饑，人相食。九年（丙子年）南陽大饑。十年（丁丑年）浙江大饑，父子、兄弟、夫妻相食。十二年（己卯年），兩畿山東、山西、陝西、江西饑。河南大饑，人相食。……十三年（庚辰年）北畿，山東、河南、陝西、山西、浙江三吳皆饑。……十四年（辛巳年），南畿饑。 《綏寇紀略》卷十二：（崇禎）十三年，兩京、山東、河南、山西、陝、浙旱蝗，河南北數千里白骨縱橫，民父子相食。 《明史紀事本末》卷七十五：（崇禎十四年）二月，徐（州）德（州）數千里白骨縱橫，又旱荒大饑，民父子相食，行人斷絕。 《汴圍濕襟錄》：甚有夜間合夥入室，暗殺其人，竊肉以歸。居民慮不自保，先將僕婢自殺而啖，尤不忍聞者，父食其子。 《河南內黃縣荒年志碑》：（崇禎十四年）二月，家家遭瘟，人死七分，當時有地無人，有人無牛。（見《史學月刊》1957年第一期）
下甲子，往後看，百病來侵。 瘟蝗侵，妖魔廣，蓋世不安。	《（道光）正定縣誌》卷八，《災樣》：（崇禎）十四年（1641年，辛巳年）大旱，民饑。夏大疫，詔有司賑之。 《明史紀事本末》卷七十二：（崇禎）十六年（1643年，癸未年）六月，出千金資太

	醫院療疫。時京師自春徂秋大疫，死亡略盡。又出金二萬，下巡城禦史收殯。 《明史・五行志》：（崇禎十七年，甲申年）春，北畿、山東疫。
庚辰年，至辛巳，人民難過；人吃人，黃糧貴，斗米千文。 壬午年，糧米缺短，斗米萬千。 小米子上一百大錢一升。	《明史・李自成傳》：（崇禎）十二年（1639年，己卯年）河南大旱，斛谷萬錢。 《（光緒）正定縣誌》卷8，《災祥》：（崇禎十四年、1641年、辛巳年）斗粟千錢。 《明史・五行志》：（十四年）德州斗米千錢。 《汴圍濕襟錄》：鄉紳巨室覓買，但得粟而不計價，升粟賣至萬錢。
每年倒有七八十樣捐項，說出人民難過。	《明史・食貨志・賦役》：御史郝晉亦言：「萬曆末年，合九邊餉止二百八十萬。今（按指崇禎十二年）加派遼餉至九百萬。剿餉三百三十萬，業已停罷，旋加練餉七百三十餘萬。……」 《明史・張獻忠傳》：（崇禎三年、1630年）是時秦地所征曰新餉、曰均輸、曰間架，其目日增。 《明季北略》卷3：（崇禎十年、1637年）催錢糧先比火耗，完正額又欲羨餘，甚至已經蠲免，亦悖旨橫征。 《明史・蔡懋德傳》（河南）田荒穀貴，民苦催科，賊復以先服不輸租為誘。
丁卯年，戊辰歲、己巳來到；有六賊，初起首，殺害黎民。 戊辰年，己巳歲，流寇作反。 陝西八府人橫死，眾人遭困。 陝西省，三座府，稱孤道寡；有黎民，十分苦，遭害土平。	《明史・熹宗本紀》：（天啟七年、1627年、丁卯年、三月）戊子，澄城民變。殺知縣張斗耀。 《明史・李自成傳》：崇禎元年（1628年、戊辰年），陝西大饑，延綏缺餉，固原兵劫州庫。白水賊王二，府谷賊王嘉胤，宜川賊王左掛、飛山虎、大紅狼等，一時並起。有安塞馬賊高迎祥者，自成舅也，與饑民王大樑聚眾應之。迎祥自稱闖王，大樑自稱大樑王。 《明史紀事本末》卷七十五《中原群盜》：（崇禎二年、1629年、己巳年，正月王

	戊）陝西巡撫胡廷宴、延綏巡撫岳和聲各報：洛川、淳化、三水、略陽、清水、成縣、韓城、宜君、中部、石泉、宜川、綏德、葭、耀、靜寧、潼關、陽平關、金鎖關等處，流賊恣掠。
甲戌年，乙亥春，河南大亂；潼關路，阻隔住，不通北京。	《明史・李自成傳》：（崇禎七年、1634年、甲戌年）及入河南、自成與兄子過結李年、俞彬、白廣恩、李雙喜、顧君恩、高傑等自為一軍。……陷於興安之車箱峽。……賄（陳）奇瑜左右詐降。……賊甫渡棧即大譟，盡屠所過七州縣。而略陽賊數萬亦來會，賊勢愈張。……自成遂竄入終南山。已而東出，陷陳州、靈寶、汜水、榮陽。聞左良玉將至，移壁梅山、溱水間。部賊拔下蔡，燒汝寧郛。……八年（1635年、乙亥年）正月，大會于榮陽。
丙子年、丁丑歲，出賊寇遍地，等戊寅、己卯大翻騰，庚辰、辛巳傳信音。	《明史紀事本末》卷七十五《中原群盜》：（崇禎九年、1636年、丙子年，正月）壬子，闖王、闖塌天、八大王、搖天動七賊連營數十萬攻滁州。……（三月）丁未，賊九條龍、張胖子從南漳、柳池、陷穀城、官山，通保康，二千里焚掠靡遺。……（十年、1637年、丁丑年）正月丙午，老回回等趨桐城。……五月鄖、襄賊犯荊州。……（十一年、1638年、戊寅年，八月）癸卯，江北賊陷睢寧。曹操會群盜過天星、托天王、十反王、整齊王、小秦王、混世王、整十萬、革裏眼於陝州，遂南走內鄉、淅川，犯襄陽。……（十二年、1639年、己卯年，二月）革裏眼、射塌天等東走，合於混（整）十萬，分掠信陽、光山。三月，群盜集于固始東北。……（十三年、1640年、庚辰年）五月，羅汝才、過天星七股盡入蜀。……癸未，賊陷大昌。……七月羅汝山、小秦王、上天王、混世王、一連　連營踞大寧。……（十四年、1641年、辛巳年，正月）山東盜起，東平、

	東阿、張秋、肥城所在皆賊。……（五月）河南土寇袁明中聚眾至二十萬，入江北，窺鳳泗。……
怕只怕，壬午、癸未年，現出妖魔怪，又動刀兵大亂。 壬午年，癸未春，甲申來到，潼關路，山西府，鬧鬧哄哄。 癸未年，山西、陝西，大變乾坤。	《明史·李自成傳》：（崇禎十五年、1642年、壬午年，正月）歸德、睢州、寧陵、太康數十郡縣，悉殘破。……已，復攻開封。……十六年（1643年、癸未年）春陷承天。……旁掠潛山、京山、雲夢、黃陂、孝感等州縣。皆下。……冬十月，自成陷潼關。（孫）傳庭死，遂連破華陽、渭南、華、商、臨潼。進攻西安，……改西安曰長安，稱西京。……自成每三日親赴教場校射，百姓望見黃龍纛，咸伏地呼萬歲。……陝西地悉歸自成。又遣賊渡河（入山西），陷平陽。……河津、稷山、滎河皆陷，他府縣多望風送款。
辛巳、壬午、癸未年，苦中只苦。這幾年，通州阻糧，阻斷山東、直隸、河南、山西。	《明史·食貨志·漕運》：（洪武三年、1370年）建臨濠、臨清二倉以供轉運。……永樂中（1413年左右），置天津及通州左衛倉。……憲宗（1465-1487年）立運船至京期限：北直隸、河南、山東——五月初一日；…… 《明史紀事本末》卷75《中原群盜》：（崇禎十四年、1641年、辛巳年，正月）時山東盜起。……五月，設徐、臨、通、津四鎮以護漕，以東寇熾故也。……泰安土寇十余萬掠甯陽、曲阜、兗州。……犯徐州……毀漕船十六艘，複東北行入東平州。 《明史·莊烈帝紀》：十五年（1643年、壬午年，正月）是月山東賊陷張秋、東平、劫漕艘。
庚午年，就該去，歸山躲避；好岩寨，留下些，修好賢人。平山縣，男共女，苦中下苦；軍馬到，無處躲，去了三魂。 紫微星君，大兵齊至正定府，住劄太行山後。	《（康熙）平山縣誌》卷1，《地理志·事紀》（崇禎）六年（1633、癸酉年），流賊寇甚。十四年（1641年、辛巳年），歲凶人相食。十七年（1644年、甲申年）春三月二十三日，天鼓大鳴。闖賊經過，民大亂。即順治元年夏五月，井陘土寇入，城垣破壞，殺掠焚劫，殺死士民，殺典史解國卿。

怕的是癸未、甲申……保定府，京兵來到。	《明史·孫傳庭傳》：（崇禎十二年、1639年、己卯年）帝移傳庭總督保定、山東、河南軍務。……十五年（1642年、壬午年）正月起傳庭兵部右侍郎，……（帝）命將禁旅（按：《莊烈帝紀》「禁旅」作「京軍」）援開封。 《明史·楊文嶽傳》：（崇禎）十二年擢兵部右侍郎，總督保定、山東、河北軍務，代孫傳庭。……明年（十五年）正月，文岳馳救開封。
看庚午，和辛未，壬申來到，有達子，三五次，越過北京。	《清史稿·太宗本紀》：（天聰三年、崇禎二年、1629年、己巳年，十月）上親征明。……辛巳，上至遵化，（十一月壬辰）大軍進逼燕京。……（丙申）上至通州。……辛丑，大軍進逼京。……（十二月）丙寅，複趨燕京，敗明兵於蘆溝橋。 （天聰四年、崇禎三年、1630年、庚午年，正月）丙戌，上率諸將入永平（今河北盧龍）城，官民夾道呼萬歲。 （天聰五年、崇禎四年、1631年、辛未年，八月癸卯）貝勒德格類、岳托、阿齊格，以兵二萬由義州入屯錦州、大淩河之間，上自白土場入廣寧。 （天聰六年、崇禎五年、1632年、壬申年，五月庚申）貝勒阿濟格率左翼略宣府、大同，貝勒濟爾哈朗率右翼略歸化城（今內蒙呼和浩特）。……大軍馳七百里，西至黃河木納漢山，東至宣府。
癸酉年、至乙亥，丙子來到，有達子。白棒手，又起北京。	《清史稿·太宗本紀》：（天聰七年，崇禎六年、1633年、癸酉年，七月）甲辰，貝勒嶽托等奏克旅順口。……（八月壬戌）貝勒阿巴泰、阿濟格、薩哈寨、豪格等略明山海關外。 （天聰八年、崇禎七年、1634年、甲戌年、七月己丑）上親統大軍自宣府趨朔州。……丙午，上圍應州。……庚戌，阿濟

	格等攻保安州。……八月乙卯，命諸將略代州。薩哈廉襲崞縣。……戊辰，上至大同。(閏八月丁亥)攻萬全左衛。 (天聰九年，崇禎八年，1635 年、乙亥年，八月庚辰)多爾袞等率兵略明山西，自平虜衛入邊，毀長城，略忻州、代州，至崞縣。 (崇德元年、崇禎九年、1636 年、丙子年，九月)己酉，阿濟格等奏，我軍經保定至安州(今河北安新)，克十二城，五十六戰皆捷。
丙子年，丁丑歲，達子作反；你不信，看戊寅，都是胡兵。	《清史稿‧太宗本紀》：(崇德三年、崇禎十一年、1638 年、戊寅年，八月)丙申，吳拜，沙爾虎達連擊敗明兵於紅山口、羅文峪，又敗其密雲兵。……冬十月丁酉，岳托自牆子嶺入。……戊戌，多爾袞軍入青山關。……己酉，命濟而哈朗、多鐸各率師分趣前屯衛、寧遠、錦州，上親向義州。 《明史‧莊烈帝紀》：(崇禎十一年九月)癸未，京師戒嚴。……十一月戊辰，大清兵克高陽。
說山東，共六府，有達子，來往走。男女殺的無其數……	《明史稿‧太宗本紀》：(崇德四年、崇禎十二年、1639 年、己卯年，三月)丙寅，多爾袞、杜度等疏報，自北京至山西界，復至山東，攻濟南府，破之。蹂躪數千里，明兵望風披靡，克府一、州三、縣五十七。……乙亥，多爾袞、杜度又報，自遷安縣去青山關，遇明兵，二十四戰皆捷。 (崇德八年、崇禎十六年、1643 年、癸未年，五月)阿巴泰奏，我軍入明，克河間、順德、兗州三府，州十八、縣六十七，降州一、縣五，與明大小三十九戰。
州城縣，和鄉村，(清軍)搶奪少女；好牛羊，好騾馬，趕進山中。 (清軍)將騾馬全然趕	《清史稿‧太宗本紀》：(天聰六年、崇禎五年、1632 年、壬申年，六月丁卯)明歸我男婦三百二十，牲畜千四百有奇。……丁丑，明沙河堡守臣使齎牲幣來獻。……癸巳，

淨，全奪了去，把牛羊一齊殺淨、房屋一齊被火燒了，大男、小女無出路。	明巡撫沈啟、總兵董繼舒遣人齎牛羊食物來獻。 （崇禎元年、崇禎九年、1636 年、丙子年，七月辛酉）阿濟格等會師出延慶州，俘人畜一萬五千有奇。……（九月己酉）生擒總兵巢丕昌等人畜十八萬。 （崇德四年、崇禎十二年、1639 年、己卯年，三月丙寅）……（清軍）俘獲人口五十餘萬，他物稱是。
古月又沒了一位，暗換朝綱，天下大亂。	《清朝全史》第二十三章：（崇德八年、崇禎十六年、1643 年、癸未年）八月八日夜半，（太宗皇太極）坐清寧宮之南榻，忽暴殂，……惟遽下世，無有遺命，未免惹起皇位繼承問題之混亂。
怕只怕，壬午……汴梁地，臥牛城內著水淹城裏人都要死淨，河南八府人橫死。	《明史‧五行志》：（崇禎）十五年（1642 年、壬午年）六月，汴水決。九月壬午，河決開封朱家寨。癸未，城圮，溺死士民數十萬。 《明史‧高名衡傳》：……我方鑿朱家寨口，賊知，移營高阜，艨艟巨筏以待，而驅掠民夫數萬反決馬家口以灌城。九月癸未望，夜半，二口並決。……丁夫荷鍤者，隨堤漂沒十數萬，賊亦沉萬人。 《汴圍濕襟錄》：九月十五日督賊數萬將河決開，城居釜底。……至夜水深數丈。浮屍如魚。哀哉，百萬生靈，盡付東流。
甲戌年間，貴州人遭苦難，一個個喪了殘生。	《（康熙）貴州通志》卷二十七，《事紀》：（崇禎十一年、1638 年、戊寅年）五月，貴陽大水，漂沒廬舍，溺死者八千餘人。……（十二年、1639 年、己卯年，四月）大風拔木，屋瓦皆飛。（十三年、1640 年、庚辰年）思南地震。

下甲子,遼陽先動一次,河南又動,山西再動,山東、兩直隸都動,潼關、山西、陝西……五方齊動。	《中國地震資料年表》: 遼陽,崇禎十一年(1638年)九月地震; 河南,十一年十一月洛陽、新安、內鄉、汝州、郟縣地震; 山西,十一年十二月及十二年(1639年)四月安邑地震,十三年六月渾源地震; 山東,十四年(1641年)十月郯城地震,十五年(1642年)三月濟陽、陽信地震,同年七月萊州、登州等地地震。 河北,十四年四月天津地震,十五年正月鹽山地震,十六年(1643年)二、三、八月易州地震; 江蘇,十三年(1640年)十一月、十四年九月南京地震,十五年、十六年豐縣、徐州、沛縣等地地震; 安徽,十五年七月、十六年十月鳳陽地震,十五年、十六年合肥、廬州、滁州等地地震; 潼關,十五年潼關衛地震; 陝西,十六年六月麟遊地震。
妖魔出現,混亂世人,白草成精,……	《明史‧五行志‧草異》:崇禎四、五年(1631、1632年)河南草出人馬形,如被甲持矛馳驅戰鬥者然。十三年(1640年)徐州田中白豆多作人面,眉目宛然。

上表中「寶卷記載」欄臚舉若干歷史事實。包括明末社會的災荒、疫癘、征斂、物價情況,政治、軍事形勢,農民起義軍的重大動向,清兵對明朝的騷擾以及河決、地震、社會傳聞等等,經與「有關文獻記載」對照的結果,莫不若合符節。這個事實說明了:

第一,出自農民、秘密宗教首領之手的《家譜寶卷》後部也可做為一部歷史文獻看待,固不獨《烈皇小識》、《明季北略》、《綏寇紀略》之類為封建統治階級知識份子所記方為「信史」。

　　第二，這些記載都是明末十幾年間的事，即當時的實錄，這是符合這部寶卷的性質的——它是策動農民起義的宣傳品，而不單是傳教用的經卷。

　　第三，前節做出的某些判斷，如「十八一了」是李自成，「牛八王」是崇禎皇帝，「古月」是清軍等等，都不是任意附會。

　　第四，卷中還有一些事實記載沒有列入上表，即它們是從文獻中得不到印證的，正如上文所說，這並不一定是作者的妄說，而是恰可補苴有關史乘的闕遺（詳下節）。

　　至於卷中的記錄有些地方與文獻略有出入，特別是年代，有時上下錯了一兩年或者更多，這是由於作者並非歷史學家，他並不是有意識地在編纂史書，所用文字異常概括、簡單，某些細節往往略而不談，對於年代則使用干支紀年，在推算上偶有失誤，這是通人難免的。

六、《家譜寶卷》後部七、八、九品　　某些記載補充了文獻不足

　　《家譜寶卷》後部中所記載的歷史事實很多，其中有些是見於文獻記載的，已如上表所列，有些則不見記載，這些歷史事實大都可以補充文獻的不足，其中還有十分重要的。最重要的當然還是它揭示了在明末農民大起義時期擁戴並附入李自成起義軍的龍天道這支義軍的史實。這將在下節論述。本節舉出幾則寶卷中的記載，它們也都是足以補充文獻不足的例證。它們是：(1)補充了崇禎十七年（1644）初，李自成起義軍自潼關出發大舉東進時，其兩支「別部」（或「偏師」）前一段的進軍路線，其中包括

兩個駐屯地點平山、蘆溝橋;(2)補充了兩支「別部」到真定會師後向北京三路進發的路線,其中包括駐屯地點鄭州;(3)補充了「白棒手」這支地方民變武裝集團在明末農民大起義時期的活動;(4)補充了自成軍「別部」最後進入北京的部隊的藉貫;(5)補充了明末農民大起義時期民間流傳的重要「妖言」;(6)補充了趙州一帶鹽的價格。分述如下。

(1)**寶卷中說**:

> 甲申年,陝〔西〕府,人民遭難;大同府,五臺山,插箭嶺行。有固關,井陘、獲鹿縣遭難;說河南,投潼關,兩下齊兵。說懷慶,衛輝府,磁州兵至;大名、廣〔平〕,順德府,人死苦情。真定府,至保定,定州說過;上幽州,蘆溝橋,屯駐雄兵。

這段文字是一幅很清楚的義軍「進軍路線圖」,它是「兩下齊兵」的:一下是從大同說起,從大同向東先橫跨五臺山,到插箭嶺越長城,再沿太行山南下到固關,折而東向,經井陘、獲鹿到真定;一下是從潼關說起,從潼關先下懷慶(今河南沁陽),再下衛輝(今河南汲縣),然後經彰德(今河南安陽,寶卷中另處提到「安陽寨」疑即安陽)入河北,先至磁州,再經大名、廣平、順德(今河北邢臺)到真定。這兩支部隊可能到真定會師(寶卷中關於在真定會師之後的路線應是設想的,實際的路線詳下),會師後經定州、保定直搗北京,進京前估計還要在蘆溝橋屯駐一個時期。由於卷中另處還提到:「紫微星君大兵齊至真定府,駐紮太行山後」,「平山縣,男共女,苦中〔下〕苦;軍馬到,無處躲,去了三魂」,等等(參見上節對照表),可知兩支部隊到真定後還在太

行山後即平山縣一帶山區中駐紮過[15]。史籍記載,自成軍別部陷真定在二月二十三日,陷保定在三月二十四日,據此推算可知在平山一帶山區中駐紮的時間至少有一個月。

查有關文獻記載,李自成軍於崇禎十七年(1644)初自西安經潼關向東大舉進軍的路線大致有如下三條:

第一條由自成親率的主力部隊進入山西,先陷平陽(今山西臨汾)、汾州(今山西汾陽),然後攻下太原[16],再向北徇忻州、代州至大同,又經宣化進居庸關,最後由昌平到北京。

第二條,在自成由潼關向平陽進軍的同時分兵一部分東向攻下懷慶,又北上攻下潞安(今山西長治),再東向攻下彰德[17](今

---

[15] 我曾分別到正定(真定)、趙縣(趙州)、寧晉、平山、邢臺(順德)、任縣等地進行過考察,獲得不少有關民間秘密宗教和歷史、方言、民俗等方面的資料,這些資料對我校注《家譜寶卷》後部的工作來說,可謂眼界大開。雖然有關李自成起義的直接資料所獲不多,但寶卷中所記的某些史實和有關縣誌中的記載,大都得到了印證。在這些考察中,使我最感興趣的就是對於所謂「太行山後」的平山縣山區的參觀,我十分佩服當年自成軍別部選擇這裏駐紮的指揮者的軍事才幹。這個地方峰巒如聚,山河表裏,形勢險要,易守難攻。義軍在長驅入京之前在這裏進行一個月之久的休整以俟戰機,這是一個十分高明的戰略決策。

[16] 如一句被認為是信而有徵並被廣泛引用的記載:說李自成攻下汾州時在崇禎十七年二月初二,攻下太原在初七,但又說他所徇路線是從汾州經河曲、靜樂到太原的。其實這條路線大有問題,因為它的直線距離就是450公里!可見他必是從汾州直插太原(只有100公里),而徇河曲、靜樂一線的是從陝北來的另一支部隊。

[17] 有的記載上說:「別賊」從太原陷固關在二月十八日,陷真定在二十三,陷彰德在二十五,陷真定之前還掠了一下大名。這是不可能的。因為彰德在真定正南二百多公里,當時的形勢,義軍直搗北京已如高屋建瓴,何用從真定又往回打呢?可見它不是既定路線,陷彰德的必是一支從更

河南安陽）。再往下的路線不清，但可以推知，當然是往北。

第三條，在自成自太原向大同進軍的同時分兵一部分向東直插固關，然後東進至真定，再向北進，但北進的路線是比較複雜的，記載上說是「真定叛卒殺撫台迎賊，固關失守，三路犯神京」（邊大綬：《虎口餘生記》，見《虞初續志》卷四）。

以正史記載中的路線與寶卷中的「進軍路線圖」比較一下，結果如次：

首先，正史記載中的第二條路線說義軍別部於攻下懷慶後北上攻潞安，再東向至彰德，「進軍路線圖」則說攻下懷慶後繼續東進攻下衛輝然後至彰德。這兩條路線都對，寶卷為正史做了補充，即當時義軍在攻下懷慶後再一次分兵，一路經潞安，一路經衛輝，最後到彰德會師。到彰德後，以下的進軍路線一般文獻的記載語焉不詳，我只在《綏寇紀略》卷九上找到一句話，即說李自成自宣化入居庸關時「真〔定〕、保定、大名皆不守」而「進軍路線圖」做了補充，即自彰德先至磁州，再向東迂迴經大名、廣平、順德至真定。

這些為正史的補充，徵之文獻，可知都是可以成立的。請看下列幾條資料：

《（乾隆）衛輝府志》卷二十七，《忠節·卜從善傳》：「卜從善，河南總兵也。……崇禎十七年賊將破懷慶，漸逼衛（輝）。」

同上《何繼爵傳》：「崇禎甲申春，流賊入衛（輝），不屈被殺。」（引《汲縣誌》）

南方或西南方來的部隊。

同上《賀仲軾傳》:「甲申寇逼,所在風靡。」(引《獲嘉縣誌》)

同上《張信傳》:「逆闖梟張、孤城失守。」(引《輝縣誌》)

這幾條資料不僅說明了義軍的一支確實到過衛輝,而且說明了到衛輝是路經獲嘉、輝縣的。再請看下引幾條資料。

《(康熙)磁州志》卷十四,《兵制·李建功傳》:「建功駐磁州,州西沿山一帶群盜盤據。賊首婁自揚保馬鞍砦,負隅不下。建功率師攻之,自揚就縛。」

《(乾隆)大名縣誌》卷三十四,《鄉賢·常先召傳》:「常先召為大名府兵備道中軍官,流賊行牌到府諭降,先召擎碎其牌。崇禎甲申流賊執副使朱廷煥,先召死難。」

《(乾隆)廣平府志》:「卷十七,《名宦·□騰龍傳》:「□騰龍密雲人,雞澤訓導。甲申流寇之變,與生員殷淵同謀倡議,事敗為偽令所殺。」

同上《師朝讓傳》:「師朝讓清潤人,崇禎末為肥鄉典史,善騎射。時土寇四起,朝讓率義勇直搗賊巢。」

《(乾隆)順德府志》卷十六,《雜事》:「崇禎十七年流寇遣偽官入唐山城。……甲申平鄉土寇劫掠村鎮,時總兵張汝行在□,賊畏之,令有擅入廣平界斬。」

同上卷十二,《人物·陳滿堂傳》:「甲申偽將劉宗敏犯城,人多納款。」

在河北、山西、河南等省的地方誌裏,許多都有關於李自成起義軍到過各該地方的記載,但又大多看不出詳確的時間和自何

處來到何處去的路線。事實上當時義軍的動向確是十分混亂的，只不過總的趨向是自陝西經山西或河南入河北向北京進軍，一些別部、小股，特別是原在地方上的武裝集團以及望風而動的饑民，他們的行動是無法統一指揮的。這種現象，當年修纂正史的歷史學家們也很難於處理，所以儘管有些地方誌成於乾隆年之前，而其中有關李自成起義的資料並未被收入成書於乾隆年間的《明史》。《家譜寶卷》後部所提供的「進軍路線圖」揭示了義軍別部進軍的主要路線，這是一份十分珍貴的史料。

其二，正史記載中的第三條進軍路線只說從太原分兵一路向東直插固關，然後再東進至真定。「進軍路線圖」做了補充，即自大同還分兵一路，向東南直插固關，所徇路線是先橫跨太行山，到插箭嶺越長城，再沿太行山南下到固關，折而東向，經井陘、獲鹿到真定。

這兩支部隊，來自彰德的和來自大同的，最後都到真定會師，從這裏又怎樣向北京進軍，文獻上說是「三路犯神京」，哪三路？一路是文獻和寶卷一致的，即沿現在的京廣線北上：經定州、保定、蘆溝橋到北京，但另兩路據寶卷的另一段重要記載，又加上我的實地調查，再與正史印證，最後也定了下來。寶卷這段重要記載是：

(2)**寶卷中說：**

> 皇胎急急找尋一條出身之路，找尋《家譜》，訪求知識，代寶合同，再打鄭州地面，名山洞府，好躲避家眷苦難橫死之災。

這段話不是如上引那段文字一樣客觀地記載義軍別部的進

軍路線，而是專門指著龍天道這支義軍的特定任務。首先是號召那些「有緣的」無生老母的兒女——「皇胎」們趕快進道，即加入革命隊伍。進道之後即可以找到傳道師「知識」，見到《家譜寶卷》，得到上天堂的憑證——「代寶合同」。然後執行他們的任務：攻打鄚州，那裏有個道教的特大道觀藥王扁鵲的廟，即著名的鄚州廟——「名山洞府」，在鄚州要建立一個根據地，專門為了安頓隨軍家屬，然後部隊再北上。

鄚州在任邱城北 18 公里，戰國時趙邑，其北六公里就是趙國的北界趙北口，這個地方地理條件很好，是京、津、保地區的腹地，西臨浩渺的白洋澱，北面是大清河，物產豐富，宜於隱蔽，歷史上一向是個建立革命根據地的理想地方。龍天道這支義軍此次接受了攻打鄚州以安頓家屬的部署，這說明戰鬥的指揮者是頗具韜略的。但這個事實卻從來不為人所知，《家譜寶卷》後部第一次予以揭曉，這是它的又一貢獻。

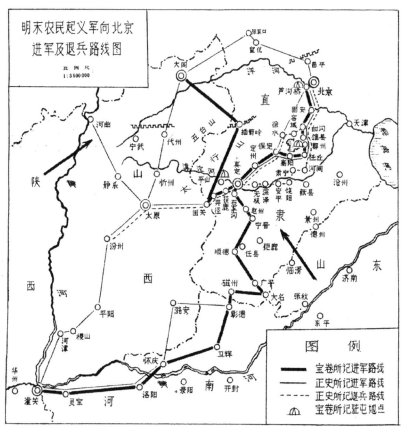

明末農民起義軍向北京進軍及退兵路線圖

　　為了查證這段記載，我除翻閱過一些有關文獻之外，還多次到白洋淀周圍一些縣分訪集到不少傳聞和遺跡[18]，結果完全證實了李自成起義軍不論是其別部還是主力部隊都確從這裏經過。具體的路線約分三條：第一條，從真定到保定，然後一部分按上條所說的沿京廣線北上；第二條，即另一部分部隊，包括龍天道這一支則自保定向東，經高陽、任邱到鄚州再過趙北口到雄縣，然後經馬莊等地到固安，從固安到蘆溝橋進京；第三條詳下文。這是去路。後來李自成自北京敗退時所經路線則分兩條：第一條，自蘆溝橋到固安，然後經馬莊、白溝、容城、徐水到保定，再經定州至真定，最後經固關入山西；第二條，到固安後繼續南下到雄縣、鄚州、任邱、河間、肅寧、安平、無極至真定，最後也經固關入山西。

　　下面再結合幾條文獻資料，和實地調查的情況對這幾條路線

---

[18] 我曾到霸縣、鄚州、趙北口、雄縣、容城、安新等地進行調查訪問，訪集到不少有關李自成起義軍過境時的傳說和遺跡。如關於雄縣王家碼頭以王益友為首的地主武裝抗拒自成軍進村曾發生戰鬥事。容城南門外闖王井（又名搬倒井）遺跡，安新四門寨南闖王閱兵台遺跡等等。由於這些地方還有許多其他歷史傳說，如劉秀走國、楊家將、燕王掃北、太平軍、義和團以至黃天霸、竇爾墩等，因此這些資料的鑒別工作是應該慎重的，如何之處，請俟另文報告。就目前所獲資料來看，自成軍確實經過這些地方殆無疑義，尤其對於這一帶的地理環境和交通情況，哪是後來修的路，哪是「老輩子就有的官道」，現在白洋淀的水勢，當年的水域範圍等等，經過調查都已瞭若指掌，這對於理清李自成的進軍和退兵路線都是很有用的。《家譜寶卷》後部所揭示的義軍曾攻打鄚州並擬在此建立安頓家屬的根據地，這個史實是很有價值的，結合著「進軍路線圖」中所說的「蘆溝橋屯駐雄兵」，即義軍在打進城之前還擬在蘆溝橋屯駐一個時期來看，義軍攻打北京的戰略，並非是速決戰。

做些分析。

> 《（光緒）保定府志》卷五十七《忠烈》：「（三月二十一
> 日）寇大至，絡繹三百里。……知縣朱永康出迎賊，嗟嗟，
> 西城不陷而崩，北門無鑰自啟。……此三月二十四日事
> 也。……五月三日李自成自北至，雖征鼓喧闐，而騎無行
> 列。」（引《甲申紀事》）

> 《（康熙）雄縣誌》卷七，《戎務》：「崇禎十七年（1644）
> 闖賊李自成陷保定，（雄縣）知縣張京去之，賊遣偽官郝
> 丕績來。」

這兩條資料證明義軍陷保定後又至雄縣，至雄縣的路線據調查，
當時只能經過高陽、任邱、鄭州才是順路，證之寶卷的「再打鄭
州地面……」這條路線就更可以肯定了。但是從雄縣到北京怎樣
走法呢？據調查，當時只能經過馬莊、固安、蘆溝橋。證之文獻
記載，這樣走法也是不錯的：

> 《明史紀事本末》卷七十八，《李自成之亂》：「（吳三桂）
> 追兵至，盡棄其輜重婦女，自蘆溝橋至固安百里，盔甲衣
> 服盈路。……至保定賊還兵而鬥，奮擊破之。又追破之於
> 定州北。……自成屯真定。」

這是第一條退兵路線的前一段，可以說明由北京至保定經固安也
是通衢。因此上述進軍路線的第二條，到雄縣後也會是經馬莊等
地到固安再進京的。另外，上述這條退兵路線自固安至保定須經
馬莊、白溝、容城、徐水，這也是調查結果，說者謂，當時這是
條大道，是老輩子就有的官道，別的路都要繞遠。

《虎口餘生記》:「（崇禎十七年，1644 年，五月）初一
日執余（自任邱）西行，……余欣然就道，是日至肅寧，
二日至安平，三日至無極。……次日（四日）至真定。」

這是邊大綬被義軍拿獲後隨軍押解西行的路線，起步點是任邱。
大軍怎樣到的任邱？上半段當然還是由固安而來，但以下並未經
馬莊西行至白溝，而是南下到雄縣，再經鄚州、任邱、河間西行，
先至肅寧，再渡河至滹沱河南岸的饒陽、安平，然後再渡河回到
河北岸的深澤、無極才到真定。大軍為什麼這樣取道？這除了如
前所述雄縣有義軍安插的知縣，鄚州有他們的家眷等原因之外，
還有下列一些資料可資說明。

《（康熙）河間府志‧兵制》:「崇禎十七年二月，闖寇
李自成下權將軍破（河間）城。」

《（乾隆）肅寧縣誌》卷七，《人物‧張宗稷傳》:「崇禎
間，流寇猖獗，劫掠邑（肅寧）境。」

《（順治）饒陽縣誌》卷五，《事紀》:「甲申春逆闖東馳
郡內，潰安（平）饒（陽）間，綠林猖獗，民爭為盜。三
月初十日，土賊聚眾數千，突圍繞城，焚劫三關。……十
四日，賊擁大眾來，銅馬渠魁，驅逐沿村鄉丁如林，不下
二十萬。」

《（康熙）安平縣誌》卷十，《雜紀志》:「崇禎十七年甲
申，闖賊偽官至，土寇聚黨稱王，地方擾亂。」

《（雍正）深澤縣誌》卷八，《人物‧王琦傳》:「甲申流
寇陷真定，朝廷命一軍駐（深）澤為犄角。」

《（雍正）高陽縣誌》卷六，《兵事》:「（崇禎）十七年
三月，闖賊黨萬餘人由河間趨保定，邑（高陽）當其沖。……

四月，偽縣尹王瑞圖奉賊令遍索鄉紳，名曰助餉。」

上引幾條資料，不僅說明了大軍的第二條退兵路線取道雄、鄭、任、河、肅、饒、安、深、無等地的原因，而且說明了大軍自真定「三路犯神京」的第三條路線大體上也是這樣走過去的。

有一個問題：上引《高陽縣誌》的記載，「闖賊黨萬餘人由河間趨保定，邑當其沖」，這就是說，上述第一條自真定向北京的進軍路線（經定州、保定……）不是單一的，而是還有第三條進軍路線中的一支進至河間後又迂迴至保定。這個事實再一次證實當時義軍部隊大體上或者說只有一路主要的部隊是有指揮的，而一些別部、小股、地方武裝則像是一股氾濫著的洪流。由河間趨保定這支部隊肯定不是主要部隊；《饒陽縣誌》所記佔據安平、饒陽的所謂「逆闖」、「綠林」、「民」、「盜」、「土賊」、「大眾」、「銅馬」、「鄉丁」等，也不一定都是主要部隊。所以如果完全按邊大綬所記的義軍自北京的退兵路線而定出義軍自真定的第三條進軍路線，是未必準確的。我曾親到過自真定至獻縣的這段滹沱河，這段河床南北兩堤最寬處約有二公里上下，平時河床中間的水流也有二百米左右，如果按邊大綬所經路線進軍，則當時雖值早春，水流不大，而千軍萬馬忽而河南、忽而河北地徒涉（記載上描寫他們渡河時說「百千爭過官橋」，可見大部分要徒涉），也是備極艱辛的。因此邊大綬所經，可能是屬於慌不擇路或為了避實就虛情況下所採取的途徑，而去路與退路不見得一致。無論如何，大體上道經無極、河間、鄭州、固安進京的一路應該算是「三路犯神京」的三路之一。

綜上所述，可以得出前後六條進軍路線，兩條退兵路線，三處駐屯地點，請參閱地圖。

(3)寶卷中說

> 「土寇賊，白棒手，欺騙婦女；劫山寨，攻城池，到處無情。」
>
> 「癸酉年，至乙亥，丙子來到；有達子，白棒手，又起北京。」
>
> 「甲申年，四月間，牛八急盡；五月間，白棒手起，親戚也是不能相認。」

「白棒手」，寶卷上說它是「土寇賊」，其實就是一種地方民變武裝集團。寶卷的作者這樣稱謂，是因為他是以受了天命的、吃齋念佛行善的宗教家的立場來說的，也如正史上向來把這種集團稱為盜賊一樣。按自崇禎朝以來，由於全國性的連年災荒，各地民變武裝集團風起雲湧，關於這方面的情況史不絕書，但也只限於聲勢較大或對統治階級威脅較大的。「白棒手」的存在情況寶卷上的描寫是：從崇禎中期之後直到崇禎末一直在活動（從丙子即崇禎九年，1636 年，到甲申即崇禎十七年，1644 年）；活動的範圍相當廣（「到處無情」），甚至到過北京；活動的能量很大（「劫山寨，攻城池」，「欺騙婦女」），甚至把它與「達子」並提。像這樣的一支民變武裝集團正史上似乎應有反映，而我一直沒有查到。查到了幾條，也是似是而非，為給將來的研究提供線索，姑錄如下，並略做詮釋。

> 《（康熙）河間府志‧兵制》：「順治六年（1649），鄚州水淀，白徒倡亂地方，滿兵撲滅。」

鄚州是當年龍天道徒在這裏建立根據地以安頓家眷的地方，也是李自成軍曾經佔領並且至少兩次過境的地方。龍天道是白蓮教的

一支，「白徒」是否就是「白蓮教徒」的簡稱？如果是，那麼這個「白徒」有可能還是那支龍天道徒的遺緒。「白徒」也可能是「白棒手之徒」的簡稱，那就可以說明「白棒手」直到順治六年還有活動。

> 嘉慶二十年（1815）十一月二十六日《馬慧裕等奏拿審樊萬興等習教案內徒眾情形折》：「楚省本地有白撞匪徒，臣等久已督率各屬於豫皖交界處所嚴密設卡，專委文武員弁，協同地方官不時偵探截拿，以防臨境竄逸。……至本地之白撞手，原非全系積棍，如遇荒歲，即糾約匪棍搶奪為事，前於十六、十七、十八、十九等年因年歲欠豐，多有此等匪徒滋擾，俱經臣等先後拿獲多名，分別題奏辦理在案。」（《清代檔案史料叢編》第三輯，第 18 頁。）

從這段奏摺看，「白撞手」也是一種有著宗教背景的地方民變武裝集團，馬慧裕等的敘述比較真實，我們好像從「白撞手」的描述看到了「白棒手」的影子。更妙的是「白撞手」和「白棒手」只有一字之差，而且「撞」、「棒」兩字的字音、字形都很相近。從民俗學的角度看，雖然二者相隔一百七十多年，但這正可以說明，明清時代指稱這類集團一向就是使用這種字樣，直到晚清，指稱這類集團還叫「折白黨」、「白錢」、「白相人」、「套白狼」、「放白鴿」、「白螞蟻」……

> 《明史・孫傳庭傳》：……賊陣五重，饑民處處，次步卒，次馬軍，又次驍騎，老營家口處內。戰，破其三重，賊驍騎殊死鬥，……賊之鐵騎淩而騰之，步賊手白棒遮擊，中者首兜鍪俱碎。（並見《綏寇紀略》卷九）

這是崇禎十六年（1643）九月孫傳庭與李自成軍在南陽會戰的情況，其中談到「步卒」手使的武器是「白棒」，這種武器很厲害，被打中的，連「兜鍪」帶腦袋都要碎。什麼是「白棒」？就是「十八般武藝」中不帶器刃的木棒或木棍，「白」即「光」，「白棒」也能叫「光棍」。李自成起義軍聚散不定，地方上的民變武裝集團隨處歸附義軍的自是不少。參加南陽會戰的這支「步卒」是不是原來就是河南地方上的一支民變武裝集團呢？記載上說他們是「手白棒」的，是否他們自己就叫「白棒手」呢？寶卷中說「白棒手又起北京」，是否是指著他們參軍後又隨軍轉戰最後到達北京呢？史實如何，必有能知之者。

⑷寶卷中說：

> 「湖廣、四川、山東大兵齊至北京，拿住了牛八，京兵歸順，這活殺人的！」

在這段話的上文還有：「保定府京兵來到，紫微星君大兵齊至正定府，住紮太行山後」已經列入上節的對照表，因為這兩句話所包括的內容都是文獻可徵但又是正史闕如的。

上引的這段話揭示了最後進入北京的李自成軍戰士的籍貫是湖廣、四川、山東，這個事實也是史籍失書的。寶卷的作者注意到這一點，將它記之楮墨。當然，他駐在真定一帶，他所見到的只限於自成軍的別部，不是自成親率的自北路來的主力部隊。

經真定到北京的自成軍別部戰士來自湖廣、四川、山東的，是否是可能的呢？

如所周知，「自成流劫秦、晉、楚、豫，攻剽半天下」，崇禎十六年（1643）三月以後更攻陷常德、辰州（今湖南沅陵）岳陽

等湖南府縣，「湖廣土寇……湖南諸蠻僚……盡歸於闖賊」（《明史紀事本末卷78、75》），那麼，十七年初經真定到北京的自成軍別部中的湖廣籍戰士當就是這批「土寇」、「蠻僚」了。

是否有四川籍的戰士呢？史載自成曾於崇禎十年（1637）入川，十一年又戰敗入楚，「其同自成入川諸賊仍出階（今甘肅武都）、文（今甘肅文縣）向陝西」（《明史紀事本末卷78》）。寶卷的記載，已經多方考核，完全可以證明，它是可靠的、可信的。這裏作者既說開來的大軍中有川籍的，必是他目擊耳聞的事實，因此我們可以說，這部分川籍戰士就是當年自成於四川敗績，隨同其餘部自四川「出階、文向陝西」時一起入陝的。他們一直留在軍中，十七年初又隨大軍別部自真定到北京。當然，進入北京的自成軍中川籍戰士還可能有其他來歷，以上不過是根據文獻找到的線索之一。

至於自成軍別部中會不會有山東籍的戰士呢？從史籍上看，很難說有這樣的事實，因為既找不到李自成軍曾到山東的記載，也找不到山東的地方起義隊伍開到北京去的記載。但是，和上條一樣，寶卷既然這樣說，那就還應該進一步進行研究。

查崇禎十三年（1640）由於山東大旱蝗，自該年冬季起即「大饑、人相食，草木俱盡，道饉相望」。十四年初開始山東省即形成「所在皆賊」的局面。史載臨清、德州、高唐、東阿、張秋、東平、梁山、汶上、甯陽、兗州、曲阜、泰安、肥城、徐州、豐縣、曹州、濮州（今鄄城）等二十餘州縣都曾被佔領或攻掠，可以說整個魯西地區全部陷於動亂之中，到崇禎十五年（1641）據說又全部鎮壓下去：「十五年正月丙子，山東盜平，擒李青山入京。青山本屠人，乘機嘯聚數萬人，屢寇兗州。給事范淑泰、魯府左相俞起蛟拒之，俘青山。」（《明史紀事本末》卷75）顯然這

段記錄是不真實的，那樣熾烈的農民起義怎麼會抓住一個李青山就算「山東盜平」了呢？

再查上述這些地方，多數都很接近直隸、河南交界的冀、魯、豫邊區，自成軍別部所經的河南安陽、直隸磁州、大名、廣平等地都與上述一些地方毗連，有的相距只有幾十公里，如臨清、濮州等。難道這些地方的起義群眾在官軍進剿時就不能轉移到直隸境內嗎？難道在自成軍別部過境時他們就不能「合於闖賊」嗎？我認為這是很可能的。

研究像明末農民大起義這樣性質的起義軍的進軍路線或是其士兵的籍貫問題，應該看到一個事實，即總的說來這次大起義是由於全國性的連年災荒已經嚴重到「父子相食」、「母女相食」、「夫妻相食」、「瘞殪以食」……的地步而引起的，這次起義的實質是真正的「救亡」，參與義軍的戰士主要是饑民，以李自成、張獻忠為首的起義軍不過是數以百計的地方民變武裝集團中領導比較出色，號召力較強，其活動對於統治階級的威脅較大，最後登峰造極的一個集團。正如前文所一再言之的，所謂進軍路線，只能是其少數主力部隊可以執行，到了地方，則隨時可以變更，戰士則隨地可以「嘯聚」、「影從」、「蟻附」，當然也可以星散、流徙、潰逃。他們少至「十八騎潰圍，竄伏商洛山中」，甚至「孑身入楚」，而不數年又成了「籍步兵四十萬，馬兵六十萬」（《明史‧李自成傳》）的浩蕩大軍，那麼，自南北兩路會師真定的自成軍別部士兵有從湖廣來的，有從四川來的，有從山東來的那又有什麼不可能呢？——《家譜寶卷》後部的作者是忠實的。

(5)**寶卷中說：**

「癸未年，有精靈，遍地出現，門頭上，貼烏牛，弓箭

鮮紅。在世人，不知道，來蹤去路；謠言歌，應《家譜》，世人難逢，甲申年，乙酉歲，精靈大顯；紫微星，領雄兵，困住北京。」

「有一個，謠言歌，是人作怪，門頭上，貼烏牛，弓箭鮮紅。」

在社會動亂時期或起義的醞釀時期，社會上常會出現一些所謂「妖言」。它們有的是起義策動者故意製造的，有的是群眾間自發地傳播的，其內容大都是順乎時勢，合乎民意的，其作用往往是很大的。歷史上的這類事例很多，不勝枚舉。即以明末農民大起義時期來說，人們熟知的就有如前引的「十八子之讖」以及童謠「開城門，迎闖王，迎仔闖王不納糧」。還有不常為人引用，卻見於記載的，如：

《綏寇紀略》卷 12：「河北之謠曰：『鄴台複鄴台，曹操再出來。』賊羅汝才自號曹操，而天下大亂。」

「萬曆末年，民間好葉子戲，圖趙宋時山東群盜姓名於牌而鬥之，至崇禎時大盛。其法以百貫滅活為勝負。有曰『闖』，有曰『獻』，曰『大順』，初不知所自起，後皆驗。」

等等。但這些圖讖、童謠之類都不如《家譜寶卷》後部所保存的這個「謠言歌」更有積極意義。它是群眾用一種「下鎮物」一類方式去詛咒他們的敵人。所謂「門頭上，貼烏牛，弓箭鮮紅」是叫家家都要用一黑紙剪成一隻黑牛，再用紅紙剪成一張弓，一支箭，然後一齊貼在門頭上。這大約是依照過春節時家家門頭要剪一個黑豬馱著一個紅色或金色的聚寶盆的風俗而來。「烏牛」就是「牛八」，即朱明王朝的頭子崇禎皇帝這條蠢牛，紅色的弓箭

代表起義軍的武器，是專門用來射殺那條黑牛的。

寶卷的下文還說：世上的人都不知道「門頭上，貼烏牛，弓箭鮮紅」是怎麼回事，其實這個「謠言歌」的用意正應了《家譜寶卷》裏說的「牛八天盡，木子當來」！今明兩年（甲申、乙酉）便見分曉了，那個新領天命的「紫微星」李自成將要帶領大軍圍困北京了——這是多麼富於革命鼓動性的「妖言」啊！

(6)寶卷中說：

> 「小米子上一百大錢一升，鹽升上一吊錢一斤。」

小米的價格已列入上節的對照表中，文獻證明它是真實的；下一句又提供了鹽的價格，則是文獻記載上不易查到的。這裏說的是一斤鹽一吊錢即制錢一百文，這是在小米一百大錢（兩吊或二百文）一升時的比價。有兩條資料可以做為這個價格的旁證，一是在《考古》1960 年第 10 期上有一篇文章《明末一件有關物價的史料》中記載著崇禎十六年（1643）陝西華州的一個人將當時物價若干種刻在一座小廟的牆壁上，其中就有：粟米每斗二兩三錢，鹽每斤九分兩項。這是按銀兩計算的價格，寶卷中則是按制錢計算的，華州的銀兩和趙州的制錢的比值是不易換算的，但可以知道華州每升粟的價格是每斤鹽的兩倍強，而趙州的小米子價格是鹽的兩倍。另一條是葉夢珠：《閱世編》載有上海一帶的鹽價是「（崇禎）十六年壬午夏，大水，價至每斤紋銀五分」，而十五年春的錢價（最賤時期）是「每千值銀不過四錢幾分」（來新夏點校本第 153、159 頁），照此計算則每斤鹽價約合一百二十文，比趙州略貴，可能是由於上海一帶鬧水之故。

總之，從以上所舉各樁事實來看，可以說明《家譜寶卷》後

部的記載非僅都是信史，而且其中的一部分還補充了文獻的不足。

七、趙州一帶的龍天道曾歸附李自成起義軍

農民戰爭史家們從來認為明清時代的農民起義大半是與民間秘密宗教有關的，而李自成的起義則是不帶宗教色彩的一例。其實所謂帶不帶宗教色彩主要是指的在起義的初期其領導集團用不用宗教作為號召和組織的手段而言[19]。即使是不用，也並不

---

[19] 李自成起義時的領導集團不用宗教作為號召和組織群眾的手段，這是由於當時的天災人禍使得全國許多省分的大部分農民掙扎在死亡線上，革命的形勢已如水到渠成，而且發展十分急劇，因此無須用什麼宗教宣傳來號召和組織群眾。但這並不能說李自成本人及其領導方法就沒有一點宗教色彩。這是因為李自成是明末的一個普通農民，他的性格不可能脫離他的時代。如有些記載就足可說明李自成至少是個十足的宿命論者，並且有著一些宗教性的活動。前引自成相信那個陰陽怪氣的卜者宋獻策所陳「十八孩兒兒上坐，當從陝西得天下」的圖讖，拜宋為軍師事即是一例。又如《明史紀事本末》卷七十八《李自成之亂》記載，「自成在襄陽，以構殿，鑄錢皆不成，斬一謀士。令術士問紫姑，卜之不吉。因立李雙喜為太子，改名洪基以厭之。鑄洪基為錢，又不成」也是一例，「問紫姑」即扶乩；「厭之」指「厭勝」，即用一些宗教性的儀式或改變年號、稱謂，立嗣、建儲，搭建某些建築物，製作經咒、符籙，放置「鎮物」等來制克某些「不詳之兆」。尚有一例，《明史·李自成傳》：「官軍置自成于巴西、魚腹諸山中，自成大困，欲自經，養子雙喜勸而止。賊將多出降。劉宗敏者，藍田鍛工也，最驍勇，亦欲降。自成與步入叢祠，顧而歎曰：『人言我當為天子，盍卜之，不吉，斷我頭以降。』宗敏諾，三卜三吉。宗敏還，殺其兩妻，謂自成曰：『吾死從君矣。』軍中壯士聞之，亦多殺妻子願從者。」

能排除當起義隊伍盛大發展起來之後，有些原在各地的宗教組織及其信徒會歸附到隊伍中來，尤其是那些在幾個月、一兩年之中就發展為幾十百萬人。轉戰幾個、十幾個省分、地區的大規模起義，如果說沒有宗教組織及其信徒歸附，那就是怪事了。李自成起義自然不能外是。

從《家譜寶卷》後部的內容看，可知龍天道的會眾是曾經擁戴了自西來的「紫微星十八一了」即李自成的。李自成軍自起義以來曾經幾度急遽地擴張，大部是災區饑民的影附，一部是由當時各地普遍存在的民變武裝集團所謂土寇、流賊的歸併。這種民變集團的類型很複雜，其中就有由秘密宗教組織起來的。試舉幾事，以例其餘。

如自成將著名的紅娘子，就是曾於崇禎十一年（1638）以白蓮教攻打杞縣，自成過河南時合營入夥的（鄭廉：《豫變紀略》卷1。近年有文章否定這段資料，我以為可備一說）。再如崇禎十六年（1643）張獻忠從樊口涉江而上陷鄂城，就是由於楚藩所募護衛新兵弁領張以敬做了獻忠的內應，這個張以敬原是一個「奉教」的黃岡諸生（劉獻庭：《廣陽雜記》卷1）。同樣性質但不一定指出具體人物、事件的記載在一些有關典籍裏也可以看到，例如說陝西「渭北之水寨關、蒲城之普濟川、南定之安定堊、興平有妖教數千，皆秦之餘孽（按指原在陝西的義軍殘部）也」，說江西「建昌妖人密教實繁有徒，江湖海岱，亡命蜂起（按崇禎十六年十二月張獻忠曾據此）」（《綏寇紀略》卷2、8）等就是。又如明末流行的秘密宗教圓頓教有一種《悟道心宗覺性寶卷》中提到「弓張祖」及「木了一」字樣，道光時的黃育楩在《又續破邪詳辯》裏就說這是指張獻忠、李自成而言。雖然黃氏是由於不知這裏的弓長和木了一是另有所指而做出的臆斷，但也由此說明必

是有這樣的先例和可能，黃氏才出此推論。

根據這些史實，參照《家譜寶卷》後部的內容，斷定龍天道的會眾也曾是這樣性質的從附於自成軍的一個秘密宗教組織，是不致有錯的。遺憾的是龍天道從附義軍之後並沒有什麼突出的做為，故而在有關史乘中一直見不到它的資訊，幸賴這部寶卷的傳世，否則它就將永遠淹沒無聞了。

從《家譜寶卷》後部所宣講的龍天道的教義來看，可以知道它是一種十分典型的白蓮教派的秘密宗教，因為這些教義都是在明清時代刊印的白蓮教派的寶卷中十分習見的，這從《〈家譜寶卷〉後部七、八、九品校釋》一文中曾引用數十種寶卷資料以闡釋卷中的某些名詞術語和論述即可證明這個事實。

史乘中沒有它的資訊還因為做為一種秘密宗教，它本來就不是很活躍的。在文獻中只有《明實錄》收錄了一通奏摺中提到龍天道的名字；除了《家譜寶卷》之外，沒見過屬於它的寶卷；除《古佛天真考證龍華寶經》和《銷釋接續蓮宗寶卷》（這兩種寶卷是一個人所作）中提到龍天道的名字外，沒見過其他寶卷中提到它；清代直到現代，據我所知各地民間流傳的白蓮教派秘密宗教中也很少見過這個名字。既然如此，為什麼獨獨這個白蓮教支派會歸附李自成起義軍呢？這首先是龍天道的領導者（很可能就是《家譜寶卷》後部的作者）具有卓越的才幹，深明當時的形勢和革命的前途，還由於龍天道所在地區的條件所決定的。

龍天道是在什麼地區流行的呢？

卷中說得很明白：

「甲申年，心內思想，大劫翻騰，誰能得知？母轉下真妙意，趙州為聖地。」

「有寶貝皇胎趙州出，己丑歸依燕趙北，上天梯。」

這分明是說它是以趙州為中心的。再從卷中所提到的一些地名來看，莫不是李自成軍所過之處或有過著名戰役的地點，其中多數是北直隸以趙州為中心的四面八方的一些地名，從而益可證明卷中所說是實。

所謂「燕趙北」或「燕南趙北」正是以趙州（包括真定）為中心的地區，這個地區大約從明末以來一直是白蓮教派一些秘密宗教最為盛傳的地區，用統治階級的話來說就是「邪教淵藪」。甚至後來華北其他一些地方的秘密宗教也都把「燕南趙北」當做「聖地」，這個詞幾乎成了一個專門術語，在好多種寶卷裏都使用它[20]。

---

[20] 如《古佛天真考證龍華寶經·弓長領法品第五》：「法旨一道，詔請弓長，來家領法。不一時護法拿定金牌一面，落在燕南趙北桑園里大寶莊上弓長宅中。」又如《銷釋接續蓮宗寶卷·紅梅六杆品第十五》：「金色頭陀明心見性，落在燕南趙北草橋關。」《紅梅頭杆品第十》：「老子佛，下生在，燕南趙北。」又如《定劫寶卷》（不分品）：「燕南趙北，方圓七百二十裏外，立九關四門。」又如《太陽開天立極億化諸佛歸一寶卷·太陽化諸佛歸一品第三十六》：「丙申代筆《四恩卷》，現出燕南一寶珠。」又如《弘陽秘妙顯性結果經·小捏槃品第十》：「游光等得〔趙〕州橋倒，水晶宮乾似滅塵。」《見天闕品第十一》：「先踏趙州橋一座，望上升來是重樓。」又如《混元弘陽如來無極飄高祖臨凡寶卷》卷末：「直隸真定府定州各鄉村發心眾善人等重刊經板五部計十冊……萬曆三十六年八月內重刊經板。」前文說過，刊本寶卷多為太監、妃子之流舍資刊印，這部寶卷居然由「各鄉村發心眾善人等重刊經板」，可見真定府一帶秘密宗教的傳播之盛，這無疑是與「燕南趙北」這個「聖地」有關的。又如，晚近的一貫道，他們依然把「燕南趙北」當做他們的祖師張光璧的誕生地（其實張是山東濟寧人，與燕南趙北毫無關係）和無生老母最初降下大道的地方（參閱《現在華北秘密宗教》第35頁）。

　　查這一地區形勢險要,是戰國時期中山國以及燕國之南,趙國之北地區。現在河北雄縣的趙北口地方,相傳即是趙國的北界,宋時這裏也是宋遼交界。元明以後,它更是畿南的一個要害地區,也是災難深重的一個地區,崇禎朝的中後期更甚。

　　如崇禎六年(1633)初自成破澤州後即派遣一支部隊「闌入西山,大掠順德、真定間」,從真定又「分其伍為二,北向者西犯平〔山〕縣,東窺固關。南向者剽河北〔懷〕慶,〔衛〕輝諸府」。當年八月「賊屯元氏縣,梁甫擊之于石家溝(今石家莊市),斬首百餘級。九月犯平山縣,賊首張有(即一盞燈)為張應昌所將卒楊芳所擒。十月犯行唐、靈壽、平〔山〕、井〔陘〕,尋犯趙州,至寧晉」(《綏寇紀略》卷1)。「崇禎六年十月初八日流寇至」(《(康熙)寧晉縣誌》卷7)。「趙州賊至寧晉,阻清水河不得渡。南宮被掠甚慘。總兵梁甫在獲鹿,逾期始至,賊已至柏鄉,西歸五臺山矣」(《明實錄‧崇禎實錄》卷6)。

　　九年(1636)秋清軍再一次進關騷擾,一直進入寶坻,連下近畿州縣並曾在真定一帶與明將總理侍郎盧象聲接戰。

　　十三年(1640)春華北各省大饑,這一帶是重災區,「連年蝗,人饑相食」,皇帝曾特別予以賑濟。自成軍的著名將領袁時中就是這時崛起的,當時「群盜無慮數十萬,真定以南,道路全梗。時中嘯聚亡命,先襲開州(今河南濮陽)」(《綏寇紀略‧河北三叛》,並見《(光緒)正定縣誌》卷7,《事紀》)。

　　十七年(1644)二、三月間義軍偏師曾以真定為進取北京前最後一個戰略據點並由此「三路犯神京」已如前述。當時「(真定)知府丘茂華聞徼,先遣家人出城,總督徐標執茂華下獄。標麾下中軍伺標登城晝守禦,劫標城外殺之,出茂華。茂華遂檄屬縣叛待寇,賊數騎入城收帑籍。近京三百里,寂然無言者」。在

這樣的緊張形勢下，崇禎皇帝遂「詔征天下兵勤王，命府部大臣各條戰守事宜」，有一個前總督陝西余應桂啟奏說：「賊眾號百萬，非天下全力注之不可。天下鎮將……調赴軍前，會師真〔定〕保〔定〕之間。督撫之外，加以督師，如史可法、王永吉其人，賜以上方，懸公侯之賞以鼓勵之，庶賊可滅也」（《明史紀事本末》卷79）。五月二日清兵入京師，遣將偕吳三桂追自成，「自成屯真定，既屢敗，憤極，復勒精騎擊三桂，三桂兵張兩翼以進擊，斬其大將三人，首萬級。自成大敗，還真定，益發兵攻三桂」（同上卷78）。

從以上歷史事實看來，真定、趙州一帶所謂燕南趙北地區確實是一個軍事爭戰、天災人禍以至民族鬥爭的十分熾烈的地區，確實是畿南的要害，所謂「東連齊魯，西跨韓魏，實三輔之門戶，而水陸之咽喉」（張鳳翔：《撫畿疏草》卷2，《議留兵將疏》）。早就流傳在這裏的龍天道，寫出了一部《家譜寶卷》後部，以之「嘯聚」其徒眾，擁戴李自成並附麗自成軍，這就不是偶然的，而是必然的了。

當然，李自成起義軍在發展過程中所吸收的各地民變武裝集團中，其為秘密宗教組織的，正不知凡幾，龍天道的歸附，不過一例而已。

八、《家譜寶卷》後部七、八、九品寫於李自成起義軍進入北京之前不久

《家譜寶卷》後部的寫作時間是個帶有根本性的問題，把這個問題搞清，它是一個什麼性質的作品也就可以彰明昭著了，這

個寶卷的歷史價值自然就可以確立了,所以本節專就寫作時間問題做一考證。

經過我的考證,初步得到這樣一個結論:這部寶卷寫於崇禎十七年(1644)二月之後,李自成起義軍打進北京之前,當時義軍由劉宗敏、劉芳亮率領的別部駐屯真定、趙州、平山一帶,原在這一帶流傳的白蓮教支派龍天道的領導人之一寫出了這部寶卷。何以言之?

1.寶卷中對於起義軍打進北京,即「牛八退位」、「木子當來」的時間做了多種估計,其中有的接近事實,有的誤差較大,有的近於胡說。如:「壬午年,至癸未(崇禎十五、十六年、1642、1643 年),世界兵治;準備著,甲申年(十七年,1644 年),推倒北京」;「甲申年,四月間,牛八退位」;「甲申年,四月間,看年春」;「牛八王,過甲申,難過乙酉(順治二年,1645 年)」;「甲申年,乙酉歲,精靈大顯;紫微星,領雄兵,困住北京」;「不久得,紫微星,困住北京。……人民苦死,斗米萬千,刀兵齊至,甲申乙酉年」;「丁亥年(順治四年,1647 年)……有真主才來到」;「癸巳年(順治十年,1653 年)上才落凡,二十八宿保住大駕來坐中天」等。這些種估計沒有一個是準確的,最為接近事實的日期是「甲申年,四月間」,但與實際進入北京的時間還差上個把月,而且敘述這些估計時前面常要加個修飾語「準備著」、「不久得」、「怕的是」之類,來表示預見或不肯定。這種現象充分說明,寶卷寫成之時一定還沒拿下北京,如果已經拿下,絕不會做出這許多種不同而又不準確的估計。作者也像「押寶」一樣,多押上幾門,押中的機會就多些。當然他也有所依據,只是他的依據不夠全面——他只能按照駐屯在真定一帶的義軍別部的動態來判斷,而沒有預見到,李自成親率的主力部隊會那樣迅猛地從北路

打進北京。

2.本文第四節中曾分析過「牛八」與「木子」這兩個名詞，這裏略作重複，以說明這部寶卷不是寫於明亡以後的。「牛八」、「木子」這類名詞明清兩代在民間不斷出現，特別是在社會動亂或農民起義的時候。它們所代表的對象因時、因人而異，「牛八」還比較固定，它就代表朱明王朝或明朝某個皇帝。有一點值得注意，即明朝所謂「牛八」是個貶意詞，它是要推翻的對象，清朝所謂「牛八」則是褒意的，因為要反清復明，不是復明也會是尊明。《家譜寶卷》後部裏對「牛八」貶得很厲害，稱他是「牛八王」、「魔王」、「精靈」、「活殺人的」，影射他是「黑牛」，咒罵他將要退位，天數急盡，要被活捉，不得超生；而對於「木子」則大為褒揚，稱他是四正文佛親口選定的紫微星、真主，有二十八宿為他保駕，呂純陽為他做先鋒官，他將要坐中天中國。這也是一個具有明顯的時代特徵的事實。如果這部寶卷寫於入清之後，則「牛八」、「木子」這兩個名詞就不能是這樣提法。我舉一個旁證，有一部寫於清朝定鼎之後，即《家譜寶卷》後部寫出不久所寫的寶卷——《定劫寶卷》就是如此。這種寶卷是屬於收圓教的，它的流行地區也離趙州不遠。這部寶卷中雖然還稱「牛八」，但都改為褒意，同時還稱為「朱國」、「大明王」，稱李自成為「姓李諱自成為之王」、「李王」、「十八孩兒」，而對清朝則繼續稱為「胡賊」、「胡人」、「胡國」、「胡孫」、「達子」、「達王」、「番兵」、「北番」。該卷中說：「牛八江山一旦傾，胡人勇猛鬧燕京」；「九月桂花初出頭，朱國江山一旦休」。可能當時是順治二、三年（1645、1646），他預斷清朝不會很長，再過二三年就會垮臺。他不曉得李自成西去之後的結局，因此又預斷在順治五年末到六年初（1648、1649，即戊子、鼠年，己丑、牛年）李自成還會回

來稱帝四十年，然後再由一位姓趙的接替李自成：「提防老鼠上牛頭，十八孩兒看看現」；「十八孩兒兌上坐，自小從來好殺人。手提鋼刀九十九，殺盡胡人是太平」；「木子為君四十載，趙王出世又來收。」總之從兩部寶卷使用「牛八」、「木子」兩詞的情況來比較，可知《家譜寶卷》後部必是寫於清朝定鼎之前。

3.如本文第五節的表格，它列出《家譜寶卷》後部七、八、九三品中所記載的幾十條史實，包括明末社會的天災人禍、內憂外患、政治、軍事、經濟、社會等等，與正史有關記載逐一對照的結果證明，它們是完全符合的，而這些史實全部都在拿下北京之前，沒有一條是拿下北京之後的，這些史實多半很具體，都有時間、地點、事件，如開封黃河決口，阻斷自潼關通往北京的道路，阻斷運往通州的漕運，山西、陝西大變乾坤，義軍駐紮平山一帶山區，清軍多次進擾內地，皇太極逝世，各地連年地震等等。在那個表格之外，也還有一些記載是具有當時的特點的，如卷中反復敘述了義軍、清軍及「土寇」的活動之後，又概括為一句話：「你說，又是木子，又是胡兵，又是土寇，淨是作反。」的確，「木子」、「胡兵」、「土寇」三者並提是其他任何歷史時期所沒有的，而只能是指明崇禎時期。崇禎之前沒有「木子」，李自成是崇禎七年（1634）之後才顯赫的，崇禎以來一直有「胡兵」，一直有「土寇」，崇禎之後「木子」很快就消失了，「胡兵」成了統治者。「淨是作反」是指三者對明王朝「作反」，崇禎之後自然也就沒有意義了。既然三者並提體現了這樣的歷史特點，也就說明《家譜寶卷》後部必然是寫於這一時期之中，而不能寫在它之後。就是說，起義軍打進北京，明朝滅亡的時間就成為這部寶卷寫作時間的下限。

4.還從卷中所涉及的史實來分析。其中大部分是甲申年之前

的，但也有少數是進入甲申年以後兩個月左右的事，即上節所述的李自成起義軍自西安出發大舉進攻北京的進軍過程，它不僅是準確的，還補充了正史的不足。其中，最為翔實的，也是推斷這部寶卷寫作時間最可依據的，就是自成軍別部自南北兩路會師真定並由此三路進攻北京的事實。會師真定在二月下旬。這個日期就成了這部寶卷寫作時間的上限。上文還做過考證，義軍會師真定後分三路向北京進發之前曾在平山一帶所謂「太行山後」駐紮過大約一個月以資休整和待命，很可能，這部寶卷就是這個時候殺青的。

從前引《（康熙）平山縣誌》的記載中「闖賊經過，民大亂」，「殺掠焚劫，殺死士民」以及寶卷中說的「平山縣，男共女，苦中〔下〕苦；軍馬到，無處躲，去了三魂」等情況看，可知當地人民對於義軍過境並駐紮在當地，起初並非是怎麼歡迎的，因此要使得當地本來是吃齋念佛的龍天道「四會」的幾千會眾正確對待義軍，最後參加到義軍之中，接受義軍的指揮和部署的任務——「趁賊搶奪」、打鄭州、安頓隨軍家屬、攻打北京，自然是要做上一番思想工作，進行一些宣傳鼓動的。從《家譜寶卷》後部包羅宏富的、極有說服力而又極有鼓動性的內容來看，它正是為了這個目的而寫作的宣傳品。

以上幾條是從正面進行的考證，我以為其所舉的一些論證已經足可證實本節開頭提出的結論了。然而卷中還有一些記載，似乎又與我的結論或是與某些論據有所矛盾，下面擬再加以研究。

5.寶卷中有一段話像是說這部寶卷寫作時間是在甲申年之前，即

世上人等，眼見十四品，人少再看，怕洩漏天機，惹下

禍殃。只是一二三人看,半夜再看,人多了要匯看,與他
要十石糧。若到甲申、乙酉年,白天黑夜看也無妨。要是
看過《家譜》,死也無怨。

這段話當然可以解釋為當時還沒到甲申、乙酉年,所以只允許一
二三人在半夜才能看,人多了非要看就須交納十石糧。但是,應
該看到,秘密宗教的傳道者們傳道的方式是多種多樣的,有時為
了廣事宣傳,為了提高某部宣傳品的價值,作者常要故弄玄虛地
把它說成是無生老母早就降下的天書,裏面講的都是些未到先知
的天機,實際上是他剛剛寫好的,至多是其中的一部分早就有了
初稿,臨時又加進一些當時發生的新聞而已。這種手法也和某種
商人兜售商品時「漫天要價,就地還錢」一樣,他雖然要的價格
很高,但並不想讓你真出那麼多的錢去買。龍天道的宣傳者就是
使用了這種手法,他們會向人們說,過去要想看一下《家譜》那
就要花十石糧,現在不要了。其實它根本就是一部唯恐人家不看
的宣傳品,在那樣的災荒年景,他們會找誰去要十石糧?這從卷
中隨處都在號召人們找尋《家譜》的迫切情緒就能證明這個事
實。所以它並非寫於甲申年之前。

　　6.《家譜寶卷》後部中使用的地名很多,這些地名都與明末
所行建置名稱一致,特別是「十三省兩直隸」(清改十八省一直
隸),「湖廣」(清改湖南、湖北),「河南八府」(清改九府),「陝
西八府」(清改七府),「山東六府」(清改十府)等,這也可以做
為這部寶卷是寫於明亡之前的證據。但也有一處為清代改置後的
名稱,即「正定府」。按該地於明代稱真定府,雍正元年之後因
避皇帝胤禛諱,始改稱正定,因此可證寶卷寫於雍正之後。

　　我以為非是。因為《家譜寶卷》後部的作者以及清過錄本的

抄錄者的水準都是相當低的，請看卷中所用眾多的地名，大半都有錯誤，如：幽州作「幽洲」、「幽冥」，山西孟縣作「山西猛縣」。插箭嶺作「乘箭嶺」，井陘作「井隆」，懷慶作「淮慶」，衛輝作「衛耀」，大名作「大明」，汴梁作「汴樑」，黃河作「皇河」，太行山作「太州山」，湖廣作「胡廣」，貴州作「貴洲」，滄州作「蒼州」，景州作「景洲」，鄭州作「漠州」等，那麼，真定誤為「正定」自然也就沒有什麼奇怪的了。為什麼要誤「真」為「正」呢？這與河北省西南部一帶的方言有關，當地「真」、「正」兩字同音，而且「正」比「真」筆劃少一半，因此不甚考究文字的寶卷作者就以「正」代「真」了。還有一種可能即當地早就這樣代用，雍正元年變更名稱時，未嘗不是按照約定俗成的規律辦事而不是巧合的。總之，真定作「正定」仍是筆誤或當時通行的借代字，它適足保存了三百多年前當地民間使用簡化漢字的真實情況，不足做為《家譜寶卷》後部寫于雍正元年之後的證據。

7.卷中有這樣幾段話：

> 甲申年四月間，牛八退位，無影無蹤。燕京大鬧，皇城內外，盡都火焚。大兵盜寶，歸舊路，古月又來占乾坤。
>
> 牛八王，過甲申，難過乙酉；可惜那，君王位，不得超生。幽州城，皇城內，刀槍亂響，殺皇娘，共國母。苦痛傷情。
>
> ……大兵齊至北京，拿住了牛八，京兵歸順。

這幾段話似乎是在描寫李自成義軍打進北京之後的混亂情況，後來又退出北京，清兵進關，清朝定鼎。據此，《家譜寶卷》後部就是寫於這以後了。然而仔細研究一下，即可以發現它們都是似是而非的。

　　首先，大部分的事實都不準確，如甲申年四月間牛八退位，過甲申難過乙酉，皇城內外盡都火焚，殺皇娘共國母，拿住了牛八，這都是沒有的事；其次，有些敘述都是泛指：如燕京大鬧，幽州城皇城內刀槍亂響，京兵歸順，當然這些都是想像，也是不言而喻的事；有一處還有矛盾：到底是「君王位不得超生」（死了）還是「拿住了牛八」（活提）？

　　有一個問題值得注意：「古月又來占乾坤。」這句話費解，可以解釋為清朝定鼎，也可以把它視為一句宗教性的語言：「乾坤」等於「應運而生」、「掌天盤」、「出世」、「下界」、「臨凡」這類詞語既可指神聖仙佛，也可指妖魔鬼怪，附會到當時的現實上則指後者。寶卷另外還有這樣的話：「天降下，魔王出，住在世上」；「好逼那，邪精靈，魔王在世」。「古月又來占乾坤」的精神實質與這些話是一致的，它是說「古月」還要來搗亂。為什麼他們會有這樣的感情，不難理解，明末以來清軍連年進擾明朝邊疆、內地，擄掠大量人口牲畜財貨，不只深入熱河、內蒙、直隸、山西、山東，而且多次兵臨北京城下，特別是曾經打到過保定、真定——龍天道會眾的家門口，明朝名將盧象昇就是在這裏與之接戰而陣亡的，這會給他們多大刺激！他們又看到牛八天盡，木子當來之後，古月未必就此消滅，所以作者才說了一句「古月又來占乾坤」，這又有何不可呢？

　　8.卷中：還有這樣一段話，是判斷這部寶卷寫作時間最不易解釋的反面論據，即：

　　　　木子兵盜真寶還回西去，有達子到西莊，雨下不行。

　　這兩句話可以解釋為：自成進了北京盜了金銀財寶然後又回西安了，清兵在後追趕，走到西莊阻於雨而沒有繼續前進。

查文獻中確有這樣的記載：

> 舊城多陝人，欲還都關中。……闖賊改圖曰：「陝故鄉，
> 十燕京不與易也。」戊辰集諸賊于宮中，斂內庫銀及拷掠
> 所得並諸器物盡鎔之。千兩為一餅，幾數萬餅，以伺西奔。
> （戴笠：《懷陵流寇始終錄》卷 18）

根據上引事實，對於寶卷中這段文字可以做出三種解釋：
（一）寶卷中的這條材料和文獻中的材料確屬一回事，可證寶卷
是寫於自成「回西去」之後；（二）寶卷中的絕大部分是寫於自
成進北京之前，一小部分材料是根據後來的見聞增補進去的；
（三）寶卷還是寫於自成進北京之前，「盜真寶」、「回西去」云
云還是預言。

我還是堅持第三種可能，原因是：這部寶卷的作者雖非知識
份子，但他精通白蓮教派秘密宗教的教義，也洞悉天下大勢，政
治觀察力很敏銳，判斷力很強，號召其徒眾的方法也很巧妙，總
之他是個很有才幹的宗教家、政治家和義軍的領袖人物，他能夠
根據形勢或聽見過那些過境的「舊賊」們的議論而做出李自成到
北京後並不想占住，「盜真寶」後還要「回西去」的科學判斷，
不是不可能的。至於如前文所說的「回西去」也可能是指著回到
燕南趙北，即趙州一帶，也可能是還回西安，但這與上述的推斷
並不矛盾，因為這裏是在研究寶卷的寫作時間問題，回到哪個
「西」都是可以的。

還有一個問題，這段文字中用了「木子兵，盜真寶」字樣（前
一段引文中還有大兵「盜寶」字樣），顯然這是作者並非站在革
命的立場上看待李自成的行動的，這與斷定《家譜寶卷》後部是
一部革命宣傳品豈非矛盾？按寶卷的作者並非知識份子，遣詞造

句容有不考究處,這部著作中類似誤用「盜寶」字樣的地方不一而足,這我已經在本書的原文注釋中隨時注出了,如指稱龍天道的徒眾參與義軍隊伍是「皇胎為寇」,認為李自成軍隊所過處也會「人民遭殃」,諸如此類都不能說明是作者的立場問題,而只能是文字水準問題,如果看不到這一點,那就是「責明於垢鑒」了。當然,只就「盜寶」一詞來說,我們還是可以從詞義上為作者進行開脫的,即這個「盜」字並非「強盜」、「盜賊」的「盜」,而是含有「俠義」、「機警」、「智謀」的意義在內,它與戲劇、小說中的「坐宮盜令」、「坐寨盜馬」、「蔣幹盜書」、「三盜九龍杯」、「盜銀壺」、「盜仙草」、「盜鉤」等的「盜」字都是同樣的意思,它們都不是貶義詞。

綜上所述可知,如果這部寶卷是寫於李自成「回西去」之後,或即寫於更後一些的清代某個時候,當時李自成已經沒有了,即「木子」是指其他姓李的了,請問,清代還有幾個姓李的農民起義領袖?還有幾個姓李的鬧過事的民間秘密宗教祖師?……他們都是活動在以趙州為中心的地區嗎?他們為什麼都要援引明末的社會情況、歷史事件以及李自成起義時的一些具體過程來做為策動起義的宣傳資料呢?難道在清代的某個時候也有人吃人肉、人死七分、臥牛城內著水淹、五方齊動……這樣的事嗎?難道在清代還有一個要打倒的、「活殺人的牛八」嗎?難道清代的某個甲申年(康熙四十三年、乾隆二十九年、道光四年、光緒十年)的四月間還有一個從陝西來的紫微星將要打到北京嗎?……都不對頭。因此《家譜寶卷》後部只能寫於崇禎十七年二月之後打進北京之前不久。

九、《家譜寶卷》一直在民間流傳

《家譜寶卷》後部的內容豐富，思想性很強，詞語激越，極富鼓動作用，是一部農民自己創作的很好的革命宣傳品。它寫出之後，除曾策動過龍天道的會眾加入李自成的起義軍進取北京之外，還一直在民間流傳，策動過其他起義，也為某些異想天開的秘密宗教掌門人物做為要當「真龍天子」的張本。它還開創了一種寶卷寫作的別具一格的體例，為其他寶卷作者做為摹仿的樣板，這類事實，就所見聞，縷述如下。

《家譜寶卷》後部由於最初是個一時性的宣傳品，李自成起義軍進京後不久即失敗，因此龍天道這支起義小股以及這部寶卷遂即改頭換面不為人知，這就是有關龍天道的文獻資料很不易得的原因。《家譜寶卷》後部並沒消滅，直到 169 年之後才又見到有關它的記載，即在嘉慶十七年（1812）五月至六月拿獲楊得坡等傳習邪教元沌教（按即圓頓教）案件中。在中國第一歷史檔案館所藏《硃批奏摺‧農民起義》類中有一組關於這一案件的檔案（第 507 號），摘要錄下。

> 《奏為拿獲要犯楊得坡並搜出經卷符袋提省訊取供詞遵旨派員解赴直隸歸案辦理各緣由恭摺奏聞仰祈聖鑒事》：「竊照五月十八日接准直隸督臣溫承惠咨稱灤州訪獲民人董懷信傳習邪教惑眾斂錢一條，奴才等將所獲經卷逐細檢查，除佛經道藏及零星舊冊不計外，惟內有《家補寶卷》一冊，系該犯楊得坡在張師傅（按：據另摺張師傅名張景，寶坻縣人）處得其底本抄錄。其中語句悖謬，妄言禍福。奴才等現在嚴拿張師傅，並飭務得其底本。又有《十二大願》一冊，內載直隸順永奉三府（按指順德，今邢臺；

永年，今廣平；奉城，今寧晉）薊灤遵三州（按指今薊縣、灤縣、遵化）。平谷、三河、豐潤、玉田、開原等縣之語。……喬繼業他說，關裏有個董懷信，是元沌教。」

《奏為續獲楊得坡售賣符袋案內李永受等十一犯並起獲經卷訊取供詞各緣由》：「吳士魁一犯有《開山寶卷》系刊印裝好四冊。又，王者彪一犯有刻鈔《護道榜文》二冊。奴才等細加磨勘，《開山寶卷》句法文義，鄙俚乖謬，與楊得坡所抄之《家補寶卷》大同小異，均不應流布民間。」

《奴才和寧、富俊、砥桂跪奏為節次拿獲楊得坡散給符袋之李永受及收存〈開山寶卷〉、〈護道榜文〉之王者彪等十四犯遵旨就近訊辦定擬結案無庸解赴直隸緣由》：「（張師傳供）這《家補寶卷》原得自昌黎縣民路德家，系抄本。小的不識字，不記得上面言語。嘉慶十二年搬到開原站居住，楊得坡看見《家補寶卷》遂即抄去。今聞查拿，小的逃避後，小的女兒交給鄰居黃王氏燒了。」

在上錄幾則文字中所說的《家補寶卷》就是《家譜寶卷》。因為：第一、在這類處理邪教的案卷中，由於案犯絕大多數是文盲，辦案的人只能聽錄口供，加之他們對於白蓮教的術語不甚了了，所以凡遇到人名、經卷名、以及白蓮教的術語時，很少是沒有錯誤的，「家譜」誤為「家補」自是極為平常的事。第二，「譜」與「補」聲韻極其相近，而且「家補」不是一個詞，沒有任何意義，顯系「家譜」之誤。第三、案卷中說這部寶卷「其中的語句悖謬，妄言禍福」，還說它「句法文義，鄙俚乖謬……不應流布民間」。這些官用的語言，如果說正是描寫的《家譜寶卷》，那是恰如其分的。奏摺中說《家補寶卷》的內容與《開山寶卷》大同小異這是

胡說,《開山寶卷》全名為《木人開山顯教明宗寶卷》,圓頓教經
卷,內容純系宣傳教義,詞語溫文,絕無什麼「悖謬」。

　　從上錄幾則文字看,可知《家譜寶卷》於嘉慶十七年（1812）
時曾被流行於直隸省東部及南部各府州縣並傳播到遼寧省開原
等地的圓頓教所利用,信徒們把它當做重要機密轉相抄錄,官方
查抄時也把它當做重點,向皇帝奏報時特別介紹了它的內容。但
當時他們拿到的只是楊得坡的一個過錄本,張師傅得自路德處的
原抄本並未得到,而是被黃王氏燒了。

　　灤州是明清時代白蓮教的另一個「聖地」,圓頓教即著名的
石佛口王姓所世代傳習的教派（該教宗支關係複雜,流傳地區廣
泛,別稱很多,如大乘教、東大乘教、聞香教、清茶門、一炷香
等等）,《家譜寶卷》既然也為圓頓教所利用,說明以趙州為「聖
地」的龍天道與圓頓教也是不無派系、師弟方面的關聯的。

　　在灤州查抄圓頓教之後的三年,嘉慶二十年（1815）八月,
流傳在安徽和縣、巢縣一帶的「圓教」（按即圓頓教的訛稱）也
被官方查獲。該教教首方榮升出身水手,粗識文字,卻頗有心胸,
曾往來大江南北,「自號蓬萊無終老祖,以黃冊捏寫星宿名目十
萬八千有一,焚化使諸星附體,徒眾信之。因倩刻工王泳興鐫成
九龍捧球木印一顆,名為『九蓮金印』,云俟三年後坐朝問道時
啟用」（吳之英:《圓教始末及其經卷》,《人文》第 8 卷第 5 期）。
該教有經卷十餘種,有幾種是教首金憬和方榮升所作或修訂,其
中《定劫寶卷》現仍存世,這是一部清初的著作,方榮升等可能
修訂過,其內容很值得注意,因為它的用語及風格均與《家譜寶
卷後部》極為相似,絕不類一般印本寶卷的專門演述白蓮教教
義,例如:

「辛未年，有達兵，遼東反亂；說庚寅（午），到癸酉，搶了山東。有孔賊，在呂（旅）順，為王稱帝；……」

「甲戌年，西秦地，人民遭業；大同城，折損了，許多良民。丙午（子）年，羅羅國，達王犯界；」

「達虜兵，起征戰，非同小可；泄肚水，慢慢流，混亂燕京。大明王，□□□，朝出奸異；袁崇換（煥），領番兵，要取北京。」

「遍天下，盜賊生，霸佔婦女；官又髒，吏又盜，苦害良民。[21]」

---

[21] 這幾段話並非直接引用嘉慶年間方榮升等所用的《定劫寶卷》，而是引自《佛說定劫經寶卷》（別題《佛說定劫經諸神下界》），該卷為日本早稻田大學教授澤田瑞穗先生藏本，這裏轉引自他所編著的《增補寶卷の研究》一書第110-111頁。據澤田先生考證，這部寶卷是清中葉（乾隆至道光時期）的白陽教或八卦教徒所作並傳抄流行的。書中除引出這幾段話外，還介紹了該卷部分內容：玉帝為了在白陽三期末劫挽救九十二億皇胎兒女，特派彌勒佛轉生為孔聖人下世開道。玉帝還賜給他《定劫經》、《法寶經》，《兩儀經》、《照賢經》各一卷。書中還提到1928年上海宏大善書局有石印本，但未見其書。在澤田先生的另一著作《校注破邪詳辯》第249-250頁也提到吳之英的《圓教始末及其經卷》一文，認為文中所引書目《定劫寶卷》可能即《佛說定劫經寶卷》。按上海圖書館也藏有《定劫寶卷》一種（別題《佛說彌勒定劫照寶經》、又《佛說開天立地度化金經定劫寶卷》），經我考證，這部寶卷也是寫於明末清初農民大起義、清軍入關、社會極度混亂時期，許多內容都與《家譜寶卷》後部雷同。它的流傳地區在棗強縣一帶地區，西距趙州80公里，故也屬「燕南趙北」或以「趙州為聖地」的白蓮教派秘密宗教盛傳的地區，寫作時間則比《家譜寶卷》後部略晚一二年。這部寶卷在清初人所著《澹靜齋文鈔》外篇卷一中也見提及（參閱拙編《寶卷綜錄》第70頁），更可證明它並非清

這幾段話請與《家譜寶卷》後部的相關文字做一對照：

「看庚午，和辛未，壬申來到；有達子，三五次，越過
北京。癸酉年，至乙亥，丙子來到；有達子，白棒手，又
起北京。州城縣，和鄉村，搶奪少女，好牛羊，好騾馬，
趕進山中。」

「丙子年，丁丑歲，達子作反；你不信，看戊寅，都是
胡兵。」

「說山東，共六府，有達子，來往走。男女殺的無其數。」

「陝西有，三座府，稱孤道寡；有黎民，十分苦，遭害

中葉所作。另外澤田書中所引文字在滬藏本並未見到，也可證明它們不
是一回事。但是，澤田書中介紹的內容的一部分卻與滬藏本極為相似，
卷中說：「……還有九十二億是何人度化？佛言：點儒童孔夫子即是彌勒
尊佛下降南閻。」又說：「彌勒複問玉帝：弟子去下方憑甚物掌立乾坤，
怎治世界，怎治人倫？玉帝答曰：我與你本《定劫經》你去下方掌立乾
坤，收聚人經論，後與你三卷：《天佛寶經》一卷，《取寶經》、《定劫照
寶經》。」兩者相較，澤田藏本與滬藏本又似有所關係。再有吳之英文中
提到《定劫寶卷》中還有「寶霞佛下降，世人免劫，累及九九八十一劫」
字樣在滬藏本中也未查到。綜上所述，我認為吳文中所說流行嘉慶年間
的《定劫寶卷》與澤田藏本、滬藏本本來都是同一部寶卷，其所以出現
各種版本內容不盡相同現象，是由於後代使用它的教派不同，當時的條
件和需要不同，因而加以竄改之故。特別是 1928 年它已正式出版做為一
般善書流行了，更可想見它必然是已經過大量加工了。有一個竄改或加
工的明顯例證就是在滬藏本中突然出現不倫不類的「道光皇清版普世，
收圓凡聖共版家」字樣，先不用說它是寫於清初的即使是寫於嘉慶年也
是不對的──難道方榮升會使用道光時的寶卷嗎？既然如此，這各種內
容不盡相同的版本相對地說來，仍可視為各自獨立的著作。這裏就是按
照澤田先生的意見，做為清中葉的著作進行分析的。

> 土平。甲申年，陝〔西〕府，人民遭難；大同府，五臺山，
> 插箭嶺行。」

十分清楚，從這兩部分文字的題材、用語、風格完全可以看出兩
者的關係，即前者必然是脫胎於後者。這兩部寶卷也有其根本不
同之處，即他們的立場不同，《家譜寶卷》後部是反明的，所以
稱崇禎皇帝為「牛八王」，詛咒他「牛八急滅」、「牛八天盡」；而
《定劫寶卷》則是反清復明的，所以稱崇禎皇帝是「大明王」，
對於「領番兵，要取北京」的袁崇煥則斥為朝廷中的「奸異」（袁
的罪名是莫須有的，這要另當別論）。至於為什麼《定劫寶卷》
要引述明末史實來鼓動人心，這也是不難理解的。這是一種特定
的條件，因為當時清朝剛剛定鼎，政權極不穩定，人們也不相信
它會站得住，加之清朝的民族壓迫政策雷厲風行，民間反清情緒
極為高漲，因此本來是反明的秘密宗教組織就一變而為反清，要
反清，就必須激起人們仇恨清朝緬懷前明的心情，而明末史事則
是極易起到這種效果的，所以作者予以引述。第二是由於《家譜
寶卷》後部的流傳，為白蓮教一些支派的寶卷作者開創了一個很
好的體例，即在宣講白蓮教教義的同時夾雜著時事宣傳、政治宣
傳的內容，以達到策動群眾起義的目的。《定劫寶卷》就是摹仿
以至套用《家譜寶卷》後部中最有力量的內容而寫的一部寶卷作
品。《家譜寶卷》後部在民間的影響之深且廣，於此可見。

在嘉慶年之後，大約又過了一百年多些吧，就是北京混元門
教首李抱一在安東得到《家譜寶卷》後部的時候了。混元門即紅
陽教，是明萬曆年興起的一種當時聲勢最大的白蓮教派秘密宗
教，但從歷史上看，這個教派從來是安善良民，信徒們除了自己
念經禮拜之外，就是為人家治喪時舉行宗教儀式超度亡魂以及一

些祈禱性質的活動，並沒有發動過什麼起義的事。但《家譜寶卷》後部這個充滿戰鬥氣氛的革命宣傳品也傳到了這個組織之中，可見秘密宗教的是否會策動起義，原不決定於它們的一般表現。《家譜寶卷》後部既經為李抱一（和他的師父）掌握，也就產生了物質力量——李抱一聲言他就是寶卷裏說的那個「木子」、那個「紫微星」、「真主」，二十八宿將為他保駕，呂祖將要為他打先鋒，他在不久之後即將登極坐殿，這是我親自聽他這樣說的。

說也湊巧，河北易縣、淶水一帶解放前流傳著一種白蓮教的支派大佛教，該教解放後活動仍極囂張，而且已屬觸犯刑律，因此曾被公安部門破獲，據報載，該教教首也曾聲言將登皇位，甚至封官贈爵，勢將有所行動。這位教首與李抱一真可說是無獨有偶了。

大佛教這個教派根基深厚，據調查，它的流傳地區多在冀中一帶，目前所知計有保定地區的易縣、淶水等地，廊坊地區的霸縣、文安等地。再有，流傳在白洋淀周圍縣份的白蓮教支派有一種稱為「茶葉門」或「一炷香」的，他們所拜神靈稱為「老佛爺」疑即大佛教的旁系，而他們又自稱「茶葉門」或「一炷香」，顯然也是灤州石佛口圓頓教的支流。1964 年秋，我曾至霸縣參觀「四清」展覽會，會場的一面牆上懸掛著一個展牌，牌上畫著宣傳油畫，其右上角托裱著一張墨筆抄本的書頁，解說詞中說那是霸縣一帶流行的「反動會道門」大佛教所用「反動經卷」。我仔細看過那個書頁，原來它正是《家譜寶卷》後部中的一頁。（該展覽會結束後，又將展品運至許多地方巡迴展出，後來我又至霸縣訪求該卷，已經是不可查稽了。）易縣大佛教教首聲言將登皇位的依據是什麼？是否與《家譜寶卷》後部也在大佛教中流傳這個事實有關？請待進一步調查。

　　由於灤州是明清時代白蓮教派的另一個「聖地」，又由於嘉慶十七年（1812）楊得坡案中發現《家補寶卷》也是在灤州、昌黎、寶坻等地，因此我一直在注意訪求冀東各縣的白蓮教派秘密宗教的資料。據調查所知[22]，冀東一帶各種秘密宗教在解放前和解放後（1957 年前）確實都是非常盛傳的，其教派名稱很多，主要如「太上古佛門」、「聖賢道」、「收緣門」（按即「收源教」）、「白陽教」等等。其中最有聲勢的是「太上古佛門」，「太上」就是「太上老君」，「古佛」就是「天真右佛」，這是石佛口王姓所傳的圓頓教中的主要崇拜神靈，由此可證這一教派就是當年圓頓教的嫡傳。這些教派的流傳地區計包括興隆、密雲、平谷、薊縣、遵化等縣，如果加上灤州、昌黎、寶坻，大體上可以連成一片，已經是冀東地區的大部分了。在這些教派組織中還發現了大批經卷，但可惜沒有見到《家譜寶卷》。

　　1957 年乙太上古佛門為首的一些教派聯合進行反革命活動，領導鬧事的是李俊剛，他聲言要先占興隆縣，然後打進北京登極坐殿——不消說這又是一個「木子當來」！他的娘娘叫「張翠蘭」，這個名字很有趣，查圓頓教中從太上老君、天真古佛排下來的第五代祖師名叫張翠花，「張翠蘭」的名字疑即仿她而來。這也是秘密宗教中的習慣，如一貫道的「師尊」叫張光璧，自稱

---

[22] 我和承德市文物局李克域先生曾到興隆縣有關部門進行過訪問，發現過去興隆、密雲、平谷、薊縣、遵化等縣曾流傳著太上古佛門、聖賢道、收緣門、白陽教等秘密宗教，而且見到三十餘種經卷和 1957 年他們犯案後的檔案資料。這項資料的內容十分豐富，經過初步鑒定，這些經卷都是清末至民國以後刻印或排印的「壇訓」之類的經卷，也即簡化了的白蓮教的寶卷。從這些資料完全可以證明他們仍然是明清時代灤州石佛口王姓所傳圓頓教的流亞。

「弓長祖」，號天然，即仿圓頓教第六代「弓長祖」即「天然子」的名字而來。這就是嘉慶十七年《家補寶卷》、圓頓教流行的地區在一百四十五年之後的情況。

小結

《家譜寶卷》後部七、八、九品是一部在明末農民大起義期間，一種地方性的白蓮教派秘密宗教組織龍天道為了號召和組織其徒眾參加起義軍而編寫和使用的經典形式的宣傳品。它是現存的、極為罕見的明末農民起義軍除器物之外，直接使用的原始文獻資料。它比人們知道的嘉慶年間被官方啟獲的《三教（佛）應劫總（統）觀通書》、《定劫寶卷》之類曾策動過林清、方榮升等次農民起義的抄本寶卷還要早一百七十多年。三百多年來它一直流傳於不止一個白蓮教派秘密宗教之中而且被奉為「天書」，它在歷史上所起的正面和反面的作用都是很大的。

史學界從 20 世紀 50 年代以來直到最近，對於中國農民起義與宗教的關係問題的討論，斷斷續續地總有文章發表，但一般都沒有什麼突破，因此還須繼續討論。《家譜寶卷》後部七、八、九品原文的公佈，我希望能為這一討論貢獻一宗嶄新的資料。

歷史文獻資料，不僅從圖書館、博物館、檔案館、收藏家以及書肆等地方可以找到，社會下層的某些地方，目前特別是在廣大農村和少數民族地區，也可以找到，這就必須通過社會學、人類學的方法去訪集才成，《家譜寶卷》後部七、八、九品的取得是其一例。

歷史研究不應只是應用故常的編纂、論述、考據、校勘、注疏、索引等方法，更忌蹈襲前人，述而不作。因之許多歷史文獻

資料也應吸收其他學科的方法去處理，如比較的方法，統計的方法等，社會學、人類學的方法也是。收入本書的另文《校釋》和這篇《研究》就是我的實驗例題之一。我以為應用社會學、人類學的某些方法訪集和研究歷史文獻資料可以獨立成「學」，稱之為「社會歷史學」。在幅員遼闊，開化悠久，而又很不平衡，民族接觸和融合較多，文化遺存和民間傳說十分豐富的中國，開展社會歷史學，比之其他國家是具有特殊優越條件的（當然其他國家也是可以開展的）。我相信今後這種方法如能廣泛使用，必將為我國歷史研究工作開拓出廣闊的新的領域。

我讀書不多，於明末史事尤多未諳；文中舛誤之處，所在難免，博雅君子，幸匡正焉。

《家譜寶卷》後部缺品補

　　1996 年對我這個研究《寶譜寶卷》近五十年的人來說，是個不平凡的一年。首先是得到臺灣王見川先生所藏《家譜寶卷》後部的第一、二、三、四、七、八、九、十一、十二共九品，其次是得到南京陸仲偉先生所藏《家譜寶卷》後部第十至十四品。王藏本自第七品以下抄寫即很零亂，而且把不知是什麼寶卷也串進來，故只有第一、二、三、四品才略可取。雖然如此，這還是我幾十年來渴望見到的珍貴資料。陸藏本則是經過知識份子加工的，而且是大字石印本全文，並且帶有這部分寶券的作者姓名。陸先生知道我很需要它，竟將他收藏的原書（連收藏者的批注都帶著）寄贈給我，可見這位知識份子的高風亮節。這樣就補充了我於 1948 年得到的李抱一藏本所缺的前六品的第一、二、三、四品和後部的第十至十四品，第五、六品仍是有目缺文。我一直不認為所缺的那部分是作者未及著筆就罷手了，我希望不定哪一天就能找到它們，果然不出所料。

　　這個曾於三百六十年前策動農民起義，作為李自成起義的一個組成部分——龍天道領導人及其會眾所用的宣傳品總算找到了

它的大部分，很不容易，值得重視。這比我們發現太平天國的一紙文告，義和團的一張揭帖，辛亥革命時的一張報刊價值高多了。

對這些新獲資料研究後得到許多新的認識，有的證實了我過去僅據第七、八、九品的研究結果和一些推想是正確的，可以成立的，有的做了補充、糾正。《〈家譜寶卷〉後部第七、八、九品校釋》和《〈家譜寶卷〉後部第七、八、九品研究》兩文都是我1980 年草創，1981 年定稿，1982 年修訂，1983 年二次定稿的，我曾把手稿的影印本送給過很多中外朋友，有的據以寫成文章，所以此次收入我的文集，並未加以多少改動，以保持原貌，也是作為我對《家譜寶卷》後部研究的一個階段性成果。以下即將我根據新獲資料所得到的幾點新認識列下，以饗讀者。

（一）我曾根據《家譜寶卷》第七、八、九品斷定它是龍天道的一種特殊的經卷，可以獨立成文，現在完全可以證實這一點。它的前面還有六品，我曾以為它應該稱做「前部」，因為我從李抱一處得到的就是從第七品開始的。實際上後部就是從第一品到第十四品，前六品的寫作年代與以後的幾品有距離，社會背景不會相同，寫作目的也不會相同，除名稱一樣外，內容不會有所關聯。《家譜寶卷》前部另有其書，只是現在還沒發現。

（二）後部自第一至第六品（實際只有四品），第七、八、九品，第十至第十四品應該作為三個部分，應該是三個人分別寫成的。這三部分的風格完全不一樣，第一部分是講道的語言，分別講了不准好色、好貪、開齋、反卷以及一些儀節性的東西，第三部分則由於經過文人加工，用語大多很文雅（有的不盡是）。第二部分的語言則充滿慷慨激昂，像第一、三兩部分的習慣用語，如「條律寶卷」，「米老母」，「劈反卷之鋼刀」，「上咐」等等均不見於第二部分中。有的段落亦稍稍涉及當時形勢，也似自第

二部分中抄襲而來。

（三）第一至六品寫於什麼時候，這個問題倒很容易解決。因為它已在卷內多次交代是在嘉靖年間寫的，那個時候正是龍天道大行其道的時候，而且沒有特別緊急的任務，那樣的內容什麼時候寫出來都可以。不像崇禎末的「過甲申難過乙酉」，那時風雲突變，尤其是李自成的大部隊來到了燕南趙北，這就給了龍天道徒一個特別緊急的任務：他們要附入義軍一起攻打北京，於是寫了第七、八、九品這個「急就章」來宣傳鼓動，而十至十四品則又是從容地寫出來的，但也沒有拖得太久，何以言之？

卷中寫了這樣的話：

> 「二千五百年天地大變，牛八已盡，紫微星臨凡，二十八宿九曜星官，三千徒眾，七十二賢，洞賓保駕，破州城府縣。壬年癸未甲申乙酉，如滾湯潑雪，到處騰城，立下中京。」
> 「甲申乙酉，紫微住北京，殺個流平，回來立下中京。」

就是說寫卷的時候北京已經拿下，朱明已經亡國。作者還以為紫微星李自成會在二十八宿和各位神祇的護佑下占住北京，然後回到燕南趙北「立下新京」（建都）。而清朝定鼎以後的情況卷中一字未提。不像《定劫寶卷》那樣，作者已經親歷過清朝定鼎後的屠殺、剃髮之類的民族壓迫政策，因此立場立即轉變，由擁李反明，變為擁李反清復明。由此可證，十至十四品是寫於義軍拿下北京尚未敗退之際。這時候當然仍是兵荒馬亂，社會秩序還很不安定的時候。這種時候仍是一種民間秘密宗教宣傳、發展的好機會，因此《家譜寶卷》後部的作者（不一定與七、八、九品為同一作者）又續寫了十至十四品。

（四）我曾根據《家譜寶卷》第七、八、九品斷定李自成別部劉宗敏、劉芳亮曾與自成分兵兩路，由南路向北京進攻，曾住在平山一帶山區內共約一個多月，以待消息。在此之前曾移師蘆溝橋。新獲資料《家譜寶卷》第十四品中明確說出：

> 「紫微東投之時，二十八宿各投凡竅，先下州城府縣為寇，等至卯金刀合兵一處，齊到蘆溝橋，等破了幽州，回來符相兌。」

> 「太平年不尋知識，自己心高意大，當做領眾。卯金刀投凡下世，保紫微爭奪天下，日月離散牛八悲，一人穿頁罡子貴。」

> 「躲生死要跟劉李，赴龍華早認彌勒。」

這些「卯金刀」、「劉李」指的都是什麼？看來「劉李」的聲望，我說的是在群眾中的聲望，要比他們在正史中被描寫的要高得多。

（五）王藏本《家譜寶卷》開頭的《香讚》中說：「頭五品可看無妨，後九品靜室深山有道賢良便看。」這裏的「五」字是「六」字之誤，「九」是「八」之誤，因李抱一藏本就從第七品開始的，只有三品（陸藏本又從第十品開始）。而且從王藏本看，其缺文的第五品題為：《普傳五靜香火》，第六品題為《留傳合同家書表文》，顯然與上面的五品內容是相仿的，即不可能從一般地講道一下子就轉到「革命」上來。在《會下頭行貪色品第一》上有句話是這樣的說的：「以前幾品肯傳，後幾品會主不得真寶合同聖地家鄉，失漏天機之事。」又是說的模糊語言，不足為憑，所以我們只好承認「五」是「六」之誤，「九」是「八」之誤。

（六）我曾認為這本寶卷是一位稱做「老母」的人所吐，在

第七、八、九品中不斷見到「老母」或「母」字樣,但不知是米菩薩還是米老母、或米貝母,因為「米菩薩」字樣在《破邪詳辯》裏就已見到了:「龍天教,米菩薩。」這次從新獲資料中得知:「條律寶卷,米貝親傳。」「米貝母出在靈光,等法船去找失鄉。」「這家譜,米貝母,親口吐下,泄天機,好悟救,後世兒孫。」還從「嘉靖年間留傳,萬曆五年母皈宮」一語知道米貝是死於萬曆五年的。又從「條律寶卷」一詞知道《寶卷》的別題是《條律寶卷》。還知道:「收元老母不落在魔王之手,道是黃天道,恐怕後來遭風草,壞了教相,倚龍天為教,每日四時焚香,拜謝龍天」,推知龍天道最初叫過黃天道。還知道:「寶卷原是正德十四年未掌道就留家譜與後人,為人眼目,好辨真認假。」請注意:「親口吐下」一詞並不意味著一定是由她寫的,很可能由她吐,由別人寫或由不止一個人寫。如第十至十四品的作者是一個叫李文閣的人,在第十四品最後有這樣一句話:「日閣道人李文閣淺筆。」「日閣道人」是他的別號,「淺筆」猶「拙筆」,是他謙虛的意思,下文還有「淺書」一詞可證。

(七)我們一向知道成化年間山西崞縣王良及忻州封越利用秘密宗教起義為官軍所獲,追出其妖書圖本榜示天下事,並錄出其書八十八種(見朱國禎《湧幢小品》卷二十二,及余繼登《典故紀聞》卷十五)。我們還知道這些妖書圖本是寶卷,而又沒一個名字上帶有「寶卷」字樣。這次我們從《家譜寶卷》第十四品中獲知龍天道會眾直到明亡還在使用這些經卷,而且把它們當做「七家經書,成仙了道」的法寶。它們是這些:

　　《篆文紅陽冊》(上下二部)　　成化年有《金鎖洪(紅)陽大策(冊)》。

《混海圖》（上下，一雌一雄）　成化年有《通天混海圖》、《定世混海神經》。

《九龍戰江圖》　成化年有同名此經。

《玉帝綿纏經》　成化年無此經。

《飛天拔苦金牒》　成化年無此經。

《盡天曆》　成化年有《透天關盡天曆》。（《家譜寶卷》《香讚》及第一品中兩次提到此卷。）

《白陽經》　成化年有《鎮國定世三陽曆》。

這些不帶「寶卷」字樣的「寶卷」在成化年犯了案，才被官方抄走，它們的開始流傳年代必是在此以前，甚至是更以前。到正德年間才出現了「寶卷」字樣，從此「寶卷」又以一種全新的結構、內容，並且隨著時代的要求而變異著地風行了四五百年。這是我研究《家譜寶卷》附帶得到的認識。

（八）在新獲資料中十分強調「上表」，就是向上天上的龍天表。如說：「寫一表一疏一狀，當極報，玉皇疏，呈老母。」在我研究過的第七、八、九品中也很多見，如說：「訪知識，呈牒表，進表升文。」可見上表是龍天道的重要儀節之一。今天還要哪裡去找那些龍天表的原物？我們曾在調查現在存世的民間秘密宗教時見到過，如在一貫道中、聖賢道中等。現在我們又在《家譜寶卷》第十四品的最後一段，即「李文閣淺筆」以下的部分。這一部分的文風與以前三個部分都不一樣，連續用了幾十個仙佛的名字排比起來，前面有：「身住府縣村，家中佛堂，安盤定果。眾人聖地，男女老少，存性保處，請佛入簾。」後面有：「清紅兩福，真心朝天。文憑進聖，朝號通天，萬神同知。」這分明是一張龍天表（只是後面附上二十四句詩，有些多餘），我

們也可以看到三百六十年之前民間秘密宗教的儀節一斑。

　　以上八點是主要的新認識，還有一些，無關緊要，這裏就不必辭費了。

《三教應劫總觀通書》初探

　　研究清代農民起義的、研究寶卷學的一提起《三教應劫總觀通書》來，莫不認為它是一部非常重要非常神秘卻又失傳了的寶卷，因而莫不感到遺憾。我也是一樣的。但我又一直認為它很可能還存世。根據我的經驗，許多重要性勝似這部《通書》，也認為是失傳了的，還是不斷被發現。這部當年曾大為流傳的寶卷，儘管被朝廷嚴厲查禁，也不會消滅得一本也沒有了。據我所知，幾十年中確實有人找到了它，或見過它。由於它滿紙荒唐，無甚價值，遂納之書櫥，或如丘而止。也有人認為是找到了，以至著文公佈或著錄於目錄書中，其實卻是疑似。我則是必欲找到它一窺究竟方快。

　　果然，1995年我還是通過田野工作方式在山東寧津縣（原屬河北省）的兩個農村裏找到了它，而且是兩種不同版本，一本是壬子年王興會、楊振京抄本，一種是丙子年趙自端抄本。寧津一帶曾是白蓮教派民間秘密宗教盛傳的地方，宜乎其有寶卷之類的經書存留。

　　我找到這兩種《通書》之後的幾年中，只是反復地閱讀它、

研究它，未敢輕易為文。2000年6月我參加了在香港中文大學舉
辦的「宗教與中國社會國際學術研討會」，在由我主持的大會閉
幕式並宣講論文時，首次發表了我已找到《通書》的資訊，並當
場把一個複印本請宗教系主任吳梓明教授轉贈給中文大學圖書
館。2001年10月我應邀赴日本東京學習院大學講學，在10月5
日的一次講演時我第二次發表了我已經找到《通書》的信息，並
當場把一個複印本請歷史系武內房司教授轉贈給學習院大學圖
書館。此外我還給過幾位中外的同道。

　　我這樣做就是希望有人能利用它寫出文章來，因為我的年事
已高，與幾十年前的思維狀況相較自然不可同日而語，所以我自
己不寫文章實際上是想藏拙。然而許多位見到這部寶卷或知道我
已找到它的同道們卻一再督促我，期待著見到我的文章。這種盛
情使我藏拙不得了，那就只好把我的粗淺認識陳述如下，做為對
《通書》的初步探討，所謂野人獻曝是已。

一

　　為什麼《通書》曾經被研究者認為是非常重要非常神秘的寶
卷呢？就是由於那位老奸巨猾的三朝元老那彥成在奏摺中向嘉
慶皇帝「張大從嚴之見」的結果，其實它並沒有那麼重要那麼神
秘。

　　《通書》這部寶卷曾在嘉慶十八年（1813）九月十五日的「癸
酉之變」後一日林清被逮捕時在大興縣黃村他家中抄出。當即送
呈皇帝御覽，可能是由於這次事變對他的震動太大了，認為是「唐

宋明未有之事」，於是忙不迭地寫了一份《遇變罪己詔》[1]，對於送呈的《通書》沒來及仔細閱覽，因此沒有作出反應。

「癸酉之變」後，河南滑縣的李文成還在繼續戰鬥，嘉慶皇帝又派了陝甘總督那彥成為欽差大臣前往鎮壓，而且要求速戰速決。但是那彥成來個「將在外」，並未按照皇帝的佈署辦事，穩穩當當地等候從各處調來更多的兵力再動手。嘉慶皇帝對他抗旨不遵非常惱火，又連下了一道「密諭」和一道上諭，對他嚴行申飭[2]。幸好援兵很快調來，經過三個月的鏖戰，李文成起義被平息下去。而那彥成的屠刀並沒放下，還是在直魯豫三省交界的數十州縣進行兇殘的搜索屠戮，這當然是他想再立新功，以顯示他是正確的，皇帝是錯怪了他。

事隔一年後，嘉慶二十年（1815）春在安徽和州又發生了一起方榮升收圓教案，嘉慶皇帝責成兩江總督百齡拿辦，至同年八、九月間全面破獲，除將為首者三十五人慘殺於江寧校場外，又抄出多種經卷什物，其中有《應劫寶卷》又名《應劫冊》一種，這是第二次發現《三教應劫總觀通書》[3]。這些經卷什物也曾呈給皇帝御覽。從檔案資料看，他對於《應劫寶卷》還是沒作出什麼反應，而是對於百齡拿辦方榮升時捕獲的王秉衡特別注意，因為他供出了方榮升的師承關係：王秉衡傳柳有賢，柳傳葛正彩，

---

[1] 《仁宗實錄》卷 274 第 8-9 頁。

[2] 《仁宗實錄》卷 277 第 2、70 頁。

[3] 《應劫寶卷》之名見馬西沙、韓秉方：《中國民間宗教史》（上海人民出版社 1992 年版）第 652 頁引嘉慶二十年九月《方榮升供詞》的附件；《應劫冊》之名見吳之英：《圓教始末及其經卷》（《人文月刊》1937 年 8 卷 5 期）引百齡《祗庵日記》及楊縉《菊溪節相除邪紀略》。從吳文的引述看兩者實為一書，並可證兩書都是《三教應劫總觀通書》的別本。

葛傳金憬有，金傳方榮升。王秉衡是灤州石佛口東大乘教創始人
王森之後，東大乘教多次改換名稱，曾經叫過圓頓教，嘉慶時代
稱為清茶門教。王森的後人和徒弟們多次鬧過起義，此次拿獲的
王秉衡還是王家人，所以他認為石佛口王姓是危及清朝社稷的禍
根。於是他在嘉慶二十年十月又下了一道上諭責成那彥成（當時
已是直隸總督）對石佛口王姓進行搜拿。

　　那彥成接旨後立即派員到灤州石佛口、盧龍安家樓、闞家莊
並河南、湖北、安徽等地分路訪查。經過對拿獲的多個犯罪嫌疑
人嚴刑逼供、熬審，終於根據他們的輾轉供詞在邯鄲拿獲了王克
勤一犯，並在他家搜出《通書》一冊，他並確認其來歷與在林清
家搜出的一樣，都是石佛口王姓所傳。這是第三次發現這部寶
卷。那彥成喜出望外，認為這將成為他再向皇帝邀功的又一契機。

　　嘉慶二十年十二月十四日那彥成給皇帝上了一通很長的奏
摺：《那彥成奏搜拿灤州盧龍縣王姓宗族訊供情形折》，對皇帝做
了一次很重要的開導，尤其強調他搜獲的《通書》是「各項邪教
之宗」，是「禍首惡根」，必須搜查淨盡，否則貽害無窮。奏摺中
說：

　　　　奴才因查該犯等所供三皈五戒，止係勸人吃齋修好，現
　　經嚴查，又無妄誕符咒及別項經卷，何致累代流傳，蔓延
　　各省，俱皆聽其煽惑，送給銀錢？且累年犯案，正法、發
　　遣者不一而足，何以該族人等溺迷不悟，始終仍蹈覆轍？
　　其中必另有詭秘別情，該犯等匿不供吐。……在於王克勤
　　家搜出《三教應劫總觀通書》一本（朱批：此書曾見過），
　　及抄寫經卷一本，並起獲劉煥等往來書信三紙。當將經卷
　　詳細檢閱，以燃燈佛、釋迦佛、未來佛為三劫，有青山石

佛口字樣，臚列三皈五戒，其悖逆不法語句均堪髮指。……

　　惟查該族歷經犯案總未悛改，實由三教邪說易滋煽誘，往往一再流傳即成巨案，名為清茶，似無謀逆之跡，暗圖未來，實為謀逆之由。……恐各省被誘入教之犯藏有《三教應劫》逆書，若不搜查淨盡，仍恐貽害無窮。請旨敕下江南、湖北、河南各督撫，一體查照清單，嚴緝究辦，並密搜《三教應劫》逆書，務令毀除淨盡。[4]

最後幾句話雖是「請旨敕下」，實際上是那彥成命令皇帝照他的「指示」辦事。這樣嚴厲的措詞還怕打不動皇上，他就在遞上這通奏摺的同一天又追補了另一通「密奏」──《那彥成奏請將訊未習教王姓族人全數徙往雲貴兩廣四省片》：

　　再，石佛口等處王姓傳教一案，奴才愚昧之見，請將該族為首傳教者，俱照大逆定擬，解交該處正法梟示，親屬緣坐。……奴才受恩深重，萬不敢稍存張大從嚴之見，惟既查明該族積惡貫盈，實為各教總根，不得不為剪惡除根之計，以期仰副聖主除莠安良之至意。

最後幾句話雖然是「萬不敢稍存張大從嚴之見」，實際上正是「張大從嚴之見」。嘉慶皇帝這位沒有什麼作為也沒有什麼治國平天下韜略的統治者見到那彥成這樣的奏摺，就完全言聽計從了。他在接到奏摺後兩天（十二月十六日）即下了一道上諭：《諭那彥成將石佛口王姓為首傳教者照律問擬》：

---

[4]　故宮博物院明清檔案部編：《清代檔案史料叢編》第三輯。中華書局1979年版。以下所引上諭、奏摺均自此書。

所有起出《三教應劫總觀通書》前年林清滋事，持此書惑眾，揚言為應劫起事。又所稱三教分掌天盤，彌勒掌教時每十八月為一年。方榮升偽造《萬年書》，亦由此邪說而起。至書內逆詞不一而足。如清朝以盡，四正文佛落在王門；胡人盡，何人登基，日月復來屬大明，牛八元來是土星等語。閱之真堪髮指。……今查出種種悖逆情形，罪同林、方二逆，必應照大逆辦理。著該督即將現獲各犯嚴行審訊，為首者按照大逆律問擬凌遲，派錢臻解交刑部復審，正法梟示，該逆親屬照例緣坐。

從這道上諭看嘉慶皇帝確實被那彥成打動了，對《通書》也重視起來。他在當天即按照那彥成的「指示」下了三道上諭。一是給河南巡撫的《諭方受疇從速查拿王允恭父子在河南所傳徒眾》；一是給湖廣總督的《諭馬慧裕等查拿王泳太等人》，此諭包括給湖北巡撫張映漢；一是給兩江總督的《諭百齡等從速查拿王殿魁在江南所傳徒眾及其家屬》，此諭包括給江蘇巡撫張師誠、安徽巡撫胡克家，真可謂興師動眾了。

這些上諭的內容大同小異，基本上是按照那折的內容寫的，有的地方是照抄原文。這些上諭發下去後，第一個回奏的還是那彥成，他在嘉慶二十年十二月廿一日又是一天上了兩通奏摺，第一通是《那彥成奏審明教首王殿魁等世代傳教情形分別定擬折》，他說：

奴才因查《三教應劫》妖書，本系王姓家捏出，語句狂悖，以為借此要結人心惑眾斂錢之具。乃現在傳教各犯本家何以轉無此書，顯係藏匿，不肯據實呈出。嚴加根究，據該犯等供稱：石佛口傳教各家屢經犯案之後，經書等項

俱已銷毀，各家並不敢存留。至在外傳教之人，有無傳有
此項悖逆妖書，在外均系各自傳教，並不照會，從無知悉。

這分明是那彥成向嘉慶皇帝「賣關子」，告訴他沒有找到不
能怪我無能，而是因為王姓人家裏倒沒有《三教應劫》妖書了，
要找就要加強搜繳的力度，繼續下上諭，讓各有關地方督撫司府
官員盡法嚴辦，務期將《三教應劫》妖書銷除淨盡。皇上果然照
辦，十二月二十五日就下了一道上諭：《諭直隸等省出示收繳三
教應劫總觀通書》：

> ……該犯等四出傳徒，所有《三教應劫》邪書，保無帶
> 往各處。其所傳之徒或有將此書抄寫藏匿及輾轉流傳者。
> 著那彥成、百齡、馬慧裕、張師誠、胡克家、方受疇、張
> 映漢繕寫簡明告示各處張貼，諭以《三教應劫總觀通書》
> 係屬悖逆妖書，藏匿在家者，迅即呈繳到官……若不知悛
> 改，經此次曉諭之後仍將此種妖書藏匿在家，經人告發，
> 即將藏書之人照王克勤之例問擬絞監候。……務期將此種
> 妖書銷除淨盡，其呈繳之書，俱著封送軍機處奏明銷毀，
> 將此各諭令知之，欽此。遵旨寄信前來。

這樣一來，收繳《通書》就成為當時的頭等大案要案。然而
不能不叫嘉慶皇帝和那彥成失望的是以後所有寄信前來向皇帝
回覆的沒有一個是又查到《通書》的，也就無所謂向軍機處呈繳
了。這就是它成為後來研究者視為重要而神秘卻又失傳了的原
因。

二

為什麼說《三教應劫總觀通書》並沒有那麼重要那麼神秘呢？看看它的內容就知道了。它的內容共是三個方面，以下分別論述。

（一）第一是天佛（即無生老母）派遣燃燈、釋迦、彌勒三位佛祖命他們分掌青陽、紅陽、白陽三個時期的天盤，渡盡九十六億原人，最後在龍華會上歸根認母。他們剛接到派遣時都表現了畏難情緒，經過天佛的一番說服，又許給他們一些條件，派遣多少位仙佛星祖菩薩幫他們一起辦道這才接旨、下凡。這套說教大部分白蓮教系統的教派都以它為基本教義，從明清的寶卷到現代的壇訓隨處可見，例證舉不勝舉。

上文提到那彥成在嘉慶二十年十二月二十一日一天上了兩通奏摺，其第二通是《那彥成奏查獲經卷呈覽並將王殿魁等解部復審折》，他寫道：

> 奴才正在遵旨嚴審定擬間，據清河道韓文綺委員在石佛口二裏許之圍峰山壽峰寺內查有《皇極金丹九蓮正信皈真還鄉寶卷》一部，共二本。……王姓累代傳教，仿照此經編造三教應劫、分掌天盤等邪說，煽惑騙誘，實為各項邪教輾轉附會之宗，毫無疑義。

那彥成這樣說是因他沒見過多少種寶卷，見得多了就懂得《通書》絕非只是抄襲《九蓮經》，而是抄自很多種寶卷，拼湊一起而成。《九蓮經》確是一部比較重要的寶卷，有好多位學者都研究過它。它的寫作年代很早，版本很多。存世最早有嘉靖二年（1523）重刊本，最晚有宣統、民初的，可見其流傳的廣泛。

那彥成實在找不到《通書》了，碰巧遇到這部《九蓮經》，又看到有幾段話與《通書》相似，就說王姓仿照此經編造的《通書》，這樣，《九蓮經》就成為《通書》的祖本，價值豈不更高！其實《九蓮經》中把無極、太極（即青陽、紅陽時期）渡了四億原人的事一帶而過，只是描寫了皇極（即白陽時期）無生老母派遣彌陀（應是彌勒）渡回九十二億原人的情況。以下錄出這段文字。

> 爾時彌陀哀告世尊老母，我今到於東土，憑甚妙意收補元人歸家認祖？世尊答曰：吾與你十件大事，真火真水，八明四暗，歸家妙偈，護體真經，到此元人齊至，不怕水火風災。用心保守原來聖意，到那東土半開半掩，不可洩漏玄機，仔細仔細。彌陀告曰：咱這一去，玄關緊閉，誰人知道後天消息？世尊答曰：我預先打算就了，先差八十一個假彌陀，三十六個假收源，五門天魔先去烘名闖數藉口傳言，你情（擎）現成，結果收源。吾今與你混源冊、諸佛蓮宗、明山聖地、皈家表文、九蓮圖、三極香火、十步修行、投詞誓狀、明暗查號、護法神祇、時時擁護。……
> [5]

這段引文與《通書》的相應部分對照確是十分相似的，有些用語也完全一致。那彥成把這番說教以偏概全地指稱「王姓累代傳教，仿照此經編造《三教應劫》」無疑是張大之見。

（二）《通書》的第二方面內容是擅改曆法。曆法本是由通曉天文的專門家或掌管觀測天文的機構如太史局、欽天監等根據日月星辰的運轉按照一定規律制定的計算年月日的法則，是人為

---

[5] 《皇極金丹九蓮正信皈真還鄉寶卷》第三品《彌陀領法臨凡》。

的，不是一成不變的。我國古代有一種天人感應說，認為朝代的更遞、帝位的傳承與天象的次序是相應的。所以歷來把改變曆法視為一個政權極為重要的政治措施，這樣不僅可以顯示這一朝天子的權威，也可以顯示他懂得觀象授時，指導人民生產，關心人民生活。根據歷史記載，我國歷代制定的曆法就有130餘種，這還是不完全的統計。著名的如司馬遷的太初曆、祖沖之的大明曆、李淳風的麟德曆、郭守敬的授時曆、湯若望的時憲曆等。這些曆法實行的時間有長有短，有的定出來沒有實行。

正由於這樣，歷史上有多次農民起義前就擅自製造一種曆法，說是要在奪得政權之後頒行，這類曆法有的就載入他們的經卷，如明成化間在民間秘密宗教中流傳的經卷88種[6]中就有《九曜飛天曆》、《鎮國定世三陽曆》、《顯明曆》、《夫子金地曆》等可能是一些曆法。這些曆法迄今尚未發現，故暫時尚不知其內容。而《通書》則為我們提供了一種足資參考的模式。

《通書》改變的曆法首先是認為現在正當紅陽時期，曆法是按照「查補天盤」所定，即1年12個月，24節氣，12生肖，60甲子，28宿。以此為基準，又推出上一個青陽時期的曆法是按照「靈角天盤」所定，即1年6個月，12節氣，6生肖，30甲子，84宿。再推出下一個白陽時期的曆法是按照「星宿天盤」所定，即1年18個月，36個節氣，18生肖，90甲子，42宿。他們的推算方法是保留了從甲至癸10個天干，地支則分別改為6個或18個，於是30甲子就是天干輪了3次，地支輪了5次；90甲子就是天干輪了9次，地支輪了5次。另外又相應地把30或90甲子的納音（即海中金、爐中火、路傍土……）也分別改為30或

[6] 見明朱國禎《湧幢小品》卷35，明餘繼登《典故紀聞》卷15。

90。

這種模式是較普遍被一些教派使用的，他們互相抄襲，這再一次證明《通書》是來自不止一種寶卷的。正如前引嘉慶二十年十二月十六日那道上諭中所說：「方榮升偽造《萬年書》，亦由此邪說而起。」這是事實。請看下面這段引文。

《萬年時憲》

《菊溪節相除邪紀略》：「……其中多怪體字畫，……以四十五日為一月，十八月為一年，金木水火土之外增慧動二者為七行。並指通行正字為五行，私以二三四字並為一字，自稱七行。」按此與八卦教中《普明如來無為了義寶卷》及《普靜如來鑰匙通天寶卷》所言相同。

《萬全天書》

此書與《萬年時憲》大抵相似，不外推演教義，附會天心星宿，並多生死祿命預言及〔曆〕算禮懺方法。[7]

引文中的《萬年時憲》、《萬全天書》即嘉慶上諭中所說《萬年書》，菊溪節相即兩江總督百齡。按語中還提出《普明寶卷》和《鑰匙寶卷》，這也是不錯的。以下即將《普明寶卷》的敘述錄出，以資說明《通書》中也有同樣敘述是無足為奇的。

《離垢如來分第十二》：一年八百一十日，九甲天圓有誰明。一十八月為一歲，十八時辰晝夜巡。八十一度先天氣，一百六十二候真。一百四十四刻轉，不錯分毫最難明。一月四十零五日，一甲整按九十宮。才是三元真佛理，萬

---

[7] 見前引吳之英文。

物都歸一性根。

《普明無為了義如來分第三十六》：五百四十日為做一年，一百八十日為做一甲，六個月分做一年，晝夜按著六時，每一時辰八刻，一晝一夜四十八刻。

十二個月為做一年，三十日為了一月，晝夜十二時辰，共合九十六刻，內按九十六億人緣，過去佛度了二億……

「一十八劫已滿，改形換體，十八個月為做一年，十八時辰乃為晝夜。一年正合九甲，四十五日為做一月。晝夜一百四十四刻，迴圈周轉，總計八百一十日為了一年。

以上兩個方面共占全卷的 1/2 強，是《通書》的主體，也可說是原著。其內容都是民間秘密宗教很通俗習見的教義，但這卻是他們宣傳和招攬信眾十分重要的手段，何以言之？他們揚言天盤要改換了，日月星辰的運行規律，五行、八卦、九宮、十二律、二十八宿、六十甲子納音的秩序都要改變，只有實行新的曆法才能適應這種變化，這是天機。什麼時候改變天盤？要經過一次大劫，大劫來時水火風三災齊降，世界重新陷於混沌，大劫過後天盤就改變了。大劫就要來，要想躲過，只有入我的教。這是白蓮教派各種宗教的統一伎倆，也正是使得歷來的統治者感到「髮指」之處。

（三）《通書》的第三個方面是在前兩方面即原著後面續編的，它們之間沒有什麼必然聯繫，是硬牽合在一起的。它是兩種預言書，一種是嫁名朱元璋與劉伯溫用問對形式談論幾百年間政治、社會、歷史變遷的過程，即一些讖語；另一種是嫁名劉伯溫與呂洞賓、韓湘子也用問對形式解說奕棋、賭博及一些謠諺，即謠言，來推演教義的。問對也叫答客難，是作者假託兩個人對話，

設了多少個問題，然後一一回答。這種形式民間宗教編寫宣傳品時很喜歡採用，《通書》也採用了。

民間流行謠諺是一種普遍的民俗文化現象，可說是無時無地無之。先秦典籍（包括甲骨卜辭）、歷代正史、方志、筆記等文本資料既隨處可見，存在於人們口頭自生自滅的更不知凡幾，直到近現代，這種現象依然盛傳不衰，以至在電腦上竟也有專門網路可供檢索。有兩位日本學者安居香山、中村璋八編了一部《緯書集成》（河北人民出版社，1995年版），其附錄之一是《歷代史書和筆記中的謠讖》，他們從正史和筆記中鉤輯了各時代的謠讖379條，其實這是很小的一部分，如在數千種地方誌的五行、祥異、災異等志中的謠諺記載就比比皆是，遑論其他。因此如果說中國是個謠讖大國不為已甚。

謠讖的內容很廣泛，它以隱語、謎語、雙關語、韻語、聯語等形式對當時發生的社會各方面的不良現象所謂時弊進行針砭抨擊，諷刺嘲笑，特別是涉及政治的，往往切中肯綮，歷來的統治者莫不把「謠諑繁興」的局面視為邪妄妖氛，是國家不祥之兆，《通書》所以被清廷深惡痛絕即緣於此。不僅此也，連彌勒佛被無生老母派到下方救渡九十二億原人時，他也發愁世上的謠諺流行是一種他要完成任務的障礙。請看下面這段經文：

> 愁的是閻浮苦海無邊岸，愁的是末劫時年。愁的是三災八苦乾坤變，愁的是水火相煎。愁的是龍爭虎鬥人民怨，愁的是小兒謠言。……[8]

---

[8] 《皇極金丹九蓮正信皈真還鄉寶卷》第三品《彌陀領法臨凡·下生臨凡怨》。

這就是所謂「十愁」，也是民間宗教慣用的俗套，類似「哭五更」，不僅見於寶卷裏，壇訓裏也多見，如無生老母、關帝、呂祖等也常在降壇時這樣發愁。

這類預言書出現最早、流行最廣的應屬傳為唐代李淳風所編的《推背圖》，同樣廣泛流行的是傳為劉伯溫與朱元璋問對的《燒餅歌》，還有劉伯溫與鐵冠僧問對的《鐵冠僧透天玄機》。《通書》所收入的第一種預言書恰好也是托稱劉伯溫與朱元璋的問對，以之與《燒餅歌》、《透天玄機》對照，不僅內容相仿，連用語也有許多雷同處。據考這類預言書頗多因襲明清稗乘載錄關於劉伯溫的異聞，並非一人一時之作。約至晚清始大體定稿，而《通書》則顯在它們之前[9]。

在《通書》所收的兩種預言書中有幾個地方值得注意。首先還是那幾句殘留在嘉慶皇帝上諭裏的話：「清朝以盡……日月復來屬大明……」這幾句話是《通書》的關鍵字語，是使得那彥成和皇帝的頭髮都豎起來了的話。實際上他們那是蜀犬吠日，何至於那樣！反清復明思潮有清一代始終不斷，說上幾句這樣的話那是很自然的，只是見於寶卷中的就不止《通書》一家，即如百齡在拿辦方榮升案時搜出的那種《定劫寶卷》，其中有一段太白金星與王母娘娘的問對：

> 金星曰：誰治凡，誰治聖，我不解其意。王母曰：無聖（生）治世圓（困）十口之人，戰馬四十八萬趕散胡人紅花，日月付（復）來。周劉暗渡賢良，人難曉各示命脈。

[9] 參閱陳學霖：《讀劉伯溫燒餅歌》，見《壽羅香林教授論文集》，香港1969年版。

　　　　有十八孩兒十八賢主立起朝綱，軍民得安。[10]

請看，這裏不是也很明白地寫著「趕散胡人紅花，日月復來」嗎？
為什麼沒引起像《通書》那樣的軒然大波呢？就是因為百齡沒有
像那彥成那樣的炒作，所以《定劫寶卷》就沒有顯赫起來。儘管
這部寶卷也呈給了嘉慶皇帝，而在他處理方榮升案時卻一字未提
「書內逆詞」的事。

　　按，《定劫寶卷》也見於明成化間的 88 種經卷目錄中，清初
經過大的改寫，成為寫於李自成攻入北京前夕的《家譜寶卷》的
姊妹篇，《家譜》是擁李反明的，《定劫》是擁李反清的[11]。

　　上面引自《定劫寶卷》的話不只核對出來「日月復來」一語，
也核對出來乾隆三十七年於河南臨穎查拿劉省過清水教案時究
出山東濮州王中所編的《訓書》中的「平胡不出周劉戶，進在戊
辰已巳年」[12]兩句話裏「周劉」一詞。這樣就把《通書》和《定
劫》的關係，拉近了一步，如何梳理它們的關係，這又是一個課
題。

　　《通書》殘留的那幾句話原文後面還有兩句：「朝內暗扶穀
去子，滿朝諸佛盡稱名。」也是值得注意的。「穀去子」是什麼
意思？《通書》裏還有兩處是這樣寫的「紅花穀去內裏子」，「穀
去內子是大賢」。從這幾個「穀去子」看，它是一個人的姓。按，
寶卷之類的經書隱指人的姓氏時常用拆字法，如十八子、卯金
刀、弓長、走肖等，而「穀去子」不可能是什麼字拆成的字素，
只能用會意法才勉強可以猜測：穀去子就剩下糠了，糠與康通，

---

[10]　《定劫寶卷》（不分卷），民國三十年（1941）婁安邦抄本。

[11]　關於《家譜寶卷》我有另文考證。

[12]　參閱《中國民間宗教史》第 952 頁。

那就是康某人了。《通書》最後一段是 12 句韻語，列出了將要臨凡的十位佛祖姓氏和他們的分工：

> 一土（王）未來降下方，享邑（郭）原來是玉皇，一字紫根（丁）摘光祖，十日十五吊（韓）聖人，掌法教主門內吉（周），穀去內子（康）是大賢，古不出頭（田）大玄子，卯金刀（劉）裏傳法君，木易（楊）門下無生母，弓長（張）助道是真人。同願了盡釋迦道，同上靈山掌乾坤。

這裏也有康某人的姓氏，再從「朝內暗扶穀去子，滿朝諸佛盡稱名」來看，康某人是聲望最高的。他是誰？這又是一個需要研究的課題。

在朱元璋與劉伯溫的問對中，有一段是朱問劉將來清朝能有多少年天下，並提到「人人說東明曆上後有胡人二百秋」，請劉解釋。這裏說的《東明曆》肯定是一種曆書，既然它能做為推定清朝坐天下年限的依據，它就是一部很重要的典籍了。據知這部書是存世的，有位英國浸禮會的牧師秀耀春（F.H.James）於 1890 年發表過一篇論文《山東的秘密教派》[13]，文後附有《某些教派文獻目錄》，其中就有《東明曆》，注釋說它是「主要供秘密教派成員用的秘密書籍」。我估計像一些寶卷（包括《通書》）裏所說的改變曆法以及推算朝代更迭等方面的謠讖之類都是出自這本曆書的。雖然秀耀春見到它是在一百多年前，我還是希望今天能

---

[13] 此文由吳淳先生譯為中文發表於由王見川、范純武、柯若樸主編的《民間宗教》第 3 輯，1997 年臺灣版。

再找到它[14]。

在朱元璋與劉伯溫的問對中，還有一段是朱問劉他的哪一代嫡孫失位，劉告訴他是崇禎皇帝在煤山上吊死了：

> 主曰：我嫡孫死的好不苦也。溫曰：煤山上吊不為苦也，原是替死王忠臣。土星趕出北州地，假佛裝真出京門。佛送神州真主出，久後掌道滅胡人。

就是說崇禎皇帝死在煤山是個假相，上吊的是王忠臣即太監王承恩。這當然是替崇禎皇帝抱終天之恨的好事者的一種幻想，但也不是完全不合情理的，昆劇《鐵冠圖‧刺虎》一折說的就是宮人費貞娥偽裝為崇禎的長公主刺殺了一隻虎李固的，難道堂堂的大皇帝就不能也找個替身嗎？對楊貴妃不是也有一種說法，說她並沒死在馬嵬坡，上吊的是個宮女，貴妃逃到了日本。然則事實終究是不能以意為之的，歷史也不是隨便可以改寫的。

在《通書》的謠讖問對部分還有一些謠讖和術語，也常見於其他寶卷或預言書中，如：「十八孩子兌上生，自小生來好殺人。手執鋼刀九十九，殺盡胡人方太平。」「大變小，老變少，和尚倒把佳人要。真可笑，女嫁僧人時年到。」一些術語如說明朝為「牛八」，明朝的年限是「萬子萬孫」，永樂皇帝叫「燕子」、「金雞」，清朝叫「古月」、「胡狗」、「十口之人」、「紅花」、「紅頭」，闖王叫「門下一匹馬」、「開門一馬入金殿」等等，這些諺語、術語固然是一個時代在一定社會背景下產生的用語，但對於它們也不能只從語言歷史學的角度去研究，而是還要著眼於使用這些用

---

[14] 山東大學路遙先生已經找到《東明曆》，並把一個複印本送給了我──作者。

語的作者、作品、教派之間的關係，整理這種關係時它們是一項不可忽視的參考資料。

三

本節要解決的是編著者、教派、年代、版本四個問題。前兩個很簡單，《通書》全都寫著了。編著者是誰？奏摺裏都說是石佛口王姓所為，案犯們也這樣承認，究竟具體的執筆是誰卻沒有指明。百齡說是方榮升的師父金惇有，非。《通書》收入的第一種預言書的最後有兩句話，壬子年王興會、楊振京抄本作：「要問此書哪裡起，金下卯上刀裏二水成。」丙子年趙自端抄本作：「若問此書何人寫，卯金刀裏一水成。」兩者都說編著者姓劉，名字則一個說是「一水」，一個說是「二水」，「二水」是「水」字加兩點即「冰」，「一水」是「水」字加一點即「氷」，是「冰」的異體字，就是說編著者的名字就叫「劉冰」了。

劉冰是哪個教派的教徒呢？《通書》裏說得更清楚：「主曰：末後道何人傳？溫曰：不像僧，不像道，頭帶四兩羊絨帽。真法不在寺院內，他掌彌勒圓頓教。」按東大乘教從王森創教的初期即用了「大乘教圓頓派」這個稱謂，而指稱歸圓所創的西大乘教為「大乘教圓通派」，後來就免去大乘教字樣稱為圓頓教，還叫過元沌教、清淨門、清茶門教等名稱。所以《通書》的編著者劉冰確是石佛口王姓所傳的教派的教徒，粗通文墨，能編寫經卷，和圓頓教編寫《龍華經》、《木人開山》、《接續蓮宗》的木人（又稱目人、西木、姓李）的身份相當，但時間較晚，水準更差得遠。

《通書》寫於什麼時候呢？這要和它的版本情況交插起來談。首先，我們可以定出它的上限，即明成化年間（1465－1487），

因為當時在山西崞縣發現的那 88 種「妖書」裏就有一種《應劫經》，從後來在一些資料中見到的《應劫經》、《應劫冊》之類的部分內容都與《通書》相符這個事實推斷，成化「妖書」中的《應劫經》就是《通書》的最早版本，也就是原著。試舉三例說明，一是前引百齡抄出的方榮升所藏《應劫冊》，百齡描述它的內容說：

> 謂先前系燃燈佛座，青蓮掌世，為無極青陽教。後釋迦佛座，紅蓮掌世，為太極紅陽教，今則退位。白蓮掌世，為皇極白陽教，彌勒掌管天盤。混沌七七日，自後日月改行，氣候更變，唯習〔收〕圓教不遭此劫。[15]

二是一貫道經卷《疑問解答》所引《應劫經》：

> 《應劫經》云：混沌初開，定就十佛掌教，前者已經過去七佛（汾陽孝義縣大相國寺內馬莊營村有七佛寺可證），下餘三佛，乃燃燈、釋迦、彌勒執掌，燃燈佛掌過一千五百年……[16]

三是在理教經卷《理門五山寶卷》的一段經文：

> 三佛在世，先天過去天盤，燃燈古佛，獸面人心。三十歲為花甲子，九十天一個月，共十二節氣，一年六個月。四宿。現在中天天盤，釋迦佛，人面獸心。六十歲為花甲子，三十天一個月，二十四節氣，二十四宿。後天未來天

---

[15] 見前引吳之英文。

[16] 郭廷棟等編著：《疑問解答》，1937 年一貫道內部印行。

　　盤，彌勒佛，佛面佛心。九十歲為花甲子，十八月為一年，
每月四十五天，三十六個節氣。四十二宿。

　　治就星宿一天盤，彌勒古佛渡人緣。壽活一萬八千歲，
出南入北轉金丹。[17]

　　從這三個例證可知我們推斷成化年間的《應劫經》是《通書》
的最早版本，雖不中不遠矣。成化之後經過一個弘治就是正德
（1506）了，從正德初開始的一百多年中，白蓮教派各種民間秘
密宗教編纂刊印寶卷之風達到極盛，至今仍存世的這種寶卷還有
一百多種，抄本幾十種（經咒之類及道光以後演變為說唱腳本的
寶卷除外），這些寶卷的內容很多都溶入了三教（佛）應劫思想，
但是單獨標榜「三教（佛）應劫」字樣的寶卷還沒有，直到嘉慶
十八到二十年陸續被抄出的三種本子才正式出現《三教（佛）應
劫總（統）觀通書》這一較完整的名稱[18]。

　　《應劫經（冊）》是否可以認為是《三教（佛）應劫總（統）
觀通書》的簡稱呢？不可以。因為《應劫經》的最早版本是明成
化年間，不可能有反清復明字樣，所以只用《應劫經（冊）》為
名的本子是接近原始面貌的。使用較完整名稱的是收入了那兩種
（或一種）預言書的，反清復明字樣都在預言書特別是第一種裏
了，因此下面對《通書》編著年代的考訂主要就是指使用較完整
名稱的本子而言。

　　《通書》是抄本，抄本與刊本不同，它不是定本，傳到哪個

---

[17]　《理門五山寶卷》，理門究真社 1931 年抄本。

[18]　在此之前使用《通書》者都只稱《應劫經》。如流傳於明末至清中葉的長
生教即有《應劫經》。參閱 Susan Naquin. Shantung Rebellion: *The Wang Lun
Uprising of 1774*, Yale Uuniversity Press 1981, P.52.

派哪個人的手裏都可能有所增刪修改，加之抄寫人水準的不一，舛誤脫衍字跡不清之處所在多有，可以說一個本子一個樣。即以我所收藏的兩種本子來說，壬子本的謠讖問對部分的第二種預言書丙子本根本沒有，而丙子本前面的一段《劉伯溫先生時世歌》壬子本又沒有。老友路遙教授在調查山東民間秘密教門的過程中見過一種《通書》，與我收藏的壬子本對照，缺了一段「十愁」[19]。再看那彥成等剿出的那三種《通書》，林清的、方榮升的、王克勤的，其中的「未來佛降生青山石佛口」，「石家第三郎」，「此經出在山西岳陽縣王家莊，雷響一聲，石內崩出」等，在我的兩種藏本中就都查不到（只有「青山」字樣）。《通書》版本的雜亂情況於此可見，這也是要探討《通書》年代的一個難點。目前我們只能依據已在手邊的壬子本和丙子本。

在壬子本和丙子本裏都有兩句話：「三洪兩正牛八盡，後有胡人二百秋。」[20]第一句指明朝 16 個年號中有三個帶洪（弘）兩個帶正字，第二句指明朝過後清朝有 200 年天下。清朝從順治元年（1644）算起 200 年是道光二十四年（1844）。這是預言，《通書》成書時必是在這以前，這是下限。下面的考證就是以此為准的。

壬子是哪一年？乾隆五十七年（1792）是也。這一年離嘉慶十七年（1812）林清從于克敬手裏拿到《通書》是 20 年，而于

---

[19] 路遙：《義和團運動發展階段中的民間秘密教門》，《歷史研究》2002 年第 5 期。

[20] 《燒餅歌》、《鐵冠僧透天玄機》等預言書作「二八秋」，誤。「百」、「八」都是入聲字，音近，極易混淆。如是「二八秋」，即 160 年或 280 年，160 年太短，第一次發現《通書》是嘉慶十八年（1813），早已過了 160 年，280 年太長，要到民國十三年（1924）。

克敬得到它又不知是經過幾道手,在他手裏放了多少年。還應明確一點,即壬子不一定是劉冰編著的年代,而是王興會、楊振京抄寫的年代。據此推測,如果說《通書》的成書年代約在乾隆晚期是接近事實的,說壬子本是在成書後沒有多久就過錄的也是接近事實的。《通書》裏有一段問對或可做為這一推測的佐證,即:

> 主曰:清朝一盡,老水還潮,你說明白,使後人好看。
> 溫曰:海運未開是大清,開了海運怕動兵。海運若是重開後,必是老水還了京。

這段話的解釋是:如果漕運不從海道,仍從大運河運輸,大清國還能維持下去,開了海運廢了河運怕會引起暴亂、戰爭,甚至清朝會垮臺,蒙元再回到北京坐天下。歷史情況是這樣的:元建都北京後漕運就以海運為主,明清仍由大運河運輸,到道光年間大運河嚴重淤塞,遂改為以海運為主。這種淤塞自然不是一朝一夕的事,而是逐漸的、多種因素造成的,譬如閘渠失修,大河決口,暴亂戰爭等天災和人為的破壞。這種情況從乾隆年間就出現,船隻運行非常艱難,漕糧運輸成為重役、苦役。乾隆帝在位期間八次南巡,主要固是縱情山水,而同時還隨處「閱視河工」。如他到天津就來過十次,在津他曾親自「相度運河形勢」,與有關人員策劃論證,以至主持興修水利工程,事後還要來視察。另方面,大運河沿線為了保證他的龍船鳳艒一帆風順,一定會做好疏浚工作,這樣也大為有利於漕運。

但是到了乾隆的晚期,以南巡為疏浚河道動力的條件沒有了,大運河日漸淤塞,漕運開始向海運方向轉移,這是一個嚴重的事實。仰食於由河道運輸漕糧的水手連同其家屬數十萬人無可仰食了,於是就鋌而走險、激而為匪了。乾隆三十九年(1774)

以清水教名義起義的王倫，他也是漕運水手的互助團體安慶道友會（青幫的前身）的一個首領，他指揮的作戰隊伍十分借重了漕運水手的力量，《通書》的編著者劉冰對於這些是「三親」的，他有一定的觀察力和政治頭腦，他預斷出「怕動兵」很準確，「老水還潮」則錯了。歷史上班班可考的是嘉慶以來許多次農民起義都與漕運水手的失業群有關，如以收圓教名義起義的方榮升，西捻領袖張宗禹，以清茶門名義起義的王正紀，川楚白蓮教起義的冷天祿、冉文元，幅軍領袖劉雙印、孫化祥等以及太平天國的一些戰士都是漕運水手兼有安慶道友會首領身份的人物。劉冰對這個方面的觀察是卓有見地的，不只是他，漕臣條奏請復河運的也是屢見不鮮[21]，所以說壬子本《通書》的壬子是乾隆五十七年是講得通的。

丙子本《通書》的丙子又是哪一年呢？嘉慶二十一年（1816）是丙子，不可能是這一年，這年正是嘉慶皇帝、那彥成等瘋狂地收繳《通書》的時候，敢於收藏它已經是難能的了，如果要現抄，就更難了。儘管趙自端抄寫時把那幾句要害的話「胡人盡，何人登基，……」刪去，也不宜判斷這個丙子就是嘉慶二十一年。

下一個丙子是光緒二年（1876），這倒有可能。理由是丙子本前面加抄了一段《劉伯溫先生時世歌》，從這個歌裏可以看出些名堂來，首先有一句話：「庚子辛丑亂如麻。」這不是指光緒二十六年、二十七年的義和團運動和訂立《辛丑和約》，因為還沒到這個年份，應該是指道光二十年庚子（1840）的第一次鴉片戰爭，此後的兩年戰爭一直沒停，直到訂立《南京條約》。這是

---

[21] 參閱李世瑜：《青幫早期組織考略》，見《近代中國幫會內幕》，群眾出版社 1992 年版。

近代史上第一次的喪權辱國割地賠款，舉世震驚，可以說是「亂如麻」了。

《時世歌》裏還有一句話：「首怕運糧客交價。」這是指的漕糧改徵折色。按道光年間漕糧改以海運為主，為減少運量兼徵折色，對百姓說這又是一項敲骨吸髓的苛政，成為人們的「首怕」，這種情況一直延續到辛亥革命以後。把丙子本定為光緒二年，從這個事實看也是講得通的。

綜上所述可以得到一個初步結論：《三教應劫總觀通書》是圓頓教的能寫經卷的信徒劉冰編著，他在明成化年間的原著基礎上併入了兩種民間流傳的預言書。第一種的內容很接近《燒餅歌》和《透天玄機》，時間在乾隆晚期。他編成後不久即被不止一種教派、不在一個時期傳抄，壬子本（乾隆五十七年）是較早的一種，直到丙子年（光緒二年）還在傳抄。當然也不能排除這以後還有傳抄的。

（原載《臺灣宗教研究通訊》第五、六期
《李世瑜先生八秩榮慶專刊》下冊，蘭臺出版社 2003 年版）

後　記

　　感謝老友歷史學家李正中教授題辭，為本書生色。

　　感謝方步和教授和譚蟬雪、高正剛、謝生保、郭儀先生允許將他們的大作錄入本書，使得讀者對於寶卷在國內的流行情況有了更為全面的了解。

　　感謝王見川教授和陸仲偉先生將他們的珍藏寄贈並允許錄入本書，補足了我五十多年來缺少《家譜寶卷》後部若干品的遺憾，使它基本上成為完整。

　　感謝王見川教授和李世偉先生的奔走，使本書得以問世。

　　感謝蘭臺出版社各位有關人士的大力協助使本書得以出版。

李世瑜 2007 年 9 月 18 日

第三部分

伕說

家普靈卷一

冊

八牛寶讚一

冊

香讚　条律宝卷老母親傳門浮世界渡人緣苦海廣無

边苦人得渡同登極樂天南無祥雲善菩薩摩訶薩

頭亞品可看無防後九品静崇深山有道賢良便看失文泄

天地老母普傳條律註解家譜宝卷乃開皇眙子愚心定劈

返卷之剛刀家譜卷者十四品頭一品專貪教訓貪恋文淫

之心第二品上伏貪財頭行第三品講說開斋破戒弟四品休度

返卷之人弟五品普傳五静香火第六品劉傳合同家書表文

弟七品依同年号第八品留傳時年應号第九品普傳妖魔出

世弟十品乱傳聖雲城十一品三十六位假收元說法道十二品伏

皇服急治牒表藥餌十三品休失同垃十四品早罹瑚璋手捲

珂璁玄文勘合上對皇服當初三佛散宝到時年萬祖驗号照

看盡天曆各樣預備傳當家譜卷見諸就見老母一般每戦

战競人後末可掌立天盤得見雲城繞赴龍華泰拜四正

我侯萬翅同春十一品絲詔真收元老母不落在魔王之手道

是黄道天恐怕後來遼風草壞了教相倚龍天為教每日四

時焚香拜龍謝天此家譜卷者標寫四本每會主一本後傳

頭行散眾真正皇胎之子不見家譜德意胡行見了家譜

不敢胡行見者就見老母一般老要見者不從准備按毛帶角

永不復人世也

　　　　　　　　　　　會下頭行貪色品第一

老母嚀對頭行散眾道是龍天道真良本是皇胎子女恐

有会下華蓋調戲頭行者女人發在陰司地府十帝閻君

面前三曹查看明白有此女人換牛頭夜策寧剝的精光

打在十八獄受盡諸般苦楚弥勒侫掌數八十一刼轉在母

狗不顧羞恥男若看見女眾若起怨心現在紅阳遭刼欷

頭打在十八獄辱遍轉生牙狗逢屎吃屎逢尿吃尿九祖不的

出獄上附皇胎此卷見者速改对眾知識定告我原向某處

朱人原有邪淫寫一表状上告當極案下弟子今遇家譜各

乎改过不敢邪淫淫淫今改邪皈正男女徑進功程老母心喜保

佑終遇龍華不遵兵刼不遭魔王得其正果宝卷原是正

德十四年未掌道就留家譜与後人為之眼目好認真辦

假每會主一本　以前九品肯傳後　几品会主不得真　宝合同

聖地家鄉失漏　天机之事皇胎听　訟皇胎行休恋　九貪色

愛眼下無间　九祖不得出地嶽　遭刼砍頭戴角还　龍天教像

出生入死亥門　大衆寃人弄假一件　有錯休想成伕人也難的

有老母　未掌教　賢良听勤　男是男　女是女

為賢良　泄天机　家譜刘下　看家譜如母在　功上加助

合会中　有几個　貪淫愛眼　男貪邪　不改过　現時遭过

八十一　却数裡　弥勒掌教　披者毛，代者角　邪狗行中

毋貪淫　戲男子　毋狗所轉　只些人　夫竅了　不称伕心

見家譜　迷々改　竄人誥訴　毋保你　愚雲城　得見弥勒

見可卷　你不改　催下地獄　毋戲男　到亥閗　諸神兑过

送在你　地獄裡　催下油鐺　男戲女　四直神　時々上奏

送甬那　十間君　催割舌根　千般苦　萬樣罪　件々受过

八十一　却数裡　轉在四生　返卷得　閙斋的　俱是一樣

見家譜　若不改　姐蛺蝶夫　龍天教　訪真傳　照聖行事

拜天地　敬三寶　眼耳休行　末刼年普天下　刀兵出現

三十六　假收元　充耳身行　放真傳尋經典　尽天曆貴

未來經　上帶者　未來裝文　千般法　萬樣寶　尽都發下

投前人　訪明師　蕎造分明　矮灵子　在途中　貪色受染

失落了　原來性不的人身　　　条律寶卷駕今男

女用心听　貪色雙眼崔下幽冥一直过發讚些生八十一刼拔毛

代角生　浪淘沙　　皇胎子側耳听听我言情未來

數相不同別門　雜祖進过九蓮燈郎是皇胎之子受了五戒

極聰明不遵戒律貪恋女色如同灯前可喜八十一刼七七砍頭

讚經說法都知道說的極好調戲女眾恋心不改二郎神兜

过將舌根割了打三千銅鎚二千鉄棒發在南門火龍何

肉受萬苦千辛貪恋女色背人行背人者雜背神明盤察

呈按皇胎子記心壞对眾安排見了家譜速々改过寫一表

一疏一狀比當極表玉皇疏呈老毋你々得見未來卟天

齐壽改邪皈正等毋未訪景未來興章就見天地一般再

还在眼明心黑六土胡依顧而行每日亚時焚香帕因圓引查前無

從見家譜慾心陛起只知快樂不知死后況渝苦海見者速改

以天齐寿家譜四会行大災知聞恐怕会中貪包愛眼失了原来

本性一会一本傳下后照何休永遠不迷若不見者誰意末主定冤

傳弄領衆共頭行過道場喧念家譜室卷一每日戰匕競匕散要

賢良見家譜功上加功不遇家譜不見老樣母信意胡行不想四直

神抄報九阳關神將老过九祖在獄不能昇天披毛帶角同不功

上加功劝皇胎所我道明上記者既然持齐熬口受人訊謗慾心不

改敗壞伙門染污教相美載不復人世也依經按教体要笑遵法

而行如同会过皇甲光顯門庭男女戲輕慢伙法傳受不高原

未經書未見不知高低胡行胡孚枉充個持齐名樣堕落地獄

三途　　　上呐頭行貪財品第二

家譜宝卷專說失信者依道講法說　得最好只是眼明心暗受持

五戒不燒春火不答皇王水土不孝父母年尊欺壓師長不和六親

不俱王法俱非君子也受刲五戒懶怠燒香者死堕泄寃心不報

三光者能生災禍者不答皇王者五谷不收也不孝父母者後

輩怖道山欺壓前人師長者难成仙侁也不和六親者斷絕恩親

也不俱王法者枉持斋戒也在世不孝父母死祭無益尼出家多

道無益心不清淨者經無益不受五戒持斋無益尼人貪利燒

香無益巧取人財多好無益既然受了五戒眼不視物耳不听音鼻

不聞香舌不略味六根清淨萬聖來臨心要端正意不胡行公平

終考未來皇胎之子一件有錯雀下地獄三途依原受罪九祖不

能出獄皇胎不信　　　　　　　　輩乙賢良輩乙明

賢良無有定心人　　有偈作証　　巧取人財迷自己八十一刼依願行

家譜卷傳四会　　　頭行散象拜龍天真三昧跟母休行

十歩功　九蓮牒　仲人休欠按三元逢二会表進天宫

選四立　合二分　二至兩日進牒表照経與休要錯行

家譜卷是条律四舍傳出堤防著下甲子往後年春

預光的各治造珊瑚手卷諸侁宝瞎調賢珊瑚玄文

久以後魔王出刀兵满地瞎治造書灵符藥餌随身

四舍人見家譜遵法守戒崔備者末刼年蓋世翻騰

十二時　拜竜天　訪尋道衣　求知識　合伐保　查你三名

有金城　合銀城　雲城軍定　有福得　賢良子　來兑亥叉

九阳閼　九曜星　二十八宿　神袛廣　兑合同　膽戰心驚

条律卷　骨髓精　前後說破　若依着　家譜卷　准進銀城

是前人　要貪財　取之有道　秤劍財　不分明　失落人身

是後人　要貪財　循環暗記　八十一封數裡　准下幽冥

見家諧　急速改　火貪財物　兑你到　四生類　跟定伏門

家譜宝卷四会通行用意所劝大眾火要圖名貪財愛色准

下幽冥寅四直兑对發在四生中

　　　　　　　　　駐雲飛

会主所言替伏傳法会大賢早起休瞞　怨這龍天監伏亭

劝苦萬千度下人緣鉤有千百萬同到雲城把伏叅若是頭

行散眾前人若要貪財真正財不防取秤劍財物肥家血己

八十一封想想成伏人身也罹得也法不容情傅与賢良繁

加功進牒裹果些正四十府来賀慶伏有金童把眉送

守立懂幡到處裡神伏敬三曹兑案夀笑生條律宝卷

不是輕也作未來經典照四正耶行道跟刃休行逞進九蓮

牒表總為未來皇胎子女金牒有姓玉簿有名總為未

來子女殿然持齋不曉未來經典無有未來表章兌然燒火

拜天雅躲魔王之手也不得赴雲城盡都白骨屍灵縣附

皇胎休貪会下一支財貪財的人不知到惹下來生債伕債

環記明白秤劍財物倒把身心壞四生六道依愿來頭行前

人散家眼明心黑会道秤劍財物後人談論休想戒伕

人也罹得後人枉說師長去淮下涵鐘家譜普傳四会頭

行記心問平安牒頭一件龍天表進伕前伕人度共三元

避定良時將把道塲建安三至二分班恐怕後人不曉時度

号見了家譜找尋伕首偈有了知鑽天関好尋未來典章

有了未來經典終曉時度終有未主牒表寔真真印真牒

皇胎無神護佑未來一千二百部各經典落在伕首偈查

胡休胡孕未來魔王出世不知訣典不進平安牒表不为

真符不迷龍天真教絕戒皇胎子女不見家譜一字不通精變

香火不是皇临龍天教相見女还怕魔王竪哄那一時物之晚

矢到那時散惡傳法前人恐怕不信故留家講四會一會一本

開齋破戒品第三　　　　　　條律宣卷者上對皇胎子

女唯會三年王載香火不焚不走心意生饞開齋

破戒談論前人不守戒律違了前願八十一劫依願而行九祖

不得出獄現在紅陽遭劫而橫死圓王面前兄案三曹聽

部查一看分明送到輪王府四十府盧內伴人受过打在一十八

獄四生六道而末脱生只等八十一劫自阳會滿再做定度

只是開齋破戒榜樣談說前人过失劫人砍頭不得人身

崔三曹兄案上榫脊劓割了舌根剜了眼睛發在九阳桌

河每日留那血水若的脱生只等自陽會滿這是談說前人

後照挣下好處說不能尽　有偈為証　家孝劝言不輕

談說前人去開齋　若見条律速、改　老母替你改前非

原是改天之道換地之塲若要返卷開齋八十一劫披毛

帶角条好人　初持斋發心猛毅　眼不的　一货而休上天宮

訪知識　拜前人　上和下睦　尊師長　和道友　不剛不挣

說話見　有恐怕把人驚諕　每日家在佛前香火慇懃

前人見　行好事　虔誠穩重傳與你　九蓮牒　珈瑤玄文

按三元　合二会　四位分至諸王佐　犬道塲　表進天宮

不是人　乗色輕　三城難到　閉斋人　求了穩生

四十有　曹官廣　牛頭馬面　有三輪　一十八　獄々無魂

受过了　地獄罪　雅為九祖　九祖宗　不正獄　还在四生

背地裡　談前人　説他之过　到閉司　割舌根　剜了眼睛　莫怨何人

还了願　受了罪　四生而轉　閙斋人　挣下功　四会通行　朝拜龍天

恐怕你　持斋人　不受戒律　留家譜　骨髓經　徃後清行

果道塲　念一遍　賢良信受　每一日　四時香　朝拜龍天

見家譜　怱速改　求師悔悔　悔悔了　湮前非　徃後清行

再休要　背地裡　胡言乱語　免你到　陰司裡　割你舌根

有会主　不肯傳　家譜寶卷　失物了　後天事　央送幽冥

有頭行　果家譜　休要賭佳　隱眛佳　律条卷　誰有灾星

傳家譜　毎一枝　白銀十兩　無白銀　見一面　在他各人

若輕了　家譜卷　後会難遇　又出生　又入死　專救香人

劝閉齋談前人　一切过犯　救皇耶男共女　真正休行

有一十四品卷真假在內　久坎後末劫年　真顛年春

家譜宝卷休要輕傳單講把師談閉齋破戒上有龍天循迴

暗記八部曹官善惡二字閉齋地嶽讚　要预見

家譜卷劝皇胎受了戒休閉齋談祖宗老母経閉齋帝破戒

加三等談銳前人真乃呆後会雜把真伕限比見宾譜急速

改过免的到四生而未見了条律宝卷不改前非匕匕那正筆

人更加三等受罪九祖不的正獄打在四生六道只等三阳会

満終的正身不知簽而去家譜是大眾眼目一般未劫雲城会

聚会耍真休練接時訣與一时有鋪雅赴雲城上付你眾買

良訪家譜合信香珈瑯璋手捲樣四頭貪各一本找尋望

地共家鄉六郎休要生異忘匕見宾譜閉齋帝破戒談前人難見

親須龍天數相不知許哭的家譜卷傳銳前後專劝閉齋

破戒鑠銳前人改邪旣正訪尋未来頭行有未来経典

有就是有未来頭行他手有成伕作祖宝呂号他手裡

有未来文章有未来興章灭了伕道辯真假平安牒疏就

是文章嘉靖年留家譜說愛會首表內接著誰先後開帝
硬戒地獄罪毀罵前人是頭家条律寶卷劉明鬼比見家譜
急速改訪知識功上加功四正伕傳法諸樣伕家萬樣灵銤
得真表九道文章進退三千平安文章緣稱皇胎灵怕賢
良池漏天祖家將未來隱瞞不傳指龍天燒香怕賢良失
迷了成古路故劉家譜賢良好去找尋知識通燒未來典章
成伕卷不訪尋空燒香指了門瑚璋手楼善頭分恐怕賢良
池天机頭行接住不西門泄漏天招界信七見家譜嬰見丗
早找尋未來經文因家譜畫後昇尋恐怕賢良念了道路
不訪真傳退了道心見了完緣一面和同母一般急速發願改
前人一端之过贬滅正教不好此遠卷之子九祖不得出獄若到時年魔王哭兴
進妖城三日脹血白骨魔灵永不復入世迤本会立前入現在別投前入領衆不番
明自良意所原題他自己知識欺滅他人者到三陽会塲差三郎神光过強心
頭行不用打二千鐵棒炎在地盆永、遠多受魔難似這另投別教

郎是忤逆生恣之子返拜男人一日为师终身为父一日为君终身为主失以後天

冬场摆就龙华那时三曹兑过三千铜鍾三千铁棒将宝号追了发在

閆王面前兑过發在三輪王府割了舌根受了八十一獄之罪送

在四生六道而去也姜是本会前人不肯休行还在裡边訪尋

知識求一尖正身敗道（不为反卷别投前人後边前人比前史前

如在先前人枉劳心意到慈祖師惱恨後边前人不

人高載也篇你是走了一遭恐怕後人不守戒律故留宗

譜照樣而行准的人天之分　有偏为正　返卷開斋側耳听

九祖永遠在幽冥　另投前人背師祖　枉背天地一塲空

条律卷用意棃　加功進發　背地裡　在修要　別投前人

唱祖家謗前人　果墮地獄　萬上劫　难出难　四生之中

返卷人投別教　茅般之罪發　在他水盤中　無日蛆虫

恐恐怕你賢良们　不受戒律留家譜　枉劳神者面無功

見家譜不改过四生六道空特齋四会念你好跟尋哥尋

談前人　有过失　割舌之罪　九陽闖神祇廣尖送幽冥

有老母 未回宮 留下寶卷 兩會中 各一本 劝化賢人

見家譜 不裡論

家譜寶卷後部

積善堂

家譜寶卷應驗後事

時年有淮頭應　　　第七品

時年印號有淮　　　第八品

妖邪正在世間　　　第九品

雲城聖地落下　　　第十品

三十六位假收源　　第十一品

休矢同牒表瑚璋藥珥收源　第十二品

休矢同壇　　　　　第十三品

治瑚璋手巻藥珥　　第十四品

家譜寶卷應驗後事

矢看景止之法。穩心定意。細細看真，埋藏大道之根由諸佛

彥業之骨髓。見者真經。加工進步獨獨急急。尋找知識。

代寶合同。就後未來之文評。答查對號。三念三齊經有

之裏。細參細解。恒心之佳。修養性命。界淨牙齒。出離苦

海。起命歸根。認相煥愿。到靈山就在就佳。自在逍遙。

永在天堂。在也不臨凡了。

時年有準顯應　第七品

家譜寶卷。為傳抄寫。滿斗焚香況秉天地。洩漏天機。為敬陽傳。

恐怕賢良。洩漏真法。不傳者。又恐怕閃定賢良。叫書在難石難。

祝定大地。留傳四本。各会一本收住。好度皇始。各指單傳。

暗行暗調。找尋未来的古經。可有未来的表支。佛賣誤興。

修行八萬不失矣。不遇家譜。空修一萬年。只是恐巴。

再看下元甲子。二千五百年尽。牛八退位虎狼相爭風雨不

調。天下作反。蓋世不安寧。人民遭刦苦中只善。百病赤優。

提防着庚午。辛未。壬申。癸酉。刀兵乱起。在看甲戌。乙亥两

子。丁丑。戌寅。己卯。庚辰。辛巳天下招慌。壬午。癸未甲申。

乙酉。這回年荒瘟傷情。眼睜睜子母不顧。你東我西。夫婦不能相顧。壬午年糧米決短。斗米万千。木子當来。牛八退位。先受魔障。癸未出西。陝西大變乾坤。人民遭殃。甲申年四月間。牛八退位。有影無踪。燕京大鬧。皇城內外。盡都大燹。大兵盜寶。婦就路吉月。又來站乾坤。有愁土寇遭慌。友亂世界。人民驚怕。人死大半。却數來到嚇死人。雞犬豬羊愛要吃淨。慌的各个落空亡。員外之家。亦是八員窮之家。有得或則無。無得或則有。龍虎爭競。万性不分。失物無主。善惡不分。自在心田。上馬輪鎗。下馬燒香。誰説搶奪。善人寶沾。家申名揚四海。

酉。戌年。王位便地。都等到戊子年。滿地精靈。人剩三分。到甲

申。乙酉年。一人進道。知得黃金萬兩。一般賢良收佳家譜。

暗暗的參想。急急的尋找未來得經書終有未來的表

章。佛寶。這才能三寶。不遇家譜。你休想度人成佛。你

个人的人身亦是難得。

度作便地白骨屍是。庚寅辛卯壬辰。癸巳人剩一分。到甲

午年不是過天甲子。就擺一名龍華大會。世上人等

眼見十四品。人少在看。怕洩漏天机。惹下禍殃自是

一二三人看。半夜在看。人多了要匯看。遇化要十石糧。

若到甲申。乙酉年。白天黑夜看也無妨。要是看過

家譜。死也無怨。

善人為冠。惹下災殃。各人心中。完準住意。一不可殺害生靈。体

二不可殺害黎民。要把黎民傷害。自在各人存心有意。体

要放火殺人。莫貪人家的財物。

家譜第七品傳留真實話。趙賊搶奪。好好燒香。借使惡人，

罪世界大變。諸師至。凌天凌地八輪湊。浮玄自散。光明自

現。皇胎為冠。亦要搶奪。一体殺人。二体放火。三体要欺

偏婦女。回休要婦女衣服。五休要拋撒五古。向天放搶。夜

完念佛。二宍時中。功上加功。保你準赴龍華三谷。若到

那時年。不由自己。城隍。土地推趕。土地查名。

魔王出世。借假修真。呈孫遍賽。混亂世界。折割黎氏。画闔調
探。盡都火焚。先是土寇。反亂爭亂。後有二十八宿。保真主。一
統華佛。燕南趙北。立下新京。敵下雲城。折家譜。内有佛寶。
皇胎參見未來古佛。撥轉八卦金丹。安上佛名。才是年盡
法滿。三陽世界。有福的善人。前來聽老母寶卷。
度人不知裏外明。　　幾時為陰幾時陽。
修行不知裏外明。　　前人後丈人坑。
有老母傳一步家譜寶卷
男合女曉四會盡都之文　　七品卷皇太子正借臘燭
一二人半夜看側身細聽　　會中人念一便兵刼不遇
合會人聽一聽即得安寧　　提放看　八王　出　同

下甲子往後看百病來侵

兩寅年丁卯春一半年景

天下人胡談論添上鄉兵

壬申年癸酉歲人去三分

潼關路阻攔住不通北京

你不信看戌寅都是胡兵

人吃人黃粮貴斗米千文

雖不備着甲申年搬到北京

牛八壬元共武無影無踪

甲子甲乙丑歲遼東先動

戌辰年己巳歲流冠作反

庚午年至辛未人民遭難

甲戌年乙亥春河南大亂

丙子年丁丑歲遼子作反

庚辰年至辛巳人民難過

壬午年至癸未世界兵治

甲申年四月櫃木子兵治

木子兵盜真寶煥同西去

民無主有達子隨到西莊雨下不行

你呈孤我到寨都是為君

次後來戍了群放火殺人

善是善惡是惡鬧鬧洪洪

行善人去放槍積下陰功

劫山寨功城池到處無情

二千五造起數莫怨天爺

龍虎寓展大道功上加功

三回村婦一村人死千柴

有九女爭一夫不是人形

到那時想修行兩下為人

十三省兩值隸土寇為首

處起手為戲言打家在道

有善惡去放槍都不分明

五渾人到村莊殺人放火

土窯賊白棒子欺偏婦女

有調樑好房屋畫都火花

早回頭癸誓願放安來道

己酉年丙戍歲人吃談飯

丁亥年至戍子婦女多戰

精靈出魔王顯世人難躲

甲子年昇天午界人不信

戊寅年求東我万兩黃金

聽一聽問一問亦是修行

正定府三海眼滾滾渡津

景洲塔神風起到處無情

塵世上花紅景無影無踪

他三人無情意折書眾生

訪來真經典不怕三災

不曉的時年到蓋世翻騰

十四品漏天机前後說明

修行人過家譜前有穩行

甲午年白龍口毒龍出頭

有蒼洲鐵獅子口中吐火

上通天太皇宮渡羅樹下

怕的是水火風三災下界

太平年訪知識指點明路

說七十二偈門度是小教

上嘱對皇腾子加功進步

庚午年就該去婦山縣避

好寨岩留下些修好賢人

單馬到無處躲去了三魂

有父母顧不下你東我西

免想狼狼想兒大發悲聲

到年間軍馬到有死有活

眼爭爭一家人命見閻君

下了馬燒香拜謝龍天

十三省府洲縣寮作血坑

家譜寶卷嘉靖年間

會同傳名會一李

平山男女共女苦中苦

甲申年乙酉歲着塊世像

萬家財父合子誰能作主

早晨間一家人團團聚會

百般物無有主誰能不顧

持齋人上了馬輪鎗武刀

禾穀年四會荒魔王出世

傳開抄寫言說豺年指明卜路四

主云飛

甲申年。心內思想。大翻翻騰。誰能得之。母傳下。真妙意。

趙洲為聖地。佛傳法。但有原人有分的皇始。同把家譜愚原是

彌城彌勒。這時年幾會畫。蓮子不交兵。土寇為首。當村也不

能認親戚。

乙酉年。思量天下人民。幾盡遭殃。因為你把善人來毀謗。五倫

年間遭末障。早回頭。燒好香。怕的是刀兵搶。要來了。遞天樣。

躲了三災八難見明王。這二年。換了五七帝。知因為你把善

人來毀謗。終是遭不末翻。婦夫枝賊人搶。賊人成群趕出去。

羞恥不顧。不怕得生。

到兩戌年躊躇的。有是精靈。有是鬼怪。老母臨凡下世。傳留真實號。

意佛者。有九女守一天。學之者有神佛護救。世上人等。堆十有七八分

人不跟老母行好修道。又是木子。又是胡兵。又是土寇。淨是作叛。

善女子被惡人搶去。又一處惡死人。也可無怨。你是行善之人。一

不許殺人。二不可放犬。三不許欺編女人有神佛保佑。護救善人。

要到了丁亥年。好心焦。二十八宿亂交交。有真主。才來到。彌勒佛

打天橋。皇胎子。賣佛寶。老母合同。才對上真實一號。有瑞璋。

合手卷。休缺少。七十二教像。都說真是將才叫門才知道。

前後的來音明路。就是後人的知。超生了死。前後之事。你

居凡人成佛，你各人的人身亦是難得。

戊子年。憂愁外道門。無處躲藏投本。無捏無本蒲怨青天。

不肯繳剝。要是來了。無神佛保佑。外教傍門渡交流。有精

靈無齊數。有寶貝皇胎趙洲出。己丑婦依燕趙北上天剝。

度皇胎早出世。未來表章。見彌勒是傍門遠離。木子進道。

在世間人打查對號。對不對有三婦五戒。

庚寅年。受熱筒。有分皇胎上法船。苦海內無邊岸。有佛寶就是未來仙。

我的佛下。擺一個龍華在眼前。頭行人放心寬。有真寶的原來是未來

仙。有了真空線把真佛見。辛卯年。好心嚴天降嚴霜草木干。天下人咳嗽

飯。又坐雲頭顯佛前。這線將早蓋世刀兵亂。無數粒灵骑世间。壬辰年闯法船下

甲子輪流轉。癸巳年上線落凡。二十八宿保住大駕。衆坐中天四正佛親口諺。

叫皇胎來引天厨飯。外道傍門造水淹。甲午年將來到。衆皇胎賢良。

各個綫穿上踏雲鞋。早來到安陽寨。賢良好门赴金街。綫把真

佛拜。見家讚敬皇胎。三日龍華萬萬載。

時年印號有準　　第八品

老母留傳寶卷。時年有準。皇胎兒女提防牛八天盡。五百年间吉月又

篡了一位爾嬢朝綑。天下大乱。下甲子遼陽先動。一次。河南又動山西。

在動山東。馬頭隸都動。潼關山西。陝西紫微顯名。再打西來男

女造起魔障障來昏沙罩氣。天昏地暗。五方齊動。旱澇不收。

人民造起塗炭。死去七分。小米子上一百大錢一斤。盤算上一吊錢。

一斤臘急急肴尋一条出身之路。找尋家譜防求知識代室合同。

再打漢洲地面。名山洞府。好躲避家眷苦難橫死之災。下元甲子三

年五載百病其侵。父逃子散。夫婦不能想顧。十三省洲城府縣店

道鄉村人民都作無頭之鬼。人吃人肉白骨便地富貴貧賤梨民。

苦中心苦。每年道有六八十樣損項。說出人民難過。田地抛慌半年死

尽苦上加苦。鐵牛犂地。牛羊甚貴。又三門四戶。把人果死人人受惡

煎眼前慶耶反家來。反家來了。把衆黎民白性殺死。休盼反乱要

是来了無處躲閃休盼反乱休怨休怨天地。賢民急急回頭束等

父吃子子吃父偏地都有

有曰骨如干柴人頭乱滚

肴山西猛縣城六月霜降

賢良子肴時年應驗不錯

壬午年癸未春甲午來到

先二年有神狼偏地出現

這印號都來到諸人不信

有一各謠言歌是人作怪

癸未年肴精灵幽洲出現

有異事要準了家譜有應

夫吃妻妻吃夫不想恩情

這二年刀尖過怨天不收

把天苗栒干了又不收呈

今加功再拜佛從訪明師

壼關路山西之府闹闹烘烘

石獅子生出毛哭嚷世人

五渾人不知死嬰了昏昏

叫一声尸人就死無了真魂

门頭上帖烏牛弓箭鮮紅

賢良子肴印考訪求道友

牛八王江山位甲申乙酉。

牛八王過甲申難過乙酉

幽州城皇城內刀鏡亂响

二十八保真主十八一了

陝西有三座府呈孤道寡

甲申年改府人民遭難

有同闗井隆覆廣員遭難

說淮慶衛擢府磁州兵至

正定府至保定定州說過

賢良子弟時年應驗有準

有王位先受驚隱名埋姓。

可惜那君王位不德超生

瑤皇娘共國母哭痛衷情

呂純陽當頭將料起威風

有黎民十分苦遭害土甲

大同府五台山來岔岭行

說河東投潼關兩下奇兵

大明廣順德府人死苦情

上此冥蘆溝橋屯住山兵

這裏边考慶呈剩去二分

丙戌年至丁亥戊子來到

巳丑年庚寅春辛卯來到

甲午年風火起大水齊天

有緣人男共女找尋家譜

家譜卷骨髓经天机溥编

汴線城市北下皇門一道

家譜定卷不是輕傳賢良永意蒙

人民書死斗米萬千刀丘齊至甲申乙酉年

要孩兒

說過你家賢良民未却急忽繁大男小女遁末障兵戈人馬

又見瘟又是怪叫戶巡门

天下人剩一分寶善兒孫

新京城七百里放下雲城

放知識量齊表進表昆天

無緣人遇不着後会难逢

不久得紫微星圈住北京

時牙定就象人好难

不住亭江湖河海。一森反亂不住的進朝綱。蓋世刀兵槍礮

地運天樣。幼年男女持素。好善練。遇着了家譜卷。就是天堂後

來不遇家譜卷。即是一箇迷人東西不曉。個個昏昏往得棄成往

燒香火。急急就合外道一般僧們外教家譜卷時年現有牛八坐金

變五百年間。天下亂三洪回續二江正無真主以后都是一樣。反

孔年州城府縣都瞥便惱的是下元甲子年往後看有年春不收

呈人遭魔難。每年間生下賊子賊孫五百年前造下孽對大眾是

實說是人不知明將裡合畫夜。天青地瞎人怎曉早消不收冥怨

天地刀兵人馬世上亂無休息。恕自己造孽難。顛倒顛。知識瞳怨

來到末劫年。刀兵滿地搶。家人難過三年五載。百病齊侵十分知入。

剩一分。實善男女。你可曉的未來的經文你之內裏事。你臨卒時大

煥朝尚世界大乱。甲申年。四月間。牛八急尽。五月間白棒起手。親戚

也是不能想認。

到來。只在下元甲子年尽。丙子年。丁丑歲。出賊冦偏地。等戊寅已卯

大翻縣更辰辛巳傳信音。怕只怕壬午癸未年現出妖魔怪

動刀兵大乱。説胡廣沉探地卧牛城內看水涌。城裏人要要死

净河南八府人横死瀟関一上一路刀尖紅陕西八府人横死衆人遇

困甲戌年間貴洲人受苦难。一客個藏了殘生。下甲子以后人死

大半。世上人不知其中意童子。只是瞞怨天裏府八人受鷩。有

達子乱洪洲城府縣慶搶净。有牛馬殺了無其数婦夫

婦女父子。不顧世合命驛馬牛羊裡边。變同吃盡。

說山東共六府有連子來往走。男女殺的無其數將驛馬全然荒淨。

全存了去把牛羊一其殺淨。房屋一其被火燒了。大男小女無

虜路。早提防着。辛巳癸未壬午年。苦中只苦。遠凶年通阻糧。

但斷山東直隸河南山西人民遭苦難。不得安寧。

說牛八大數急盡。有木子去投凡。紫微大帝。四正佛親口遺。

四正佛真主現。二十八領織傗凡。純陽洞寶者祖現。一切星宿

保佐大駕。不遭难枸的是癸未甲申乙酉丙戌年準立中天。

中國中原中京擺一名萬善同歸。天攀大場卦天下象賢。

良人等答查對号保定府京兵來到紫微星君天兵齊至。

正定府住劄。太卅山后。胡廣。四川山東大兵奇到北京拿住了。

牛八京兵歸順。這活殺人甲申年。四月间看年春。

妖邪正在世间　第九品

家譜寶卷流傳在世妖魔出現湿乱世人白草成精。泥神出廟鬼

毫呼叫。一切火燒荒乱頑峰毒蝎陽龍吐露飛虎入宅神狼惡

虎鬪的。這些各怪物。都要戒人世人鷄過盡世精灵賢良早訪未

來的經書内有諳王佛寶玉篆灵符未來的義章三元二会一

年二泓四径二路。二度二分秀符飲藥。佩代佛寶連任妖邪急

出千里不遇家譜不通未來的典章你想修佛你各人得人身

也是难得。

各個度人呈高強

不通末來一各字

家譜卷末劫年人遭大難

遇不着家譜卷勞而無功

精靈出妖魔怪沿門普化

不向善你不歸不得好處

只因為伍百年造下晉難

這妖魔普天下尽都湿起

有群狼令擅虎巡门遠戶

準備着妖魔怪衆了他命

不知修行枉渗性

準備妖魔湿的慌

又千生令萬死不能遇着

千妖魔萬怪各樣精靈

叫一戶人就死殼了殘生

瘟瘦侵妖魔廣盖世不安

諸佛般世上人心中不一平

無佛宝一各個衆了殘生

修行人無佛宝九死十生

人死的無其數湿乱世界

是真假就一后白骨屍灵

遣家譜兒一見也是前生

听一听也認過白陽二斤

老母造家譜卷訴极殘生

竹頭上贴烏牛弓箭鮮乱

諤言敢應家譜世人难過

某微星領胡兵困住北京

稠世界乱烘烘不知清净

拜龍天皇胎子各爭功呈

訪知識找経書未來経文

世上人也难存定要善跟

找尋着家譜卷得了佛宝

要將親找尋着未來経典

見家譜前一闻黃金萬兩

皇胎子見一面超生了

癸未年有精灵便地出現

在世人不知道來東去路

甲申年乙酉歲糟灵天顯

十三省兩直隸刀兵出現

驪住时你們良民加緊進步

搭鐉財求経書明人指点

天醉下魔王出住在世上

人不曉不知者日夜進心

好迷那邪精灵魔王在世

存佔住天下殺不平之人　　有福德來遇着家譜宝卷

傷糕台　唱云

好傷情，賢良子孫，個不找尋燒香扵坐用功，白費心末却年。

糊灵瞞世，行扵门遠戶，你可难解避不遇家譜一塲空思量起。

來好傷嘆殺人賊难躲避着尋着知識救殘生衆賢良。

末却時年至今放次空怕賢良。失迷了道路這總古傳留家譜。

賢良找尋着知識代宝纵是真傳實授。船以解了無塲皇胎。

子痛悲傷怕只怕却数列是一塲空衆賢良持五城要不找尋。

家譜祥修行不都通道不拜龍天不叩頭妖精在世难躲藏。

却說龍天道道不真愚痴子早放尋你不曉的未來後事桩

唐人。

衆頭行。誰是領衆。在不諱尋未來的寶貝。經書代寶。

在不諱尋知識。代寶。真傳寶授之人，他能知道，家譜寶

卷求蹤去路。你有諱尋着代寶。瑚璋，手卷。文表。真是佛

寶在世存。妖魔見了影無蹤。

世上的領袖衆頭行。許多不三。千魔萬怪。巡門遶戶當作知

識。到後來都要閃定下去。　賢良善人細細觀。

雲城聖地品第十

家譜寶卷，專勸男女留一條正路。恐怕皇胎失迷，雲城大路。後度難逢，今將聖地開明。後來皇胎好去尋找。後來三災八難，只用十善兒女。三位五位，一齊同心。治造未來佛寶。降這妖魔好進雲城，皇胎不信，細聽吾言。到二千五百年限，有彌勒佛領十萬八千人落在燕南趙北無影山前牛溝之渠，東有安陽地。南有無木橋，西有鳳凰坡。北有五馬山，中有轆轤泉，孤宿神村上有九九盤龍之像。下有八八飛鳳之形，轆轤泉邊，有陰陽二氣。天地至此，天氣下降地氣上昇，二氣相接。化出雲城一座，方圓八百餘里。外有九

陽四闕內有一切祖佛健將，惡煞神兵把守，三十六處盤

問六十四處，勘合玄文一切佛寶相兑。這雲城若高上阻

天下與地齊，若硬如鋼，若軟如綿，鎗刺不能傷，箭射不能

損。遠着城有。近着城無，若起就起，若落就落，其雲城景致。

十善皇胎有諸樣佛寶合同進過三年。平牒疏提拔九祖。

不在三輪王受罪，一年二度。進過龍天表，進過覺冊城隍

表。本身疏投詞誓狀不錯。若到雲城金童引路。玉女來迎

進雲城縣避大三災。雲城景致無邊。皇胎聽吾偈曰

　　燕南趙北聚賢良　　　孤城神村拜明王

　　簫笛仙樂笙管响　　　身披仙衣佩玎璫

飢飲瓊漿天府飯　玲瓏金冠晃眼光

諸佛天仙同聚會　雲城一座是天堂

二氣像化雲城八百餘里　立九陽四闕廂盤查元人

四門上諸佛把神兵健將　九曜星寶暴燥晝夜監巡

有二十合八宿九陽霽至　六丁神四斗猴逞起威風

六甲神四瀆聖細盤查文　有手卷靈文寶送進雲城

有經書瑇璋寶前來接引　修行人有下落喜笑無窮

雲城裡無邊景瑪瑙砌就　珊瑚樹長金葉罩定門庭

城樓上諸佛打青旛旗號　奏笙笛動仙樂盈耳齋鳴

玉獅子吐紫霧城門坐定　金獅豹放毫光靠定佛門

放光殿千座樓佛堂萬所　廊房高侵天閣上阻雲樓

水晶宮黃金殿魯班造就　花樂宮琉璃閣降在凡中

雲靄靄發紫霧龍纏社稷　霧騰騰金光現瑞罩天宮

仙花樹千百棵齊侵雲起　上修着寶花庭日暗遮天

盤龍吐紫霧飛金光鳳舞　萬枝松垂楊柳照定沙窗

牡丹花靈芝草遍地生長　紫金樹菩提花蕊翠金蓮

藥樓倚鳳凰閣千間門對　四蓮池香湯水沐浴神仙

八寶臺珍珠砌瓊花朵朵　紫金花銀竹葉一色新鮮

黃金堦諸佛走香風透体　四十里無泥水地鋪金磚

請諸佛對法寶答查驗號　龍華會孝兒女永不下凡

皇胎子肯修行一身證果　　有先亡並九祖盡得昇天

壽誕長無生死神仙妙体　　躲三災避八難永續長生

老古佛聖佛地相同三界　　原來是避八難祖住仙鄉

雲城一座不非輕皇胎用心聽．有緣得見佛寶手擎．諸

佛健將盤查鄉人皇胎正果．三百萬萬春．

雲城一朵蓮　　降落在凡間　　接引諸佛子　　同赴都斗天

　　黃鶯兒

眾頭行盼雲城無寶落場空．行功打坐你快用．經書頭功

對上合同．無瑡璋手卷．共玄文．不容情．無有佛寶跌足又

捶胸．領眾人你聽言龍天教．休當玩四時香大勤發願訪

經書真言。奏瑚璋文花手卷。雲城現要通關。合同緊對。繞

得到古佛前。

勸後人訪真經。趁如今有前人經書繞是皈家信有佛寶

防身。經典找尋雲城不怕佛盤問。有表文瑚璋要緊繞得

進古佛門。

這雲城時至分明。九陽關要文憑。雲城答查來盤問要瑚

璋手卷文。九蓮牒先行。玉函冊後跟。全憑佛寶頭前進西

至井陘。東至冀州南至邯鄲。北至保定。三城不過。甲午水

濁世界。無有一個急急下手人。

三十六位假收原第十一

家譜寶卷傳留在世，四會賢良不失迷。錯認假收原，有妖

魔外道一狐狸轉生下凡投，母入竅當作人形，稱祖無為

大乘法門，一邪二野猿在世，稱白蓮教祖，三飛虎下凡也，

稱祖師，紅陽教法三，邪四群狼星下凡，稱正元教，八鬪齋，

四邪立然神下凡為，祖師，金禪教混渡人緣，五邪第六邪，

貓頭星下凡，稱為安禪教第七，邪是群狼星，稱金蓮教祖，

在世混亂教門，到末叔這七邪傳授三華聚頂五氣朝元，

自稱祖提壺灌頂自一身成道，後來真性下凡，變作假彌

勒收原，嗳哄眾生持齋念佛齋南魯北，立下三座妖城哄

進城去。喰唉眾生骨髓家譜卷留下後照。休要認他，太平

家諱寶卷

年。急治法寶逼退邪魔。真佛出世拿他發在火龍河內化

作灰塵。後有偈曰。

妖魔外道當作真　　假稱教祖在世行

粧作彌勒收原祖　　真祖拿他下火龍

有老母留一部家譜寶卷　　隄防著假收原混亂佛門

有齊南合魯北梁宋之地　　假彌勒假收原立下妖城

念念佛念念經又念讚偈　　假稱着收原毋啜哄賢人

有狐狸合野猴變成神像　　稱彌勒我這裡有座雲城

賢良子不知道當作老母　　跟他去進妖城白骨屍靈

吃唊你眾生的心肝骨髓　　滿乾坤遍世界都是妖精

有飛虎合群狼變成神像

梁宋地化雲城三座立下

有佛寶不怕他千妖百怪

太平年進牒表諸佛保佑

不尋找未來經家譜寶卷

尋知識合代表找尋經典

求進過龍天表平安疏牒

遇不着家譜卷未來經典

有老母囑咐你皇胎兒女

條律家譜，求貝親傳四會頭行。共散賢。真言吐下，牢記心

也會說也會道也會念經

哄男女進城去白骨屍灵

見一面骨酥麻吊了真魂

有瑚璋文花卷不怕妖精

一個個落魔王都赴妖城

治牒表吞靈文不怕妖精

難得赴龍華會不是皇胎

末刧年時刻到勞而無功

合會中治符寶好退妖兵

家譜寶卷一

間。千里找尋休怕費錢得了家譜。不怕妖精萬萬年。

　　皂羅袍帶浪淘沙

皂羅袍，思前盼後，收原母出在磁州，白雲洞裡說根由，男

女聽我從頭訴衆男女跟我去修。赴雲城，再不投東土，這

個收原是狐狸變化，中京立就妖城白雲洞哎哄男女。跟

他去赴妖城賢良當真休想成佛。人也難得

收原母。出在磁州跟我去修，白雲裡，却埋頭，埋藏六位收

原母。哎哄賢人假收原。丙戌丁亥，天地大變，一切出頭私

做觀音菩薩。跟我去修。

收原母出在貴州，叫善人跟我去修。身騎白獠，駕雲頭，老母

指於雲城路。空中說話。來叫賢人。赴雲城老母纏搭救這

個

收原母。共是六位。假收原。貴州。湖廣。四川。顯化半空中。連

聲高叫。皇胎兒女跟定老母去赴雲城躲三災。哄進銀城

白骨屍靈

收原母在貴州立下雲樓。湖廣四川把人收賢良跟我雲

城進。掛帥封侯這收原口念經文說的天花亂墜地湧金

蓮若還認他死的快當

收原母出洛陽。騎白吼去度賢良。口念真經不非常賢良

繞把雲城望叫聲兒女我的賢良。雲城以內。躲災殃跟老

母問把三佛向，休想成佛。你命也難保，三城盡是妖精。

收原母出洛陽晉渡賢良，立下妖城，誰失鄉不得家譜經

書典，認了魔王太平年不找知識，不尋家譜一個個都進

妖城。

山西府收原顯化，渡賢良去赴龍華，三心聖地是咱家，跟

我都把鸞鶴跨身騎獅子頭代簪花賢良跟我領你到家，

赴雲城絲毫在不掛，假收原六位領眾妖邪，普找賢良真

假不辨都跟他去，哄進妖城，三日濃血，白骨屍灵也絲毫

不掛，收原母出山西，晉渡群迷賢良跟我赴瑤池。雲城同

把彌勒見，與佛兩齊山西出頭，六位收原。

永平府六位收原，穿紅掛綠似神仙，都斗宮中任意玩。處
處都是彌勒院，吅聲男女，我早收原早來認母。再休思凡。
赴雲城。合母同作伴，假收原，六位。北平府都要變亂顯花昔
混善人。不見家譜要無未來典章，失了同壇。要跟他也不
費難，騎吼身穿大紅者，都是妖人。
收原母出永平來混賢人。北直四府像觀音，變作收原一
樣像，啜哄賢人。這收原母，合你母，變的分毫不錯。太平年
不找知識，後來落在妖邪手內。
收原母出在山東。六府裡都是收原，說了前天講後天。天
下賢良來登岸。本來玄妙原是收原。天花亂墜地湧金蓮

書進過九蓮牒文有知識代寶王篆靈文不缺凡間擺就龍華親見

繞把心來放八百里雲城立就擺個萬善同皈大道場有未來經

卷靈文樣羅憑要緊八寶金章皇胎兒女苦盡還鄉有老母

米貝母出在靈光駕法船來找失鄉搭查對號驗瑚璋交花手

認他

玄妙哄進妖城穿紅掛綠粉翠珠冠空中說話賢良不要

說山東出妖精收元不真三十六位啜哄人到處說的最

那時悔之晚矣

良太平年不過家譜參透消息後來雲城妖城不認真假

赴雲城同把彌勒見山東六府六位假收原說的玄妙賢

皇胎子用心聽，我尋真經，家譜寶卷在世中。得了未來真

佛寶，纏赴雲城。不久戊午擺龍華戊寅頭上有人家問要

金十兩

休失同壇牒表瑚璋藥餌收元第十二

家譜寶卷。恐怕皇胎。心高意大領受打願上拜龍天為法。

行功打坐燒香布火。不知後來二千五百年。古月乾坤牛

八世界。天下大亂蓋世刀兵。八十一處青陽紅陽回宮白

陽接續。大地男女遭刧。三十六祖。下凡七邪八不正混亂

法線普渡人緣。精靈滿世。真假不辨。龍蛇混雜四國戰爭。

那分賢愚風草齊出官府牽連天昏地暗故留家譜訪尋

難得皇胎不信有偈為證

聖勅有了這些法寶不怕千神萬將盤查不赴雲城人也

召文昊天玉帝旨震位木星菩薩金籙地藏王菩薩手書

大仁彌勒尊佛急治佛寶璁璋手卷勘合玄文紫府元君

先亡昇天選就良辰吉日沐浴身体上奏至尊至聖大德

一氣同心發願答手助道一來救你本身二來捎代九祖

都落空亡既然吃齋訪尋知識投拜代表三位一心五位

八宿九曜星官守查盤問不進牒表不為皇胎無神保佑

三心聖地立下中京九陽四關安下營寨神祇極廣二十

未來經書再訪知識代表來迎去送同進牒表同治後世

四會頭行共散賢　　　　照着家譜修後天

後來雲城來認寶　　　　查號不兑枉拜人

老母傳末劫年發出寶卷　曉四會男共女盡都知聞

有前人不肯傳後人另訪　訪一位知識的拜做前人

拜知識休丟了先人領眾　合前人同商議同去同行

你前人怕小了不肯出訪　這行人遭了劫准下幽冥

他心高意又大不信家譜　他不信未來經准有災星

領眾人走到頭無有不是　拜知識請寫手只管申文

進牒表龍天表一年一度　按三元合四立二至二分

奏瑠璋文花卷合同手號　按訣典吞靈文不怕精靈

到末叔九陽關千神盤問　　　　答不上真查號發在南門

有老母要不傳家譜寶卷　　　　你說毋不知道未來經文

你要是九陽關兄答不上　　　　發在你兒龍河休怨前人

恐怕你瞞瞞怨故留家譜　　　　傳四會男共女都得知聞

不肯放九陽關難怨老母　　　　不怨天不怨地不怨前人

有一千二百部未來經典　　　　經裡邊萬樣寶未來牒文

有知識合祿寫諸佛下界　　　　駕法船去渡人救你殘生

有福的遇家譜不落苦海　　　　緣分淺遇不著准有災星

見一見家譜卷黃金十兩　　　　聽一聽未來經白銀二斤

信家譜准到了雲城內裡　　　　不信的無下落末叔遭風

八十一劫數裡無有下落　一個個盡都是文蟒蚰虫

有緣的信家譜加功進步　　男共女拜天地久等天催

天催動故雲城男女同進　　參彌勒相伴着八萬餘春

家譜寶卷四會通傳有緣上金船急治佛寶等着收元無

緣難遇對面不相干

大眾同一會　議作藥丹　諸般寶留下　久等赴燕南

　　要孩兒

說燕南合趙北三心聖地立下中京明王小主傳下令九

陽四闕答查號瑚璋手卷共玄文收元老母來相認有法

寶雲城見佛無法寶難見娘身這一遭不同往番答不上

家譜寶卷

查對不上號。即是外道旁門。發在南門，火龍河內，受罪。這
家譜傳不錯。下甲子往下撥過了庚午。寇難過。壬申癸酉
甲戌到乙亥。丙子乱交兵。戊寅己卯又來到。怕只怕。辛巳
壬午皇胎子。寶難傲。這二年。人吃人肉，斗米千丈，刀兵乱
世。夫婦不能相守，父南子北。牛八坐朝，綱癸未上甲申忙。
十八一了雄兵壯。陝西八府八無主。山西五府開闆壤。
大男小女遭魔障。有牛八過甲申。難過乙酉皇城內變作
血江。古月世界只在甲申乙酉紫微住北京殺個留平回
來立下中京。人民萬苦處處賢良。加功進步。
這家譜貴如金。迷衆生到處尋根。不識破家信。若還得遇

收元母。不愛金銀。愛牒文吞符飲藥神護送。時年至瑠璋

要緊。有手卷玉女來迎。

嘉靖年間母留傳　　　萬歷五年母皈宮

甲申乙酉換常王　　　甲午年上打九更

有福尋着家譜卷　　　擺個龍華在趙州

大赴龍華只三月　　　塵世交過二百秋

誰是九更頭。日赴個龍華會塵世過了二百秋

劈破玉

有老母。要坐在三心聖地。赴龍華登彼岸几個人知。戊午

年準擺龍華會念家譜你不聽。經書不信息可惜了真言

傳與你。有老母說的是實情真話信經書。一個個準赴龍

華。精靈鬼怪全不怕。三災並相連。八難一齊發。不信經書

送幽冥只當頑要。持齋好善全不怕。有禍徧遇。無福的。聞

也不聞。不訪道友。即是朽榴木不成材。糞土墻不可說。亦

不可說

休失同壇品第十三

家譜卷者專勸四會頭行領衆。錄寫太平年。休失同壇要

失同壇。不為真功。單絲不成線。孤樹不成林。凡事要求迎

去送。休失仁義禮智信。要執定死法子。死法不成道活法

道成真。四會只管。訪尋知識代表再找經書太平年間急

進牒表，未敕好躲災難。繞成皇胎，三人一心。五人一氣。同架穿衣，同鍋吃飯，來迎去送。一千五百同上天宮。要失同壇。二三人不成道場。一二人手內。經書較少，難湊法寶。成瑚璋，手卷。我佛要來答查對號。諸般法寶，無有那時悔之晚矣。囑咐我兒休要碍口失羞。不去尋訪當悔生死。九陽關神祇無數考查皇胎。要兒寶號四會賢良或是頭行領眾後人休倫。南北東西那會有佛寶經書聞其風信千里追尋，買命贖身。訪尋知識代表傳授未來明道好躲三災八難。好赴龍華。吾兒你不聽指教。要心高意大。休想成佛。人也難得。後來天地大變。無數精靈魔王遍地。皇胎不

家譜寶卷

得家譜難尋未來經書。難找知識代表未開一句言。一層地獄。一層天皇胎不信聽我偈念

四會賢良假聰明　　嬰黃無退去渡人

未來經書不肯找　　即是啞叭拜木墩

有老母傳一首和氣寶偈　傳四會頭行們大衆知聞

遇道場念一遍起出苦海　合會人無災星永保平安

會中人聽老母家譜寶卷　聽一聽聞一聞也是前生

這家譜米貝母親口吐下　泄天機好搭救後世免孫

各會中有吾像誰敢更改　立佛堂焚香火求告龍天

囑咐你大衆們來迎去送　架上衣同鍋飯不鬪不爭

南會有比會無急急去找　訪知識合代寶未來牒文

太平年若失了同壇道友　彌勒佛擺龍華難遇難逢

說與你富貴家皇胎之子　出資財拔九個貧窮賢人

富投資到後來三城準進　遇古佛賜於你九品蓮墩

二三人不成會知識較少　淺水魚不入海難得成龍

講通了五車書不到場內　受盡了寒窗苦還是白丁

修道人不訪尋未來經典　悶昏昏千行功來去不明

有根人遇家譜起生了死　進一場平安牒休失同壇

戊午年擺龍華世人眼見　諸般寶對不上發在南門

千上佛萬上佛皇胎兒女　休悮了龍華會了道成真

家譜寶卷

家譜寶卷

家譜寶卷傳與後人，四會知識側耳聽，來迎去送。不鬥不
爭同心合意，繞是真行，老母心喜，送在聚賢宮。

海底沉

皇胎子細聽音，我說分明，失了同壇難成功。三心二意不
成道勞而無功，太平年要失同壇，千修一場，後來天地大
變誰是保人。

黃金垜與天齋難買性命回輪，瑚璋手卷是誰的，難中可
有不難事，遇不着知識，後來大變乾坤，萬貫家財眼睜睜
一旦都拋捨。

治瑚璋手卷藥餌品第十四

家譜寶卷當初四正佛交道，就得留諸樣靈文法寶，後來

十三一

好找未來經書。二千五百年。天地大變。牛八已滅紫微星

臨凡二十八宿。九曜星官。三千徒眾。七十二賢。洞賓保駕。

破州城府縣。壬午癸未。甲申乙酉。如滾湯澆雪。到處騰城。

立下中京。妖精出現修行皇胎找全未來經書。裡邊有救

命靈文丹方有避冰火風三災符寶有降魔斷怪如意靈

文有搭查黲瑚璋手卷。有紫府勘合玄文。昊天寶玉帝

旨震位木星菩薩金篆有地藏王菩薩手書聖勅有戰風

燭息風兇逼寒衣有諸般如意成仙了道篆文紅陽卅上

下二部混海圖上下一雄一雌，九龍戰江圖玉帝綿纏經

飛昇拔苦金牒盡天厝白陽經有七家經書成仙了道赴

家譜寶卷

雲城。不當罕哉。恐怕賢良不信末叔照四正我佛。傳授故留家譜卷。好治造佛寶呈進牒表投詞狀都在七家經書。內云。若無未來經典休想躲。三災八難。命也難逃盡被魔王。啜哄太平不治末叔難尋有福偏遇無福難聞賢良不信有偈為証

九陽玄關有考証　　　中京立就擺龍華

大眾還原對佛寶　　　平除傍門大皈家

有老母傳一首成仙寶偈　曉諭你四會人會主頭行

太平年訪知識中奏牒表　書州城合府縣店鄉村

開年月共地社錄寫明白　有聖名合凡名稍代小名

十四

進牒表治佛寶休少一位　要少了一個人不為真功

按三元合後會治造佛寶　按訣典選四立二至二分

進牒表纏成個皇胎之子　金牌上有聖名不怕邪神

囑咐你賢良子找尋經典　迷不了古家鄉好赴雲城

治藥餌不怕他年年飢饉　有瑚璋合手卷對上合同

做衣裳裡邊新外邊使破　諸佛寶絮在裡任意行程

有鎗刀合劍戟弓箭不怕　諸魔王合精靈骨軟三分

下甲子往後着人民難過　有夫婦不到頭你東我西

在佛前念一遍趂出苦海　閣家人無灾星永保平安

恐怕你賢良子不找經典　傳家譜留與你好去跟尋

遇不著未來經難成道果　失候了龍華會不得成真
你心高意又大不信經典　久以後遇魔王白骨屍灵
叩雲香洪誓願休要害怕　按子午並卯酉晝夜行功
有投詞合誓壯頭前申進　城隍表本身疏天地香功
有銅鑄合木雕泥胎紙像　拜見他枉勞神勞而無功
要參拜活樂樂真佛週轉　出東西照南北乃為真佛
拜龍天真三昧先天本像　求後天陰宮母救苦觀音
初一二崑崙頂老母出現　十四五二十七八九三十
賢良子照依著家譜傳授　進牒表休離了未來經文
未來經真牒表真疏真叩　眾男女出苦海同進雲城

遇不着未來經盲修瞎煉　久以後赴雲城勞而無功

家譜寶卷四會通行，跟尋未來經瑚璋手卷好躲突星。二

千五百蓋世刀兵精靈出現。啜哄眾賢人

　　皂羅袍

囑咐你。賢良大眾。將毋言牢記心中。末叔申文大翻騰瑚

璋手卷為憑證龍天表申文奏天宮。有合同繞把雲城進。

下元甲子。戊寅己卯庚辰辛巳。壬午癸未。至戊子己丑。千

難萬難

為賢良栖惶吊淚留家譜四會根苗。跪香打坐苦中熬跟

尋經書成佛道平安金牒治法寶。赴雲城繞掛三陽號雖

打生行功。還要找尋未來經典。逼退妖怪繞赴三陽寶會

囑咐你頭行領眾受五戒。休要粧聾推聾粧啞道不精時

年來到無投奔。叫聲男女急早跟尋。無合同有口難訴証。

太平年上心高意大不訪知識申奏牒表神祇無數那時

悔之晚矣

這中京立在中心。有佛寶來見儒童修作善不成功。口甜

心苦不中用傍門外道發在南門。有佛寶繞把三城進到

此地三查六問國舅皇親六眷親屬鐵面高掛要兒查號。

一件有錯。休想成佛人也難得

天罡星貴姓八十一個同下生。韓家紫微出世亂如麻抖

領雄兵爭天下。二十八宿保主大駕。開州揭府八人怕紫

微東投凡之時。二十八宿各投凡竅。先下州城府縣。為寇

等至卯金刀合兵一處。齊到芦溝橋等破了幽州。回來符

相兄

呂將本是洞賓。保四正不帶厌慶。答查對號考賢人有寶

皇胎雲城進。玉女來迎。金童接引無佛寶城外無投奔太

平年不尋知識。自己心高意大當做領衆哄卯金刀投凡

下世。保紫微爭奪天下。日月離散牛八悲。一人穿頁罷子

貴十八一了。要辱華夷擺龍華。有寶來相兄時年到了子

毋不認。要兄合同無佛寶傍門外道。休想成佛。人也難得。

囑咐你頭行領眾聞家譜即去跟尋，見了經書好行功。纏

顯老母經書應。好日動土，良日與功。三元纏把牒表進

得了經書好得佛寶進牒表即是行功。擺就龍華外道都

來只認。合同法寶

躲生死。要跟劉李。赴龍華，早認彌勒。因為賢良泄天機，時

年來到佛去世。傍門外道。兄寶難移。有佛寶纏赴三陽會。

金城立就。斷了宰殺甲申強破牛八燕火燒。大兵逃走。要

兄合同手卷一絲有差即是傍門。

浮雲散光明自現。學好人纏見新天皇榜出朝聖旨宣。天

下賢良來登岸。叫聲皇胎跕住听真。有佛寶纏把三佛見。

春時不養種，秋天望收成。太平不尋知識，九陽關答查號。

親父子不容情，外道旁門發南門。

學好人善心人，貴吃齋人又受屈。行善人作好把頭低，每

年受些傍人氣。今日時來惡人遠離，到金城不受惡人氣。

時年來到浮雲自散，光明顯出祖家時至，貴心生貴子，千

惡人人白死旁門外道對寶難移。

定時年旁人眼見，甲午年。從立週天，擺龍華在燕南有寶，

兒女來相見，惡人自死外道遭愆。是神仙無寶難折辦教。

有七十二教都說是真彼此相減，到九陽關上總是神仙。

難赴三城都發在火龍河內，永不復人世也。日閣道人李

家譜寶卷

文閣淺筆

大統天朝中站上下心中天心中地心性落在中華

大國　　皇天王子脚下身住

府縣村　　家中佛堂安盤定果

眾人聖地男女老少存性保處請　佛入簾

飲奉未來中門正教中天上國白陽未來。天神指点。大破

玄機。佛祖菩薩老母真人仙姑聖女。靈童伺俸。高昇天堂。

一等一盤。當朝品職。左文右武。內外執事。眾名男子。眾名

女子。乾坤等數迷蒙不惺遭下無邊無岸罪孽。眾人封皇

場吉日。蒙恩苦求

主爺父母。日光月光。玄元古佛。未來彌勒古佛。　中天
玉皇造事老母眾頭諸神仙大開洪恩救過眾人等。無
邊無岸罪苦。保佑無災無難眾人等。分文財。不拘多少。毫
厘不欠。拉清單子。按人名交代聖中。苦求苦求定功入八
十一叔。清紅兩福真心朝天。

文憑進聖。朝號通天萬神同知

見家譜者秉誠心　　　滿斗焚香謝神靈

三陽淺書天機事　　　有神之人躲災星

白陽彌勒治事起　　　無福人等遭難過

過者皇天真正教　　　莫要心返別原師

你要斯師大有難　　韋陀護法不容情

師傅有過你勸改　　他要不改認自己

公修公德自己好　　婆修婆得管自己

自修自修全家樂　　莫要說人懷自己

老毋天堂安定果　　三佛出頭分派你

你要不聽果不成　　遂心如意毋不管

隨你自辦自己事　　成不成的由在你

彌勒要是派完事　　隨者兒女你心日

王子

三教應劫真經　上卷

王奥会

楊振束

佛說善男信女知識者未從看卷
沐浴簰香處心札只許一二人灯
下觀看斷不可泄漏此書倘若不
真獲罪不輕慎之慎之

未來寶卷上

三教應劫真經　總歸通書

吾頌天地如翔掌　天地象生修蛔煇

萬劫侸象猶如夢　先賢雄兔來病纏

滿天諸侸降塵世　普度九十二僚賢

三界一萬諸侸祖　不遇收源徙徒然

这一部書不非小事　不非凡也乃真實天

地之法門此書自三侸定劫。未傳今留此。

書不可輕看。若有看書之人。善男信女。

看此蜜書。一二人灯下談論。可也收書

君子。不當重意。四值功曹。降灾臨身。

仔細又不可說也。

叮嚀苦勸象賢良　大刧一至要隄防

早歸漢地長生客　打本还源躲刀鎗

你是天庆，在飛雲天。玄金殿，正座打

算。十庆周榮五百刧。過去七庆掌过三

百九十二刧。只落一百零八刧。該燃灯。釋

巡弥勒管事無極觀至太極框嚴翅皇

極星宿刻出見無影樹上花縱三蓮池花開

天伕傳令養教侵永全養天諸伕海天星

斗都在聚真兒下会喬各伕朝礼以羣夫

伕吾說曰吾观三重池内花開七伕掌教乙

往定諍会極燃燈九刻掌二億吞想自

開天伕掌教混池失教会无伕教内指花

失敬中尤伕掌昙山教七伕掌教說伕

在世將菩提子舍利子坚固子此世间種

了三編会人收補九十六億先佛星祖我

差燃燈下世度心原数异天会極日衆

生一人度不起原数弟子不去天佛日

先差下三十五佛三十四祖紫微大臺

人四正佛同收萬数你這一去落在為

门心度三才我与你真水真火三明四

悟会字真経四字真言金丹呂氣五

千餘零儘一條朝陽大道，遍動天地個

個真減猩無為正燃燈哳說辭了天伕

將領諸真降臨此也

修真善性下九天　惟精為一定江山

五下伕性是門也　五位間是不敢攔

燃燈古伕落在高門全□落在巢門四正

伕落在天門會極伕落也二十三宗不在皇

雲服在青山僻道特更三十五伕三十四祖

我尋一处教人棄捨縁傳四字　佚号阿弥
陀佚这四字不在声色朝陽大路惟命
般家要挑著四字阿弥陀佚乃是四佳
領袖源不乗有念綿綿黙黙息氣养
神上下昇降水火相交純成一句阿弥陀佚
普化眾生九十六億都会之功治就調
灵角天燕堂四十五百年歡面人心亦
尼琉珠五斗四升一年五百四十月六今月

六个時一時分四十八刻九十日一月爻數五

伍閒羅九層地獄二十三時八八四宿三　氣

甲子三甲是天虛明了道個々成真阿

閄九里露打三寸

治就賢良是具每天　燃燈尊仸五人緣

八層千宗俱長壽　西南東北韓奎丹

盤天角灵

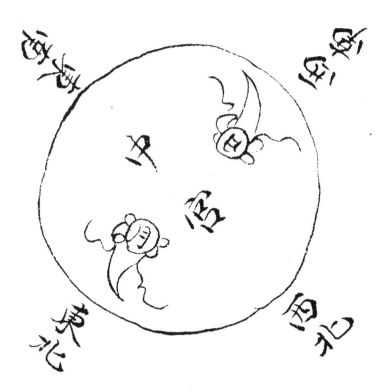

六個時辰　子寅卯　午未亥

八十四宿當直日

舟卅返明樂無周　王宣灵光透月絰

海牛元魁真魁壁　河消江水定軫振

虎房心尾星室作　亥庚婁胃昴翼立

花井子觜胗赤正　壬五氐箕安冀斗

科昴觜婺火劉井　其雲危横墊龍頭

翠參絲嫠翼瑾火塲　兆涌邑一至大德旬

八十四宿卦卯特

月月子特正　　木火寅三刻

水金寅時坐　　土家午初行

一年十二氣

立春正月节　　清明正月中

芒種二月节　　立夏二月中

夏至三月节　　大暑三月中

寒露正月节　　立秋四月中

霜降九月节

大寒十二月节　　叁亥十月中

于虎　五位相属　回亥十一月中

黑鼠　宜畜　宜畜　午馬　末忌

灵符

三十花甲子

甲子乙寅鉯鉌鹽　丙寅丁午炉中火

戊未己亥庚廿未　庚子辛寅路旁土

壬辰癸巳長流水　甲午乙未刀鎌金

丙子丁丑山上火　戊寅己卯船底木

庚午辛未路旁土　壬申癸酉天河水

甲戌乙亥山下火

戊子己丑松柏木　庚寅辛卯松柏木

甲申乙酉沙中金

壬午癸未天河水　丙申丁亥山下火

庚辰辛巳釵頭金　庚寅辛卯沙中金

戊子己丑松柏木

壬申癸亥天海水　三丁三甲薦亡心

壬午癸亥天海水

三十三甲臨九世　救度眾生成正覺

保倩天仗正坐，有□聖人回□奏□九

十二優慶晚起柳木同生我佛宗慶侯日

差頸一个魔頭澤世賑九阿是王到此裡

起雄兵逢世就滅進齋就滅考同人齋城

九十二優考末九十西優共落三優佛性四侯

王晃看任同卅五侯廿四祖高玉皇參政

論道破光侯八十四卦將阿終是王魔

兵涵世未元卯統飲廿四路話頃大兵

三有處安樂阿素王崇下忍木徒也侯

公教曰弟子怎処、高玉、只明午時看号委

巧候明日午時來朝、看見五尼雜药、至起两

杆大顾束上边、掛着松柳号梢、这松柳玉

進清明快、徐每去他廿男信女齐带松柳

门前有松柳去、都是妖家弟子会松柳、

尼骨除之生、到三夜唐徐而廿人有号的

超生了死、会号的卧、哭建哭父就麻月、

好巡只善木刺以尽九九劫吊紹人恨、

伝教曰、弟子怎知、高去日、明午時看号来、

許候、明日午時来、朝看見五瓦、雜前、豆起雨

村大發来、上進排蓋松柳号、指這松柳上

逢清明節、請前去他村男信女都帶松柳、

門前有松柳者、即是伏家弟子、安松柳、

俱皆除之、生白云夜、俱請前此人、有号的

超生了死、去号的對、要使天、天就每月、

游巡、只善孔刻以尽、孔孔孔劫是留人根、

大覺齋道化也現人仇不信天侏說文侏

九十四億侏性菩你度化樣如日然憐于

道人眈我至今一千五年將終令之迷

了侏性愚性五慾之乐不肯回頭心意

我又下凡脫化花玉票聖官度化以百儒

家雪山賦道大地半信化又不惟泣侏靈悲

平生不去天侏曰你这一去我差五十三侏

三千八祖助你差四正侏落在八女門內

封神定位保國安邦紫微大帝還在姬門。

為是我知你真伏真法，明四情會字頁

經□字伏号金丹口泉九千九百九十九依你

到東土侍一條漕溪大路通天徹地入三峨

伏擋妖邪征你何含人蕯在死門摧絕咋

說諍了天妖領妻人一齊□界

雲礼盡駐輝地传　包面會一遠忞闊

一概上豪金丹法　散把十五一粮屑

你時太公傳遍念六字真言、弗笑阿弥陀

佽遂六个字不在声色念也不過内裡念、

只指漕溪性命氣佽要挨这字不六遂之

理頭原是教愚人養性存神婆兒舍姹女、

黄婆紀金公四相调合会灵山菩陸稱才

減一句南无阿弥陀佽九十四偈邦舍指

花念佽之功冶就了个奇補天无掌三

十七百年終人面敕心午尼宝珠三斗山

廿岁一年三百六十日一年十二月三時四二

西氣九十七到十八層地獄十殿閻君雷

蕊磨風雨施行以寸初甲专古甲其文三六

宿月月外物

治就查補一層天　　律妙文伏豆人緣

人人寿活六十六　　坐東入西趕金舟

還有三六九岁死　　二三五岁染其泉

住身病死苦樂　　懷厳刻四收人天

五經四書釋迦留　孔性夫子從治就

燃燈三經共三書　九經八書未來留

查補天盤

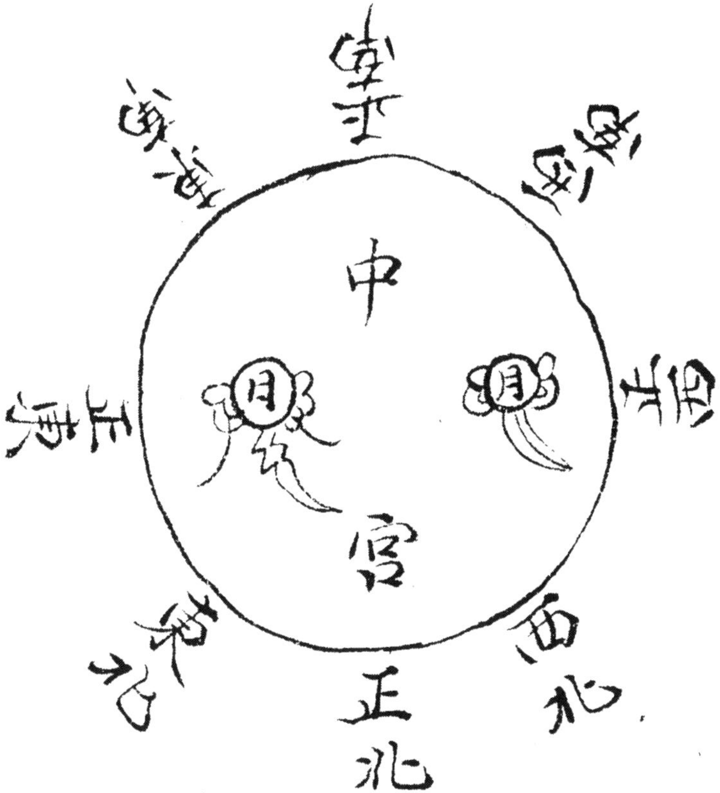

十三將辰　子丑寅卯　辰巳午未

申酉戌亥

二十八宿高直

角亢辰房心尾箕　斗牛女虛危室壁

斗奎胃昴畢嘴參　廿思柳星特翼軫

二十六宿卦卯時

辰水乙金

震陽卯門

至壬未木

以不離申

二十四氣

立春节正月　雨水中　驚蟄节二月　春分中

清明节三月　谷雨中　立夏节四月　小满中

芒種节五月　夏至中　小暑节六月　大暑中

立秋节七月　處暑中　白露节八月　秋分中

寒露节九月　霜降中　立冬节十月　小雪中

大雪节十一月　冬至中　小寒节十二月　大寒中

二十花甲子

丁

甲子
乙丑海中金　丙寅
丁卯爐中火　乙巳
　　　　戊辰大林木　庚午
辛未路傍土
壬申
癸酉劍鋒金　甲戌
乙亥山頭火　丙子
丁丑澗下水　戊寅
己卯城頭土
庚辰
辛巳白蠟金　壬午
癸未楊柳木　甲申
乙酉井泉水　丙戌
丁亥屋上土
戊子
己丑霹靂火　庚寅
辛卯松柏木　壬辰
癸巳長流水　甲午
乙未沙中土
丙申
丁酉山下火　戊戌
己亥平地木　庚子
辛丑壁上土　壬寅
癸卯金箔金
甲辰
乙巳覆燈火　丙午
丁未天河水　戊申
己酉大驛土　庚戌
辛亥釵釧金
壬子
癸丑桑柘木　甲寅
乙卯大溪水　丙辰
丁巳沙中土　戊午
己未天上火
庚申
辛酉石榴木　壬戌
癸亥大海水

你是天妖、在玄金砌正坐打算吉凶一百

供祖掌三千七百年、將終度就九十四億、

天妖慧眼遍觀只見各家山妖一貪快乐、

不想回還逕差第二个魔頭、降臨凡世脫

生五濁星祖楊虎兒恃霸就殺見做地下

奇勒兵罰之殺雲良賣盡情妖成同朔

玉巫殺良尼申公豹統領雄兵子牙為

恼同見文王講改子道将燃燈一千五百

年完詭定就、東西南北世界武王對文王曰

天下十三布政四百郡縣有姜法官有几

家俗徒弟、怎処上谈之间有太公奏曰三

十六略話候三百六十為人馬操練一就诜

王定度可吉庆家古留信女大兵要至

怎救他的性命文王回明日早熱香号太

公一至弟明只見五凤楼前玄題艾蒿一枝

太公卽伏金階奏曰廿年開海方門前

揷艾草一枝、还有芦蓆一座、怎了变盂、

草客髮边一枝艾棄为証、遂麆此山原。

一个一个女人带在颈上、兜童带在顶工七、

且庚徒号、就擧日初兵燃燈人緣不

不留有号左呔、走果盂号左、叫哭連天、

分就二十八刼、三千义百餘年、家诉妖同、

了本位日月、在滿每日避巡以著的十

八刼以尽、八十一刼、内長生三会內又度了二

優門下有九十三億人緣

二會紅陽釋迦尊二憑道向僧度衆生

三千七百元滿号　　許侏許祖盡還宮

天侏正坐見世上侏三千許侏七十三賢

正天一百六祖全人特玉皇孔夫子帳

領三優元性眼空又見雲影衛花纏九蓮

池內花門還將元天進斗無數卻普天

許侏□天地下五無四貴盡諸雷到玄

金姐望天礼拜以畢天妖曰我差弥勒教

主佛下化阎浮度九十三億妖性弥勒曰释

迦三千七百年未終不知还多火年限天

妖曰自周朝分为一年四季周为寿汗啊

夏为春秋冬珠为九九尽真妖落

此度苍生咸妖果弥勒妖曰苍生落凡八遍

度不起前天净会我又下化阎浮把我落在

皇宫我叔重责四十天妖曰你落在

皇宮不大之紫閂下了皇宮兒皇女燃燈

臺降皇宮度了三億彿迦落在皇宮

度了三億你也落在皇宮必須又度三億

吾乃皇宮兒女生、世、不得我真閂

下了我尔尖鄉兒女弥勒佛肀佳又度不

起九十三億天佛曰我先差世六祖三宗五

派悟性鑾山天主清、元門頓龍天山

束朝共是三千六百祖之會同荒下種埽

書寫傳云中下標行、收人名女保下九去諳

現成結玉果收元彌勒侯囚幸生下去憑偌

妙意心度人緣收補合体会頭納天侯曰我

甚你真水真以明瞭手字、收家妙偈護

体真經到老元人奇至不怕邪水火兒災、

憑收合会東菉良　　為類收元一盅栀

九十三億星胎子　　惶虚为正心法王

彌勒侯囚幸生一人、怎能度起九十三億、

九千三億天佛曰我姜五盤領神四貴提頭

姜三佛掌領三佛中界三皇至觀音菩薩

十聖母二十八宿九曜星官三千諸佛五百羅

沐七十二賀一百單八祖四正古佛紫衛大

帝普天星斗羅沐群真二十四洞神仙

西王母九天仙女百千萬萬尊菩薩同

去參手助道九玄主下界無生教主

鎮題星官罰懺菩薩救罪天尊三

清上希令同相助、你領太玄大法十萬

五千金卅口氣草收萬劫總赴雲城、

你到東土令人埋頭等後收元祖出

現張玉皇落在享下打中孔夫子

落在車壹平四正佛落在一王姓功迷

有門裡吉卯金刀、木易弓長木子、

委免未有京子邑莫阝八牛言、

午一字札古口之人月勺良有上黑

言射口不口、都是佛家喑凡囑咐善人

各家諸親早訪漢二王指你金線之、

踐金家行善共出命脉與那佛家喑瞻

治修来来天内一字神仙好躲此水

火風災以漢地為頭人成道個個腥

盤明心見性王蓮穿為法旅一透云閣

抽梆換底谷去子　托梁換柱定江山

天仸旦我与你治度乙就你货八十一刦八

伍問居世、氣十八時辰九十尾甲子、六
月分四十三宿、十字号九經八書星宿天
盖九萬掌案伍神書卞統泰米玄珠八斗一开
一年八百二十四一百四十四刻十二卦太阳
出東入北伏面伏心四十五月一月之数度
就九十二億念南玄天元太家阿弥陀伏、
此万十字伏号、还十字伏亦是叫声念
也不过是叫人内裡念真指金線之路、

運走天地性命相見四相歸止壁水土沉金、

覓要依十字字声色念之此是小輪迴甚了

也十字祆咧人收存間閑萬法皈真

上兵山共成一句共无太保带会阿彌陀

祆許度九十二億都会念祆之功勞八

十一刻五萬四千年

治就星宿一塗天　彌勒　古祆　慶人緣

春后　兵　一千米　出南　九花　精金丹

星宿天盤

正北

十八時辰

子丑紐時其寅卯　寅辰元唇心人知

午未末申不慌酉　剛戌亥玄霜吉星

四十三宿吉直日

房角元辰箕危心　花斗牛女壁室真

虛軫委胃參醫畢　昴井危柳軫翼陰

心尾榮如王赤危　奎玉婁元辰金金

四十三宿掛卯時

日寅不當御卯上　月緣於午寅夫人

金家子將擎卯學　壬未火炭御子夏

三十六氣

立春正月節　紅水正月中　雨水二月節

迎春二月中　驚蟄三月節　夾收三月中

春分四月節　萌芽四月中　清明五月節

谷雨五月中　小滿六月節　大滿六月中

立夏七月節　芒種七月中　夏到七月節

夏至八月中　大止九月节　小暑九月中

大暑十月节　小△十月中

五秋十月中　处暑十二月节　大癸十二月节

白露十二月节　秋分十三月中　寒露十四月节

小露十三月中　霜降十五月节　五冬十五月中

小雪十六月节　大雪十六月中　冬至十六月节

闰四七月中　小寒十六月节　大寒十八月中

十八位相属

子鼠　丑牛　紐豹　寅虎　卯兎　辰龍

雷吼　乙蛇　辰狐　午馬　未羊　未鹿

申猴　酉雞　狩豕　戌狗　亥豬　玄鳥

九十花甲子

甲子乙丑佚雨至　丙紐丁寅上天火

戊卯乙宙大來木　庚辰辛己沙炉土

壬辰癸午鐱錫釜　甲未乙未霹靂火

丙申丁酉潤下水　戊醉己戌路傍土

庚亥辛亥玄月鬐　九甲神立降比塵

天佚言日我犯八十一卦覓卅批判搬西你到

東土各人埋頭修行、真性天上天下都遭

大劫不遇金線之路難免会帝三字總是

五盤中領袖、不遇大道盡情除了他的果位、

惧四百座郡州会一处不動法教你同木下

又祭五大魔王查考賢良女男信女刀兵惧

一手合木易引徒法掘盤成真中央汗他界、

頭九祖九夏八方於車轄批下車輪九盤九

綢太輸五枝行道十三枝、在武内火菁水

水歸汗大地乾坤以二般乱苑落地結子存

三陽間法邪传善教天苑為以氣一字千金

法線三千弟修行是引進会為一筆判三

元十萬五千传法容尽是法良在世間踩

勒曰若到末刧刀兵乱起廿惡不久邪正难

明恁救九十二億賢良性命天伕田还有

玄妙若到大刧我传与你一个悟号救庆賞

才禾傳日悬之苦留人很之祖送丹書月

大衆朝下界八差金刀聖毋帶將下去次后

交而余賽荒乃楊太陽祖毋是也后来收

書昌子、原是天人下界、方於八十一刼之福、

次后之人、統兵百萬趕殺胡人朝耄空臍

換一帝八牛朱是也、

大地方信休要忙　訪妖訪祖在八方

六月笑霜不次降　八牛領兵过大江

呪特普天訪妖鐸別天妖要臨几天妖口

听我分句你这一去有大宋朝換次下凡

先擧云生降落木昜门内外数尊仙女跟

随鑰题星宦在秽门下羅㬋星計都星

貪郎星六合星水星火星金星木星

土星文曲星武曲星破軍星紅光出現

远星臨凡即道虚姓言边破口出上口添

整口入工添弓下九根車車下領雄兵哥

萬手下四十八家祖若到猪年凑心黄

两两岸待法容领雄兵音两岸上存等

看一玉起弓手掌尸统兵九祖临比可

息藜迎东西世界草不缠不留根属两泥

侯会说话狐狸精灵便吃人妖怪都要

颠手段眾哄人要成其妖呱五下三百

六十哄進人表吃人心要找西東金钱路

人人不遭逐事因遇不着的做鬼魂夫

妻父子各分离说到此处眼睁学泪铁石

人間也傷心要躲生死我綫路木易引下

我真人一般一馬逍遙穩是彌勒駕船

人氣紅爷去内裡符海天諸伕降中康金厄

末却螆虎尭気者悟速牛八心天伕囑時

以著人頭閒荒不裡所講南方火帝真君

同四王伕臨他九遭護国太平火帝真君

降井洛牛八之家四王伕降胎在順水之

門庒東東星宿行定国狄朝五帝郡

位登基洪武異代眾集文武朝礼乙畢

朕斷軍星兒平定太平世界治太平事

慶功封職乙完主田有事也班早奏完事

捲簾教朝止留護国公太師列作溫改

事主田我想工左之人三皇五帝治世事

幷定国想我即位乃是何人星宸轉化

太師田主上乃是南方火帝真君降愭

主田主定乾坤多少年限几帝為君太

师曰我主為手為孫武帝妻之不尽入祠

我朝之臣何人為君伊温奏主教臣会

罪臣就敢说主曰教你会罪利伊温曰我

掐畫主看猜来

三教應劫真經 下卷

主曰門下是個闖字、作溫曰假李兩門兩

馬列李兵之主曰他有多少年限溫曰

先生兵馬向他遊　三千胡狗鬧州

金鱗未變成龍体　中原遍他是紅頭

主曰闖字三人不成大事我貼一伍孀孫失

伍溫曰崇禎帝主土星臨化闖字領兵鬼

帥掌權三千胡狗　大破州嵋山崇禎

帝命染黃泉主曰吾媧孫死的好不

苦也。伯溫曰媚山上吊不為苦也原是皆

死王忠臣上星赶出九州他假伕征真出京

门伕送神州真主出久后掌道戚胡人王

曰胡人登基怎樣行糧伯溫曰官也光皇世

光葫芦闹花在朝刚七百寧相如民子

偏他都是小人忙美曰偏他都是小人忙我不

明也溫曰口工支鍋口丙噴烟葫芦闹花

把飯食手指跪馬人乘巧真伕在北水

連內。王曰多少年限人々說東明應上启

有胡人三百秋溫曰二百秋三輩飛秋九秋

內裡有九秋十又十四是個字內江

山禄。四十中間紅花落真伏出世海天知。

王曰紅花朝內真伏是誰溫曰百个金雞

在天飛九十九个过西江只有一个飛不

動侯在燕話是非王曰他在天上似何

人太師曰会当四击下天來紫微大帝

奉天差。金鸡飛上齒燕去。鳴鸡中央

菩信來主曰。你说他有何能仙溫曰能

翻山能倒海天他星辰他安排佛手摻

的天鬧拜日月星辰從治來主曰有違

樣好处何愁世界不成仙溫曰善狗

洞詞女人书家僧住我老婆守低主

曰想是何僧住世溫曰西栖頭皮熱瓦

吹脖头凉冷天雖妙手大家混他娘主

曰。真是小人国乎。当初朕在寒门。后在僧

小寒门下养成朕。記的小児謠言望太

師解釋一二泊温曰朕願聞主曰走肖滅

滅之金归朝中有个驀跳湾人驀吳。

又道葫芦出寺菴谷葫芦月半边葫

芦尽刀廿胡芦添葫芦口边裹了命誰

知葫芦又掌盘温曰葫芦二字乃是

主之帝。主曰凡帝我先從说过主上

為子為孫。總曰。我描一軸花至上看過。

猜來。

洪建永宜洪　　　正景天成弘

正嘉隆為泰　　　天崇順康明

共乃三十帝　　　兩帝是胡僧

三洪八牛盡　　　降下紫微星

士字下去一　　　十七下去十

至曰十七至　　　泊溫曰有詩

葫芦口边裏　代殺四个臣

两山驚兩犬　犬咬真主年

三洪两正牛人盡，后有胡人二石秋

两山两狗咬不断，十八孩兒坐翁州

主曰、紅花怎樣落溫曰、朝問三边只時時

搬弄国家。紅花带落要必遭嚴霜打主

曰末后道何人传温曰不像僧不像道頭

带四兩羊絨帽真法不在寺院内他掌

弥勒元顿教主曰弥勒临凡落在皇宫

温曰末来教主降下凡不落寧稠府共

官員不在皇宫為太子不住僧泥共道

院落在寒门庄门转燕南赵水金丹敢

主曰何人保国温曰

徐稷擞号汗云恃　三人保国定家邦

掛上收元皇極号　八十一劫太平常

主曰才有三人那个是谁温曰乃是金童玉

前边说的那个他有何解但温曰只金鸡有

会祖三官三关祖上青云山下生侯胎受过

脂復还云台官神仙主曰胡人几几年可

滅温曰紅颐贼子四十表四十年间另换

人紫微大帝登了伍世人个了正金身、輙曰、
胡人尽了何人登基温曰明月佚来属大
明牛八原是东土星朝内扶番去耔海朝诗
佚尽称名主曰胡人一尽、你又说是紫微、
你又说是土星礼会难明温曰我画一軸
花主上看过猜来、

三陽　问泰　双奉朝

牛八　木子　两相交

木子　穆下　真明主

走肖　出世　莫成妖

清主曰清朝一盡老水还朝你說的明白、

使后人好看海運末间是大清河了海

運怕動兵海運若是重间后必是老水还

了京主曰还朝有何反驗溫曰道中廿人

会不到進修行大变小老变少和尚到

到把佳人娶妻可笑女嫁僧人時年

到主曰你言何只說道字溫曰奉主末后

時午為祖下界臨凡普天星斗合汗群

真浄天菩薩难脱此刼大难乃是未来

侯下方传道総是天上天下诸侯诈租、

不遇金線之路难脱此刼、削了他的

果伍不得成真何不言道字天子曰

朕遇此刼未启勅封皇極八十一刼承

續長生温曰谢主慌天子又问未启紫

微臨此下世齋戒公然我他落在行廿

之家十八孩兒灵卦生曲江池上聚犀

星九曜星官扶社稷說法演教度眾生、

要問此書旷裡起、金下卯上刀裡二水威、

天上詓炃扮降胎　扶朝五需四十載

金光南九週傳道　八十一兩屬末來

君臣正論天色將晚、君臣相別駕耤回

宮嬪妃謁進龍床坐不提但說徊溫

还家求到逍遙堂中想起祖公羞我九

耤一盡十耤婚号下天宮四正炃脫了本氣、

直上勞山寧海洞再修天道

情　全純陽談道捉棋

收元安置一亞秋　全憑士相炮廿車

五个小卒齊荷走　四匹此馬跑如飛

各人按排尋線路　一着錯了輸了秋

俗溫問洞賓啥兩下秋〻中古事爭一时之

柴事有解祥洞賓答回這紅帥黑帥車

解祥溫四三帥是假趙牛八敬伏慰为黑

馬炮相士卒是谁洞賓曰不燒壁四正侯

車者是六上破口添教口紅車专保定紫

微一士人紅㲉专是十四十吊雄師黒兒是

一字九很反作人士相護造九伍祖十個
雙
卒人是天金四正㩗者今云到未来八十

一個、歸順紫微星

相伏排下人不明　　伏留庭封度事生

秋無排下四匹馬　　四條順車往東行

兩个元帥棚爭剛　　輸了黑來贏了紅

白相底不一元將　　紅黑三家落下凡

伯溫又問这六个色字人人所看貪秋

輸贏、三十章紙牌人之所看貪女輸贏、

这是怎說。洞賓曰这六頭打車轟調猴六、

猴者乃是土星木星水星火金星羅猴

星乃是牛八之后三十章紙牌道應猴打

虎鬧無混江先行色字八卦五吽者是各

処名山洞府还过未来之道神仙吽下山業

屁分八丁好黄可以何况事生乎若遇四

五六者是得道之人四丂四相正㑃五丂

五烟朝无六丂六门紫河打処丂是合家

圆圆斋无紙牌有间花六頭大駕副

駕、邦穷九朋元金閃花乃是三陽侯在

三山修行两佼花往東传道千手花八下領

共六頭乃传法教主。大駕、是紫微星大帝

曰副駕是牛八掌道九朋去是九曜星君。

元全是太玄老祖賀恩們跟邦穷尋子、

是陽三教主大衆理会合証会生混江也

真侯真祖赴雷音朝見吾空、

紙牌六色廿頭钱　裡边尋想有了緣

遇不著的留怎走　得了道的主贏錢

打虎鬧葉海喜樂　有江存教是收元

真侯藏吞八地　溜游掛芳明變天

猪看了成侯氏祖　猪不著閲在四生

洞賓曰返我不知　伯溫曰燕左是北京之

地家方是家下修真　紅左紅陽劃海奉

天著下萬千庆真尽落在五方八地猪著了

今之成真水裡明是太玄老祖猪不著任是天人

打尻之中拐頸紅　頓斷釋迦這條繩

馬兒江湖我綫路　虎送馬的是從橫

摸著呼的為侯科　摸不著的瞎修行

还有一著兔魂帳　拿著細末做惡爭

尽盡為連后為殺　明牆出細做无空

指星过月糖胡混　依著各会塵爭名

自呼自师自領法　三伏出世你不中

洞賓曰还有一著犬小猴子拿两塊瓦踏

又口裡念敬日光々察々三个和尚死了兩又

气香又气紙跑到伏前屈下屎送个謊言、

是怎說因二個光字三个察字四個端正性

命一光治就三光五吴光放也為物實日

三個和尚怎說伯溫曰燃灯伏一个掌刻

己过禅如一个掌十八刻以終落該弥勒伏

掌八十一劫乃是小和尚也又气香又气紙

乃是未来大道人人有十兩真香不遇

未來子牙臨危四代分張冬日還可夏

日云、故不出三月臭氣难聞共不屑下屎也

若有少男信女我着的低会下指著性命

調神定炁性走玄门、临命終特性走金

门、托腿、打腾脛腿其膝冬不挺屍夏不

臭氣狸盘為証、

指透玄闊果狸盘虎之小兒运謊言

扚手丁犯冬公跳　跳到阿内得自然

躦行趷趄是九祖　躦不著的胡扭酸

还有一菴跳蹤牌　趷破土塊是收元

不識土塊泥瓦相　四相留浪串房簷

吕祖曰还有一菴摸骨牌打双陸肖牌扶

內起乘名各子眼混江龍伏頂珠錦瓶峯

山雨云住下數之不尽温曰各之限寿大道

限防五虜混江龍伏頂珠性命一炁原是

錦瓶峯來山雨云性命配体要煋了破

蓮峯寶牌他牌催世素拋下了七不就來、
不成、一字孔很孤紅摘呂祖曰还有一個賣
鎖歌、还有一個孩子爸踏て一个爸踏て
爸踏て我兒趕不上爸踏琉璃我兒
跑到頭裡呂祖曰这為怎说温曰爸踏二字、
乃是未来大道、不久平也、此道先進為君、
后進為臣兒先入道必為引進次后父
入道火不是跑到后頭裡好道、

夫后修行如搶寶　先進為君后為臣

自從灵山大失散　有緣今日又相逢

劝君休爭大家　灵山失散他先行

原在頭裡引進走　兒速引父進天宫

洞賓問得温日為　賣鎖温日天侯差下

弥勒佛領金四丹六五十萬五千餘零賣的

是未来天内果位

賣的甚么鎖黄金鎖　甚么開貨當庄

疸鑰題前在天成垂相就他成形買着

口炁且九九八十一刮種根就夠天限實曰、

鎖亥是誰溫曰是釋迦侯自周鎖到夯、

金丹口炁乃是鑰題若遇明師以楷性、

命通天徹地女不是黃金鎖也實曰何、

為此普篙虎疸也然含道此金玉还貴惹、

么賤物而閒溫曰未来金丹人不信天、

侯要天換質也朝內君臣不信把这口

氣賣而居家人何貪覓貪女夫不是皆

篇疤瘟賤物而閙也賣日甚妙賣甚妙

我还有八句侯语、

金丹会影山前賣　仙侯星祖谁不爱

我賣金丹会人買　臨着人買我不賣

忖至斗金買不起　如今正是土泥塊

有人信心買金丹　龍華会上侯敦爱

伯温正南洞賓谈小兒謡言忍湘子耒

到三人共起説請坐、湘子曰你二公在此
談何詩言、溫曰俺三人在此論的小兒
謠言、湘子曰我記的有个小兒謠言孝
规鼠义强又ナ字路上狗吃羊狼兒背
了羊兒去下老娘哭一墧、溫曰拳规鼠、
义强又二字是个愛也重生自知生世不
知爹在灵山村了盼望今累差夭祖功也
不惺这一遭义差下掌教会生传妙法。

尽量尽劳人人要减程盘成真何为不强

狗咬羊必是羊动　十字大路街要明

狼背去廿嬲信女　内下了作恶更生

湘子曰还有十孙父的跌六气闯三怪纸牌

这些事乃为怎说温日闯三章纸牌乃是

我九玄有诗句你听

纸牌三章是闯九　九玄下界断军法

有字有幔八个钱　四字四幔送在手

掩將下去定分燒　混的一樣是了手

等的事侯起了身　四生六道盡你走

拉着兒的結惡果　擲泥不的是憨頭

翻不貝素執法死 · 不做一的是死牛

湘子回世事兒情会數的反驗千萬樣修

行末后怎么結果温日你听有偏一分為証

韓姓女人你是听　修行不在狸盤中

水火烧出元揭子　同到灵山对号宗

韓湘子　靠前來　听我吟咟

呂純陽　你在心　听我言情

未末伏　最难逢　真传难遇

若遇着　玄字経　个个成真

传的是　玄字経　在你闹放

一烈婆　调性命　休用双行

侠临凡　珍言语　却要庭验

百般事　要庭候　一念真経

窮打拐　就有个　不祥之兆

隄防着　癸上土　刀鎗杴々

到后来　狐狸猪　今々在世

投女竅　狹男人　糠妖怪真

想紙牌　三十章　六人閙案

六剖底　纏脖膀　我在心中

三个人　起了去　七十二扇

底三人　摸千手　芝宛巫亿

車頭行　下七的　女人度灵

到特体　你但一　抹葉三人

勘三的　就入了　八十一刻

你只看　菩的是　那伍伕尊

苦口劝　車灵人　頸行領东

休菩的　大却動　找路怎门

有鼠老　位不枚　大頭在后

后進人　才收補　前边頸行

雖是我　前門頭　說的玄妙

後不著　奧妙法　怎叛前人

前边是　同荒法　劝不齐手

後才著　些細法　提盘成真

洞賓曰后边出細是好人也温曰普天星

斗會汗群真湘子曰出細之法怎知何人行

動温曰这些侯祖有落在文武对内的有

落在寒刊对内的共我着金線之路、

與佚祖貼骨行道領佚金丹只燃指人服

家就服家捏盘就捏盘一尊彼大法四尊

佚佚所用有進会的賢志四相不正四後分

漲下了四生对内脱了生这带以燃佚上前

茶設供一路神请差四五真佚申狼家鄉

玄生祖廿随祭一道勅令逢上出阎宾關十

王便那二故是魂间王速差判官批票

问四生祖要四生祖同大小二鬼住四壁

對內、追亡本性、廢為四值功曹、領回本
竅命落海底性、在天邊命走漕溪大
路出玄關、走金城穿盤底真救那死屍
翻身豈不是出細之法
出細之法最為為　領口氣的得道選
天伏勑封於九祖　追尋出菩赴天曹
七家摸業咭咑嘴　咕咑嘣咻的是大賢
頭去呼的為領袖　喜之歡之上灵山

雄鸡牝鸡两参着　迸头也修那头修

穷理尽性释迦待　包毛守一透玄关

一提亚念金丹法　敬把卄五一眼观

佰温火问洞宾这小兄们我临坛朝见

他打亚猜梅模呼为好诸说常观小兄、

还有一佰歌

慈過紅水裡明猜那方

吊罪銅錢、本洞昭使尒登壇施拾、朝睹傍、

不如淨坐煉玄開包元守一把氤蓁嬰兒、

媲女結灵緣渴飲刀圭十六兩本來面目

成金丹一東修行不慌說巍々不動法輪

轉細氤養神浴木廈一蹋登倒虛述

山盧日我有一歌、正道也好、大地人我来

我落了小好落大好強是朝内做高官。

一字神仙挣就乎草香燒的不中用早

早就把真香我朝山拜頂負打禊不如一念

把性我洞閉存取轉登脆戊乙土中蓬萊

鳥擢起鐘鼓一齊鳴放下零露甜味香

珠簾捲起放毫光鼻洞香已得了寶束

西南心任意行九葉金蓮要坐了訪候含

掌笑微微同伴皇極真到老三人歌罷

鼓掌大笑湘子遂作一首

他也笑來我也笑　為却难逢这妙道

應了小兒送讖言　進了玄城怎不好

呂祖問泪溫這一年十三月、一月三十月三百

辛日從以何為过年之說泪溫叫自稱姐

伏五起東西世界定就這个號号人人

烧香烧纸須菁十割從人人不明一旦新

神末坐歡神之理原是取无明号若到初

尽三更塢嗚叫人人着恃清心持齋念

伏人自取无这不是迷人狱淡胡亂搬

問諸等後來人這一法做起九十三慶一

馬駝為祖千真佐生頭為却旧辰遠何

物為正果成真湘子曰還有小兒謎言

分歌

許君推磨佐打羅　木子之人將而和

冶就饒之天未大　雙手献每趙哥

溫曰諸女是許佐緒現是者是牛八之

土推者是九祖冶世磨者就是乾坤

伏打羅是訴伏掌道本子是些箇徹

帝启四十人人要知長生訣性接他命

走九霄、

三皈五戒之的净　那怕罪業為大高

臨他此源本利在　永不墮他下九霄

湘子曰、末后之道、我也臨凡、傳道原身

怎在灵山天侯公苦共苦会量诸侯神仙

九等九尽葫芽出土共要臨凡伯溫曰丕

是洞賓曰你我臨凡在会影山前湘子

曰是溫曰我有八句詩文

三人在此论哟年　　呂祥二仙要臨凡

群仙论理途星子　　　壬女娘子也臨凡

恐怕耽了神仙職　　玉皇大帝下九天

修的末葉星宿都　八十一刻不臨凡

呂祖曰我有歌走道、大地人听我帥念経

人你儀有喘嚏吁的口乾舌吞渴老來

只落勞扂汗你把六門紫窄徐指起

金針合玉線安炉安頂煉金丹地皮串

天性命相見五股猶泉猪肥出霹雷

驚破姻生面子母相見赴龍花便是

祖

呂真修煉湘子曰我也有一歌要証道大

地人听我論一年四季燒紙年和面一就

双鳳朝献两趙、洞賓问温日伏怎知禪

迦伏刲海温日天伏批就一百单八科掌

三千九百年賓问是誰温日周有三十六

天枝汗有三十四菩薩唐有十八羅汗九

㸌星食是宋家朱家有十二元帥尊

五方五帝李家現在東土有人主五伏安

天十龙八湘子日小兒还有謠言温日

你听

鷄鴛惺鴨著未來　　先留弄戲小嬰兒

篇崖却在泉下水　　谷生教著著主來

天火治上井泉水　　鐵秋撅了是棟才

鐵着木晶是矽砢　　天上抹下孕喚來

千言萬語說不尽　　尽是叫人我未來

賓阿温道是怎么樣的了法温曰这个

天机非同小可、我说来至三水消滅谷皮

暗崩先起水乃享乃雄師十月廿五朋領兵

四十八路諸侯十三布政刀兵混滾大殺三

陣人損五六分父不顧子妻不顧夫叫哭連

天惟有望胎兒女不傷一個金鷄叫过三

遍脹天明才調良賢老祖朝内游芝人

繩纏索綁進府解府進県解県解到

京城紫微大帝玉口剎封未来天内佐祖

東州県不知咧唇咧嘴說这些人作下

大禍凶惡處、縱拿廿事都解赴京都朝

連卦就各人歸家頭磕門牌定金字領法

貧子十里香、各会廿你心不我四面八方動

刀鏡鳥、千、求大道廿男信女進道場、

天元他元人元海九十二億一般根八圈攢

燕動殺伐九家稱在中央地三陽教主供嘖

号、五大魔王起成塲处处妖怪稱侯禍四

十餘年混的慌弥勒台上说大法曰九十

旦摘了光排下云城八百里为男信女之人

在四廂、天上天兵千～为～四海龍兵为

为淮水尖尖尼災一齐動可罢了地盖恶

人一归光大地便是云城会五大魔王剑

下云怪物死的苦狐狸稿景失烧兑为男

信女云城内迟是为人修一碼仙枢綬帶

天送下云極老祖放亳光日出南方往北

落处、太平立道偁千门万户都行为

金丹一粒懷十方、三分山素一分水六分汗

他素生忙、廿田糊換无人性人人侯面侯心

膕路不拾辰到處廿、家て戶、是と是良湘

子曰叔元有河反驗紫微听臨此溫日天動

地勃是庇申、二三中刀降臨此末后叔元山

崩地列海翻滾房庙屋舍尽毀傷此為

对鳩二八邦楊花結柳落塵房、租地田

他三十丈郊外東山慌又慌、可以秦楚

燕邦他就是野鳥也会穐俱看西北金馬

勸南北兵列馬成府英雄好汗刀頭死老

幼兒郎尽死亡悲叹北燕千搬恨四百郡

州作民塘

呂祖遂口作一歌前三山東後三山三山

原做一甚西山担了三山甚兩山不週全我今也

归山只怕癸亥年温日純阳你我自此臨

止你欽中八仙未后我也臨凡中界玉皇

玄天大帝、東岳天齊盡在陽間八大

菩薩落皇宮盡等收元、教玉听我從

頭說這些、都是侭臨凡落在那一姓內、

一玉未來降下凡　享凡原來是皇玉

一字孔根擴先祖　十百十五吊聖人

掌法教玉門內吉　谷末內子是大賢

谷末出頭大玄子　卯金刀裡係法君

木陽門下会生母　張長助道是真人

同願了盡釋迦道　　同上具山掌乾坤。

三人談論以畢。　答駕首云光逢回。

天宮菩紅光出現世恐朝罷天候各归本

伍、

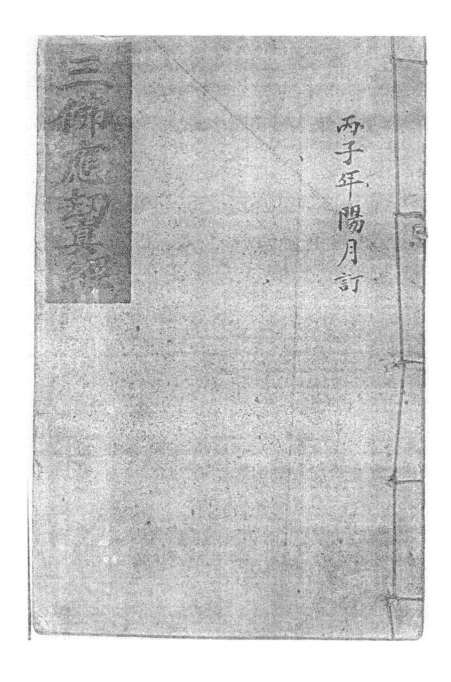

先洗手焚香

敬供一桿

不可輕看

慎之慎之

劉伯溫先生時世歌

前三三分後三三　盡被胡人一擔挑

二十五年刀兵乱　江南江北脫紅衫

十輩皇帝九輩休　留下一輩鬧幽州

八牛使盡千斤力　後有胡人二反秋

庚子辛丑乱如麻　個個人兒不在家

變女爭夫無伴侶　首怕運糧客交價

戊子己丑一苟求　就是石人也难捱

刀兵飢謹一齊到　誰保誰在誰不在

龍樓鳳閣化成灰　虎兔年間都在蓋

十八孩子兒上座　白小生來好殺人

手舒金刀四十九　盡被胡人方太平

勸君休要去入南　三方盡是鬼門關

高端刀兵生惡狠　人人筌炭在路边

三教慇勤撿觀書

吾觀大地明反掌　大地衆生似個蟬

萬劫佛像　如初夢　先賢兒病來身邊

滿天諸佛降臨世　大抵殘靈脫寃愆

晉渡九十二億賢　三界十方諸佛祖

不遇扺元是枉然

佛曰這部書不同小可乃可換天地之寶更天地之法

門此書句三佛定劫傳留今此書不可輕看若有

看書之人善男信女看此書只可一二人談論可也

扺書君子若不重意四值功曹降災臨身仔細

仔細不可說也

叮嚀苦勸眾賢良

早歸漢地長生客　　復本還元躲刀鎗

兩是特天佛在玄金佃乃飛雲山玄金殿正座遭魔

十佛同掌五百劫過去七佛掌教過三百九十二劫

只落一百零八劫又該　燃燈　釋迦　彌勒

管事無極貿聖劫太極粧嚴劫皇極星宿劫

只見無影樹上花綻三蓮池內花闹

大劫一至要隄防

天佚傳令

普散信香会動普天下之真人滿天星斗皆在聚真

色上会喬各佚滿朝礼已畢天佚言曰吾观三連

池内花開七佚掌教已往定該無極掌教燃燈

掌教九劫二億我想天佚自闭掌教混沌失散

無光天佚掌教内抬花散七佚掌教
神光佚掌教灵山失散

諸佚在世　将普提子　舍利子

堅固于凡世问種子三遍無人权補九十

二億先伏星宿伏祖灵性我差燃燈下世渡化元數

异天無極日秉生一人渡不起元數弟子不去

伏曰先差下三十五伏二十四祖大帝紫微星四正

文伏一同数景你這一去只在高門渡化三才我與

你真水真火三明四暗無字真経真言金丹口氣

五千餘零傳一朝陽大路逍遥通天徹地個個

成真摚盤为証

修真養性下九天

惟精惟一定江山

立下佚性是閽口　　　　閻王五位不敢捆

燃燈古佚落羌門弟子聖人落巢門四正佚落王

姓無極佚落凡十二歲不在皇宮故在青山傳道特

按三十五佚二十四祖我界一處教棄舍家嶽傳四字

阿彌陀佚這四字聲色朝陽大路性令勾家要執

四字阿彌陀佛乃四姓領秀元炁不孝自念綿綿

默默息氣養神上昇下降水火相交才成一句阿

彌陀佛普化衆生九十六億人教教佚行功治就

灵自天盤、掌一千五百年個個獸面人心赤泥琉珠五斗

四引一竿五百四十日六個月一年一日六時一時八刻一百四

十八刻九十日一月之数五位同伏九層地獄十二節

氣八十四宿三十里三甲中水文亳州了道個個成

真河涅九里露和打三寸泠就買良雲游角天盤

燃燈尊從立人緣人活千歲俱是長壽西南東北

轉金丹六個時辰子宙寅午未亥

八十四宿

當立日交河冊返朋東周宣玉灵光秀月仰海

午亢斛其壁河海江何定軫休氐尾心星室作亥

虛婁張豐立化生子熒陰亦正金玉觜安箕斗斜昴

嘴火權人到井丼雲位猛坐頭畢參鰌鰍瑞大忙

下通色且大句　八十四宿掛印將

日月子時正　水火寅二刻　水金寅特座土永午初行

一午十二節氣

五春正月節　清明二月中　芒種二月節春分二月中

立下三月節　大暑三月中　下至四月節　五秋四月中

霜降五月節　冬至五月中　大寒六月節　四春六月中

六個鼠象　子虎寅鼠宙龍未兔午馬亥猪

三十花甲子歌　　甲子乙寅釵釧金

丙寅丁午炉中火　戊未巳亥大林木　庚子辛寅路傍土

壬寅癸午長流水　　甲未乙亥劈刀劍金

丙子丁寅山上火　戊寅巳午船底木

庚未辛亥城頭土　壬子癸寅天河水

甲寅乙 午沙中金

丙午丁亥山下火

戊子己寅松栢木

庚寅辛午沙中土

壬午癸亥大海水

救渡眾生成正覺

三甲二丁臨凡世

爾是特天妖正座有巢聖人同位奏曰九十六億渡起

成牝不同望我妖定度曰差頭一魔降世脫世化阿灵

王到處理起雄兵逢善就減遇齋就考閉人齋戒

九十六億考下九十四億只落二億妖性四正妖看忙同領

三十五伏二十四祖高玉皇議論說道破光伏將阿灵玉魔

兵滿世玉元帥統領二十四路諸伏雄兵二百萬要討

阿灵玉奈认不出伏家之弟子怎么處高玉皇日期日午

時看號玉鳳楼前立其禹柄旗來上边掛著松柳号

象伏正逢清明之日傳於大地善男信女皆代松柳門

前有松柳者皆是伏门弟子無松柳者盡皆除之三日三

夜尽傳於善男信女有号者起生了死無号者叫哭連

天分作就九劫二億一千五百年限立成就象諸伏曰各回本

位日月東北西南日遊從只等九劫已盡九十九劫別

立人根

歌曰

過過青陽是燃燈　　一差二億盡歸城

婆婆留下香兒女　　等候二會釋迦尊

兩是時在玄真佃正座見三十五佚二十四祖玉皇紫微

四正文佚三千諸佚菩薩只渡二億元性又見五蓮池內

花佃無影樹上花綻刻日宣釋迦上殿不多一時文

佚上奉天佚曰差彌勒渡化九十四億佚性去是不去佚曰

吾先下界借竅度諸眾生在東土發大崑崙山仙花

現人還信天佚曰與四正佚收九十四億佚性等釋迦燃

燈佚了道人人盼我至今一千五百年將個二迷了佚性

戀看五慾之不肯回心轉意我又下凡脫化梵王棄舍

皇宮度化八百餘家雪山成道拋下大地眾生又化他

不醒望佚慈悲眾生不去天佚曰你這不去我差五十

三佚三十六祖助你差四正佚落入王女門封神定位保

固安邦紫微大帝落姬門為君我与真佚真法八明四嚐

無字真經彌陀金丹口氣九千九百九枝你到东土傳

一条滑溪大路通天徹地人人成佛捏盤為証修回圣

人落在孔门釋迦听說辞了天伏將領更伏一齊下界

穷乳枣性釋迦佛　　抱元守性透玄閃

爾是將太公念六字真言南無阿弥陀佛這六字

不在聲色念不在内裡念只在滑溪大路性命成要

執掌六個字丫六道班頭元是教化人養氣存神

嬰兒会婭女黄婆配金公四相调和会灵山转法輪

復成一句南無阿彌陀佛普化九十四億拈香念佛

治就個查補天盤三千七百年終人面獸心牟尼寶珠

五斗六升按一年三百六十日一年十二月三十日一十

二時九十六刻二十四節氣十八層地獄十位閻君雷公

閃母風婆雨施行六十花甲子六甲中靈文二十八宿

日月排均

治就星宿一座天

人人壽活六十歲

釋迦文佛度人緣

中東八西韓金丹

不由三六九歲死

生勞病死苦留下

燃燈三經共二書

孔姓夫子從治就

直　稱　天　盤　圖

聯奎王中

宮正北坎

十二五歲染黃泉

莊嚴刧内收入天

九經八書未來添

五經四書釋迦傳

十二時辰

二十四節

二十八宿

願是時在玄真殿正座違虞三元末却一百零八刧祖
好三千七百年將終度就九十四德天佛慧粮遍觀
見各仙伏星祖一會快樂不想回家还鄉遂差第二
魔頭降臨凡世脫此五濁楊魔見吃齋就殺做善者
者動兵代之時宮賢美意情破戒同尅王誕教賢臣
公豹領雄兵子牙着作同見文王廟議了道將燃灯一千
五百年完期定就東西世界武王對文王同天下布政
四百座邵州有傳法客九家俗徒怎處正議之祠有太

公奏曰三十六路諸侯三百六中萬人馬操練已就望我

主定度奈我度了九家善男信女大兵臭時怎么救他

性命文王曰明日早期看嶽太公二至明日叩乳五鳳

樓五起艾蒿一炫太公叩乞伏金增奏曰象善一家

无滿者門前插艾蒿一炫有草容一位送了文王曰單

客髮进一笑蒿為証又掌出炉香带一個一女人带

在頭上孩子亦代頭上代七日七夜传号以就擇日

勳兵燃灯人緣一個不留有号者成經正果無号者

哭連天分就一下八劫三千七百年萬花山封神定位立

周朝八百餘年諸佛回了本位日月在世每日遊巡只等

一十八劫零八十一劫長住二會內度二億剩下九十二

億人緣

歌　二會紅陽釋迦尊　　弒逆與僧度衆生

曰　三千五百元滿号　　諸佛諸祖回回宮

國是特天妖正坐見三十五妖二十四祖三千諸佛七十賣

天上一百零八位菩薩聖人張玉皇孔夫子特鎖德元

空又見五影樹上花綻九蓮池內花開邁將天元進

斗香散定普請天上地下五盤四貴來請玄金殿望佛

礼畢天佛曰自周朝釋迦三千七百末劫年終不知还

有多少年限自周朝分為一千四季周為春漠為夏

唐為秋宋為冬朱為九九劫冬真佛出世落凡度東

都成佛弥勒佛曰眾生下凡人遭难度不起前天後

會我又下凡落在皇宮罷我取回重青四十天佛曰

你皇宮不大要崇內下貧男貧女燃燈一降皇宮度了

二億擇迎度了二億無奈貧窮男女生：世：不得成

真闪下失鄉兒女彌勒佚曰眾生一人度不起九十二億

門元沉就天山東朝陽共是三十六祖之会開荒下

天佚曰我先差三十六祖三宗五派元明　金山天元清

種傳書寄信立下標杵劝人為善你下凡请現成

結果双元彌佚曰眾生不去憑甚么妙志度化人緣

取補各会頭領天佚曰我与你真水吳失明暗牧字

版宗抄方護体英经到有元人齐至不怕水火凤三災

歆　憑叔各会度冤良

曰九十二億皇胎子　　芽教叔元一船桡

弥勒伏曰秉生一人怎能度赵九十二億天伏曰吾差　捏盤成事見法王

五盤領秀四贵挺頭差三千諸伏五百羅漢七十二賢

一百单八祖四正文伏紫微大帝普天星斗羅漢群真

二十四洞神仙西王母九天仙女百千萬∴尊菩薩同去

搭手助道九玄祖下界無生教主鑰匙星官侕光菩

薩救罪天尊三清五帝各同相助你領太玄大法十萬

五千大法金丹口氣平取元數穩起雲城到東土各人

埋頭修煉等候收元出現張玉皇落在享耳門中孔夫

子落在十口十五吊下四正伏落在王姓內還有門吉卯

金刀木易弓長木子變兔走肖系子邑蔡牛八言

午一字扎根古人日勿良耳点上言射口卞口都是伏家

臨凡嗚啾善人各家諸伏早防漢地一王找金線之路

全家修行各出命脉與那伏家嫡治世街修末來天

內八字神仙將躲北水千丈于地為頭人二歲伏個二

捫盤為証

歌　明心見性五串連　苦法归一返玄闗

曰　抽梛換辰谷去粘　托梁換柱定江山

天伏日戕與你就管八十一劫十八位相君三十六節氣十八

時辰九十花甲子一年十八個月四十二宿一字伏号九經

十書星宿天盤九蓮寶位神出十九统參米方珠八千

一升一年八百二十日一百二四十刻十二卦太陽出南入北伏

西歇心四十五日一月之数度就九十二億念南無天元

太保阿彌陀佛此乃十字佛号這就十字佛不是叫人

出声念不是叫人內裡念直起金線之路敬走天地性

命相見四相端正壁塵合覺要執這十字佛声之念此

是十相輪廻苦也

十字佛教存水南闭美法归一真是昊山禩呈一句天元

太保南無阿彌陀佛许度九十二億都念佛行八十一劫

八萬七千五百年

星　宿　天　盤　圖

治就星宿一座天
弥勒右侠渡人縁
寿活八萬一千歳
出南入北轉金丹

子丑紐寅卯寅、辰蚕巳午未未申惟酉時戌亥

十八時辰

四十二宿當置

房角亢氐箕尾心花斗牛有壁寶奠文虛金
孝資參觜畢昴井鬼樍軫翌陰星棠如正赤
詹直玉蒙元辰合今

後有三十六節氣

立春正月節　　奴水正月中　　雨水二月節
迎春二月中　　京者三月節　　春収三月中
春分四月節　　萌芽四月中　　清明五月節

谷雨五月中　小滿六月節　大滿六月中

蘇唄七月節　芒種七月中　下至八月節

下到八月中　大正九月節　小暑九月中

大暑十月節　小炎十月中　大亥十一月節

立秋十一月中　處暑十二月節　紅露十二月中

白露十三月節　秋分十三月中　寒露十四月節

小露十四月中　霜降十五月節　立立十五月中

小雪十六月節　大雪十六月中　冬至十七月節

陽四十七月中　小寒十八月節　大寒十八月中

十八屬相

子水丑牛組象　寅虎　卯兔
已蛇午馬　未羊　未鹿　申猴　惟瑜酉鷄　酌豹
寅孤辰就蠶狼

戌狗　亥猪

九十花甲子

甲子乙丑佛面金　丙組丁寅天上火　戊卯巳宙大林木

庚辰辛辰蠶沙中金　壬二癸午釵鐶金　甲末乙未霹靂火

丙申丁惟澗下水　戊酉乙酴瑿傍土　庚戌辛亥白臘金

壬子癸丑楊柳木　甲辰乙寅泉中水　丙卯丁宙城頭土

戊辰己蚕山頭土　庚巳壬午松柏木　壬未癸未長流水

甲申乙惟海中金　丙酉丁酴山下火　戊戌己亥平地木

庚子辛丑屋上土　壬辰癸寅金箔金　甲卯乙宙天河水

丙辰丁盧爐中火　戊巳己午刀劍金　庚未辛未火宅土

壬申癸未桑柘木　甲酉乙酴大溪水　丙戌丁亥壯土火

戊子己丑　中火　庚辰辛寅柘柳木　壬卯癸宙雲中水

甲辰乙巳覆橙上金

丙巳丁午石中火　戊未巳未梧桐木

庚申辛□惟門上土　壬酉癸□釵灣中木　甲戌巳亥池中水

丙子丁丑木中火　戊丑巳寅紫沙水　庚卯辛寅亥上土

壬辰癸巳盧炉中火　甲巳乙午沙中金　丙未丁未山底水

戊中巳惟船底木　庚申辛丁醉詹危土　壬戌癸亥大海水

九甲臨凡世

天佛曰吾把這十八劫覺妙挑陰於你你到東土各人埋頭

修行被煉真性天上天下都遭天劫不遇金線之路難免驁

常二字德是五盤中領秀不邁大道盡情除了他的果位

久滅五大處王查考賢良善男信女冤晃天下四百座都州

無一處不動殺代你同不子令木易言傳妙法指示授

盤成變中央漢地為車頭九祖九下八二

九軍輈批了車頭天盤九稠五枝行道十三枝在武內久

哥北水归漢地大地乾坤只一船紅花隊地结了子三陽

佛泰法初得普渡天花為口氣一字千変金線法十養修

行是到進無乃一判分三元十方五千傳法客冬是法官

在世间弥勒伏日若到末劫年刀兵乱起善恶不分邪正难

明怎救九十二億貧良不遭大兵之苦認號当人根以這

入冊书目從宋朝下界差金刀聖世代待下去久後变于

寶花乃太君之世也

後來收書君子元旦天人下界可修八十一劫之福久後十四

之人統兵一百萬起發明人古月當空挑一帝牛八是也

大地善人休要忙　諸伏諸祖在八方　六月霜降不久下

人王領兵过大江

衆侠下界你是普天諸侠都要降凡天侠日听花分咐你这一

去自大宋擾次臨凡先發無生老母落在木見们中為婦数

等仙女跟遂鏡起星宮在穆们下羅候星計度星貪狼星六合

星水星火星木星土星大曲武曲被軍星红花出現还泉生臨凡

助遊虚惜言边破日六上破添整日八上添牛下扎根十月十

五月領雄兵百萬手下有四十八祖若到時辰萬年月奏悉黃

河南湏傳法客雄兵百萬崖上存尊一上起了手享邑領

兵九祖臨凡可惜釋迦东西世界草木總的根庙裡泥神金说

諸狐狸精灵变吃人也

妖怪皆要頼手段　　嘬哄迷人要成伏　妖城立下三百里

哄進城去吃人心　　要查西来金線路　人人不怕这是非

因遇不着做鬼魂　　父子夫妻各難分　説到此处眼路淚

鉄石人聞也傷心　　要躲生死找線路　木易门中找英人

一船一馬遊逸客　　総是你勤堂船人　好花落在塔内裡

滿天諸侯降中元　　金凤未動蟬先鳴　無常猎把午八親

天代曾咐象諸侯曰久后人頭闹花普提听講南方文帝頁启

曰四正伏臨凡九造復圖太平火帝臨凡牛八之家四正伏降

永順之家后來衆星文邦定圖扶朝五帝即位登基聚集

文武朝參己畢託望衆位皇兄平定太平世界熱太平要蓮

慶功分畢已畢亭曰有事出班無事捲簾八尚復圖太平師一

人議事洪武曰我想三皇玉帝治世想我即位奈我星何星官

稱化太师奏曰主上乃星大帝英君降凡主曰我乾坤多少年限

凡帝為君太师曰主上待后有芳子榮孫至之不久曰我朝之

后何人為君伯溫曰敢君無罪后就欽說主曰敢臣無罪伯溫曰

我指一軸畫主上看猜　主曰門裡一匹馬是個閣筭假在丁二

门兵门列李兵代主曰他有多少年限佰溫曰

先生兵馬向北迤　三千胡狗闹燕州　金鱗夏绳为龍体

中元遍地星紅頭

主曰闯字二人不成大为我那輩嬬孫失位佰溫曰崇禎皇帝土

星臨凡闯字領兵土字掌權三千闯狗大闹出州媒山崇禎皇

帝一命梁皇象主曰我嬬孫之死好不苦也佰溫曰

媒山上吊不为真　　原是替死一忠臣

土星起出北地假侠出北京侠送神州真主出久后那胡人王曰

胡人登基怎樣行粧佰溫日官也光星光胡芦開花早朝網七

百宰相如子民鋪地小人忙主曰遍地都是小人我也不明也佰

漁口嘴上支鍋口内噴煙胡芦開花手上跑馬胡人乘巧真侠出水

連州共日他有多少年限人人說后有胡人二百秋佰溫日二百秋

程有九秋十二又十二四個字江山移三四十中開紅花落真侠

出世滿天知主曰紅花落朝內真侠是誰佰溫日

百個金鸡天上飛　九九九個过江西

只有一個飛不動

主曰他在天上他是何人太師曰武當四正伏下來紫微大帝 <small>任在燕山詮是非</small>

奉天美金雞飛在此燕去烏鴨中央等信來主曰你說他有

何能伯溫曰能移山会倒海天地星斗他安排伸手搬的天

倒地轉日月星辰從治來主曰有這樣能處何愁世街不成伯溫

曰善狗闹詞女人当家僧人出战老婆守城主曰想是何星

住世伯溫曰日晒頭及破風吹朝上涼冷天难抄手大家混

張娘主曰真是小人国乎太師曰当初在寒门后有僧们養成

朕妃小兒謠言惊太師解說一二伯溫曰臣願間走肖斌金

歸朝中有鼇跳海灣龜皈天文遁瓢孤出寺卷俗瓢孤孤

月半边瓢孤冬了天瓢孤袋了命谁知瓢孤又掌船伯温曰瓢

孤乃是主之帝主曰几平伯温曰我従前說过主上萬子崇

孫總由我描一軸画主上看过猜來洪建永洪宣正景天

成弘正嘉隆萬太夫紫禎順康雍二十帝二帝胡僧三洪牛

八冬降下紫微星主曰土下去一伯温曰瓢孤口边喪代来四十

個臣两山驚两文犬吠英主三三洪两正牛人冬有胡人二百秋

兩山兩狗咬不斷十八子坐雍州主曰訌花怎樣伯溫曰朝中言

遂破口時搬弄國家又造巖霜打主曰末后來道何人傳

俐溫曰不像僧不像道頤代四刀羊誡帽真低不在寺院裡

內他在彌勒元真教主曰訛勒臨凡落在皇宮伯溫曰

禾來教主臨下凡　不落寧相共星官　不在皇宮為太子

不住佛尼共道院　落在寒門草座農　燕南趙北金牌散

主曰后边有仍人保國伯溫曰徐勛保國掛号漢曰昌三人扶邦

家掛上权元皇極号八十一刧太平生主曰猶有二人那二人是誰

伯溫曰那是武黨前邊說的那二人主曰他有何能伯溫曰

金鷄有會阻三官阻上青云山下生伏胎受过指后有云台

官神仙主曰胡人凡年可滅伯溫紅頭嫄子四十春四十年

洞別換人紫微大帝登了位善人个个証金劍主曰清已盡

无水还朝你說明白是后好看伯溫曰

海運未帥是大清　洞了海運動刀兵

海運若还重水还朝有何應驗伯溫曰道衆善会引進修

行大变小老轉少和尚到主人要真可笑僧人特年到你焉

能到道伯温曰我奏末后特年萬祖臨凡下界普天星斗

令漢群真滿天星斗菩薩难躲此刼大难乃是末刼下方傳

怨是天上天下諸侯諸祖不遇金綫之路难躲此刼削了他

的果位天子曰朕過此法末后勅封皇極八十一刼永绪長生

伯温回謝主龍恩無虚言天子又问紫微末刼紫微是齋

公落在行善人家

十八孩子艮卦生　　曲江池上聚群星　　九耀星官扶社稷

說法演教度眾生　　若向此書何人寫　　卯金刀裡一水成

上天諸佛都降胎　扶朝玉帝四十載　金光南光週轉道

八十一劫后未來　君臣正論天色晚　君臣相別駕回宮

三佛應劫卷終

趙自端跪敬上

國家圖書館出版品預行編目資料

寶卷論集／李世瑜著. -- 初版. --
　　臺北市：蘭臺, 2007[民 96]
　　面；　公分. --（宗教與社會叢書；2）

　　ISBN 978-986-7626-54-7（平裝）

1. 一貫道

271.9　　　　　　　　　　　　96025079

宗教與社會叢書 02

寶卷論集

作　　　者：李世瑜
出　版　者：蘭臺出版社
地　　　址：台北市中正區開封街一段 20 號 4 樓
電　　　話：(02)2331-1675　傳真：(02)2382-6225
總　經　銷：蘭臺網路出版商務股份有限公司　劃撥帳號：18995335
網 路 書 店：http://www.5w.com.tw　E-Mail：lt5w.lu@msa.hinet.net
　　　　　　　　　　　　　　　　　　　　books5w@gmail.com
網 路 書 店：博客來網路書店　http://www.books.com.tw
網 路 書 店：中美書街　http://chung-mei.biz
香港總代理：香港聯合零售有限公司
地　　　址：香港新界大蒲汀麗路 36 號中華商務印刷大樓
　　　　　　　C&C　Building, 36, Ting　Lai　Road, Tai Po,New Territories
電　　　話：(852)2150-2100　　傳真：(852)2356-0735
出 版 日 期：2007 年 12 月初版
定　　　價：新台幣 800 元

ISBN 978-986-7626-54-7